刑法事例30講

立石二六
[編著]

成文堂

はしがき

　近時、法科大学院の学習のためにすぐれた事例研究の書物が多く公刊されている。ただ、そこで展開されている事例・解説には当然のことながら高度の内容のものが多い。そのような状況を踏まえ初学者向けの事例・解説の必要性を感じて本書を企画し、その趣旨を伝えて、事例問題の設定・解説を執筆者各位の裁量に委ねた。多様な視点から書かれた書物の方が読者に資するところが大きいと判断したからである。出来上がった本書を見ると、執筆陣の熱意が高揚し、事例・解説とも当初編者が考えていたものより高いレベルに至った項目も少なくない。ただ、学問することは考えることである。思考に思考を重ねれば自ずから学問のレベルは高くなる。そうした学問の本質を踏まえて、当初の意図より多少レベルアップした本書を世に送る。

　本書を『刑法事例30講』と命名した。編者は、以前、『刑法総論30講』、『刑法各論30講』を編集し、成文堂より刊行して、おかげさまで好評を得たが、本書はいわばその姉妹篇であり三部作を構成するものといってよい。本書は、前半15講目が刑法総論の、後半15講目が刑法各論の事例で構成されている。最近は年間を2セメスターに分割し、前期・後期制をとる大学が多くなった。一方では、教材として使っていただくためにそうした実情への対応を考慮し、他方では、本書一冊で刑法総論・各論の代表的問題会得への適合に配慮した。意のあるところをお汲み取りいただければ幸いである。

　本書の執筆陣は、中央大学の故下村康正博士の学統に連なる研究者で編成されている。本書が学生の皆さんのお役にたてることを衷心より願ってやまない。

　出版事情のよくない中、本書もまた成文堂のお世話になった。阿部耕一社長、土子三男取締役、編集部の飯村晃弘氏に深甚なる謝意を捧げる次第である。

　2013年3月1日

立石　二六

文献略称

【教科書・研究書】

浅田・総論	浅田和茂	『刑法総論［補正版］』（成文堂、2007）
井田・総論	井田　良	『講義刑法学・総論』（有斐閣、2008）
井田・各論	井田　良	『刑法各論』（弘文堂、2007）
伊東・総論	伊東研祐	『刑法講義　総論』（日本評論社、2010）
伊東・各論	伊東研祐	『刑法講義　各論』（日本評論社、2011）
大越・総論	大越義久	『刑法総論［第5版］』（有斐閣、2012）
大越・各論	大越義久	『刑法各論［第3版］』（有斐閣、2007）
大嶋・総論	大嶋一泰	『刑法総論講義』（信山社、2004）
大塚・総論	大塚　仁	『刑法概説総論［第四版］』（有斐閣、2008）
大塚・各論	大塚　仁	『刑法概説各論［第三版増補版］』（有斐閣、2005）
大谷・総論	大谷　實	『刑法講義総論　新版第4版』（成文堂、2012）
大谷・各論	大谷　實	『刑法講義各論　新版第3版』（成文堂、2009）
岡野・総論	岡野光雄	『刑法要説総論［第2版］』（成文堂、2009）
岡野・各論	岡野光雄	『刑法要説各論［第5版］』（成文堂、2009）
川端・総論	川端　博	『刑法総論講義　第2版』（成文堂、2006）
川端・各論	川端　博	『刑法各論講義　第2版』（成文堂、2010）
木村・総論	木村亀二（阿部純二増補）『刑法総論』（有斐閣、1978）	
木村・各論	木村亀二	『刑法各論』（法文社、1967）
斎藤・総論	斎藤信治	『刑法総論［第6版］』（有斐閣、2008）
斎藤・各論	斎藤信治	『刑法各論［第3版］』（有斐閣、2009）
齊藤・総論	齊藤信宰	『新版刑法講義〔総論〕』（成文堂、2007）
齊藤・各論	齊藤信宰	『新版刑法講義〔各論〕』（成文堂、2007）
齊野・総論	齊野彦弥	『刑法総論』（新世社、2007）
佐久間・総論	佐久間修	『刑法総論』（成文堂、2009）
佐久間・各論	佐久間修	『刑法各論［第2版］』（成文堂、2012）
下村・正、続	下村康正	『犯罪論の基本的思想』（成文堂、1964）＝正、『続犯罪論の基本的思想』（成文堂、1965）＝続
下村・各論	下村康正	『刑法各論の諸問題』（文久書林、1978）
須之内・各論	須之内克彦『刑法概説各論』（成文堂、2011）	
曽根・総論	曽根威彦	『刑法総論［第四版］』（弘文堂、2008）
曽根・各論	曽根威彦	『刑法各論［第五版］』（弘文堂、2012）
高橋・総論	高橋則夫	『刑法総論』（成文堂、2010）
高橋・各論	高橋則夫	『刑法各論』（成文堂、2011）
立石・総論	立石二六	『刑法総論［第3版］』（成文堂、2006）

団藤・総論	団藤重光	『刑法綱要総論 第三版』（創文社、1990）
団藤・各論	団藤重光	『刑法綱要各論 第三版』（創文社、1990）
中・総論	中　義勝	『講述犯罪総論』（有斐閣、1980）
中森・各論	中森喜彦	『刑法各論　第3版』（有斐閣、2011）
中山・総論	中山研一	『新版口述刑法総論〔補訂2版〕』（成文堂、2007）
中山・各論	中山研一	『新版口述刑法各論〔補訂2版〕』（成文堂、2006）
西田・総論	西田典之	『刑法総論　第二版』（弘文堂、2010）
西田・各論	西田典之	『刑法各論　第六版』（弘文堂、2012）
西原・総論上・下	西原春夫	『刑法総論上巻〔改定版〕・下巻〔改定準備版〕』（成文堂、1994）
西原各論	西原春夫	『犯罪各論　訂補準備版』（成文堂、1991）
野村・総論	野村　稔	『刑法総論　補訂版』（成文堂、1998）
林・総論	林　幹人	『刑法総論〔第2版〕』（東京大学出版会、2008）
林・各論	林　幹人	『刑法各論〔第2版〕』（東京大学出版会、2007）
平川・各論	平川宗信	『刑法各論』（有斐閣、1995）
平野・総論Ⅰ・Ⅱ	平野龍一	『刑法総論Ⅰ・Ⅱ』（有斐閣、1972、1975）
平野・概説	平野龍一	『刑法概説』（東京大学出版会、1977）
福田・総論	福田　平	『全訂　刑法総論〔第五版〕』（有斐閣、2011）
福田・各論	福田　平	『全訂　刑法各論〔第三版増補〕』（有斐閣、2002）
藤木・総論	藤木英雄	『刑法講義総論』（弘文堂、1975）
藤木・各論	藤木英雄	『刑法講義各論』（弘文堂、1976）
前田・総論	前田雅英	『刑法総論講義〔第5版〕』（東京大学出版会、2011）
前田・各論	前田雅英	『刑法各論講義〔第5版〕』（東京大学出版会、2011）
町野・各論	町野　朔	『犯罪各論の現在』（有斐閣、1996）
松宮・総論	松宮孝明	『刑法総論講義〔第4版〕』（成文堂、2009）
松宮・各論	松宮孝明	『刑法各論講義〔第2版〕』（成文堂、2008）
山口・総論	山口　厚	『刑法総論〔第2版〕』（有斐閣、2007）
山口・各論	山口　厚	『刑法各論〔第2版〕』（有斐閣、2010）
山中・総論	山中敬一	『刑法総論〔第2版〕』（成文堂、2008）
山中・各論	山中敬一	『刑法各論〔第2版〕』（成文堂、2009）

目　次

はしがき
文献略称
第1講　因果関係……………………………………………1
第2講　不真正不作為犯……………………………………11
第3講　偶然防衛……………………………………………21
第4講　被害者の承諾………………………………………32
第5講　結果的加重犯………………………………………40
第6講　責任能力……………………………………………50
第7講　原因において自由な行為…………………………58
第8講　未必の故意…………………………………………67
第9講　具体的事実の錯誤…………………………………76
第10講　誤想防衛……………………………………………85
第11講　実行の着手…………………………………………96
第12講　不能犯………………………………………………106
第13講　共謀共同正犯………………………………………116
第14講　間接正犯……………………………………………127
第15講　共犯と身分…………………………………………140
第16講　偽装心中……………………………………………152
第17講　同時傷害の特例……………………………………161
第18講　遺棄罪………………………………………………170
第19講　名誉毀損罪における事実証明……………………179
第20講　業務と公務…………………………………………188

第21講	窃盗罪における不法領得の意思	197
第22講	強盗強姦致死罪	205
第23講	無銭飲食と詐欺罪成否	214
第24講	クレジットカードの不正使用	222
第25講	不法原因給付にかかる物件の横領	231
第26講	横領と背任の区別	238
第27講	情報の不正入手と財産罪	248
第28講	放火罪における公共危険の認識	258
第29講	代理・代表資格の冒用と文書偽造罪	267
第30講	公務執行妨害罪における職務行為の適法性	279

事項索引

第1講　因果関係

【事例】
Aは、Bを殴打し、重傷を負わせたが、
(a) Bは高度の脳梅毒に罹患しており、死亡した。
(b) Bは救急車で病院に運ばれたが、医師の医療過誤で死亡した。
Aの刑事責任はどうか。

【解　説】

1 はじめに

　因果関係とは原因と結果の関係をいい、殺人罪や窃盗罪などの結果犯において、行為者の外部的態度と発生した結果との間に原因と結果の関係があるか否かが問題とされる。因果関係が存在すれば既遂であるが、存在しなければ未遂の問題となる。因果関係の体系的地位をめぐっては、行為論においては条件説が論じられ、構成要件論では相当因果関係説が論じられる。
　冒頭の事例においては、Aの暴行行為とBの死亡との間に因果関係が存在するか否かが問題となる。Bの特異体質が存在していた場合（a）と第三者の行為が介在した場合（b）を如何に解するかにより結論が異なることになる。

2 判　例

(1) 米兵ひき逃げ事件
　判例は、条件説に立って因果関係を判断してきたといわれる。その立場に変化が表れたのは、①米兵ひき逃げ事件である。
①米兵ひき逃げ事件（最決昭和42・10・24刑集21巻8号1116頁）
　在日米兵であった被告人が乗用車を運転中、自転車に乗っていた被害者に

衝突し、自車にはね上げ、意識を喪失させたが、被告人は、被害者を自車の屋根に乗せていることに気づかず、そのまま走行を続けたところ、しばらくして助手席に同乗していた友人がこれに気づき、走行中の乗用車から被害者をアスファルト舗装道路上に転落させた事案について、「同乗者が進行中の自動車の屋根の上から被害者をさかさまに引きずり降ろし、アスファルト舗装道路上に転落させるというがごときことは、経験上、普通、予想しえられるところではなく、ことに、本件においては、被害者の死因…が最初の被告人の自動車との衝突の際に生じたものか、同乗者が…路上に転落させた際に生じたものか確定しがたいというのであつて、このような場合に被告人の前記過失行為から被害者の前記死の結果の発生することが、われわれの経験則上当然予想しえられるところであるとは到底いえない」旨判示した。

　この決定は、最高裁が相当因果関係説を採用し、因果関係を判断したものと評価されたが、最高裁は、その後も条件説に立って因果関係を判断する態度を示した。しかし、昭和60年代以降、被害者や第三者の行為が介在した事例に対し、独自の判断枠組みを示すことになる。

(2) 新たな枠組みの提示

②柔道整復師事件（最決昭和63・5・11刑集42巻5号807頁）

　柔道整復師であった被告人が、風邪気味であるとして治療を求めてきた被害者に対して、「風邪」にかかっていることを認めたにもかかわらず、誤った治療を指示し、被害者はためらいながらもこれに従ったため、気管支肺炎に起因する心不全により死亡するに至ったとの事例において、「被告人の行為は、それ自体が被害者の病状を悪化させ、ひいては死亡の結果をも引き起こしかねない危険性を有していたものであるから、医師の診察治療を受けることなく被告人だけに依存した被害者側にも落度があつたことは否定できないとしても、被告人の行為と被害者の死亡との間には因果関係がある」と判示した。

③大阪南港事件（最決平成2・11・20刑集44巻8号837頁）

　被告人は、某夜、三重県の飯場において被害者の頭部等を多数回殴打するなどの暴行を加えた後、被害者を大阪南港に運搬し、同所に放置した。被害

者は翌日死亡したが、この間被害者は、何者かによってその頭頂部を複数回殴打されており、その暴行は、幾分か死期を早めるものであったとの事案について、「犯人の暴行により被害者の死因となった傷害が形成された場合には、仮にその後第三者により加えられた暴行によって死期が早められたとしても、犯人の暴行と被害者の死亡との間の因果関係を肯定することができ」る旨判示した。

④夜間潜水事件（最決平成4・12・17刑集46巻9号683頁）

　潜水指導員だった被告人は、夜間潜水の講習指導中、後方を確認しないまま移動を開始したところ、指導補助者1名と受講生6名を見失った。取り残された指導補助者と受講生らは被告人を探し求めて水中移動を行い、これに従った被害者が空気を使い果たして溺死するに至った事案につき、「被告人が、夜間潜水の講習指導中、受講生らの動向に注意することなく不用意に移動して受講生らのそばから離れ、同人らを見失うに至った行為は、それ自体が、指導者からの適切な指示、誘導がなければ事態に適応した措置を講ずることができないおそれがあった被害者をして、…でき死させる結果を引き起こしかねない危険性を持つものであり、被告人を見失った後の指導補助者及び被害者に適切を欠く行動があったことは否定できないが、それは被告人の右行為から誘発されたものであって、被告人の行為と被害者の死亡との間の因果関係を肯定するに妨げない」旨判示した。

　②から④決定は、被害者の落ち度ある態度や第三者の行為が介在した場合であっても、行為者の創出した危険が結果を引き起こす危険性を有し、その危険が結果において現実化した場合には、行為者の行為と結果との間に因果関係を認めるというものであった。このような判例の立場は、条件説により説明が可能であり、これまでの判例の枠組みから乖離するものではないとの評価もなされたが、行為者の創出した危険が結果に現実化したかを問う客観的帰属論に親和的であるとの評価が散見されるようになった。

(3) 近時の最高裁判例

　近時の最高裁判例は、行為者の行為に基因する危険が結果において現実化したか否かという判断枠組みから因果関係を判断する傾向をより強めてい

⑤高速道路進入事件（最決平成15・7・16刑集57巻7号950頁）

　被告人ら4名は、他の2名と共謀の上、深夜被害者に対し、公園やマンションの居室において激しい暴行を加えた。被害者は隙をみてマンションの居室から逃走し、約10分後、マンションから約763mないし810m離れた高速道路に進入し、疾走してきた自動車に轢過されて死亡した事案につき、「被害者が逃走しようとして高速道路に進入したことは、それ自体極めて危険な行為であるというほかないが、被害者は、被告人らから長時間激しくかつ執ような暴行を受け、被告人らに対し極度の恐怖感を抱き、必死に逃走を図る過程で、とっさにそのような行動を選択したものと認められ、その行動が、被告人らの暴行から逃れる方法として、著しく不自然、不相当であったとはいえない」と判断した。

⑥治療妨害事件（最決平成16・2・17刑集58巻2号169頁）

　被告人は、数名と共謀の上、被害者に暴行を加え、傷害を負わせた。被害者は緊急手術を受け、いったん容体は安定したが、その日のうちに容体が急変し、事件の5日後に死亡するに至った。容体の急変については、被害者が医師の指示に従い、安静に努めなかった可能性が否定できないものであったが、最高裁は、「被告人らの行為により被害者の受けた前記の傷害は、それ自体死亡の結果をもたらし得る身体の損傷であって、仮に被害者の死亡の結果発生までの間に、上記のように被害者が医師の指示に従わず安静に努めなかったために治療の効果が上がらなかったという事情が介在していたとしても、被告人らの暴行による傷害と被害者の死亡との間には因果関係がある」旨判示した。

⑦高速道路停車事件（最決平成16・10・19刑集58巻7号645頁）

　被告人は、早朝、普通乗用車で高速道路を走行していたが、大型トレーラーを運転していたAの運転態度に立腹し、A車を停止させた上、Aに対して暴行を加えた。その後暴力の応酬があったが、被告人は暴行をやめ、本件現場から立ち去った。Aはエンジンキーをポケットに入れたことを失念し、それを探すなどして、7、8分後まで本件現場に自車を停止させ続けたところ、A

車後部に普通乗用車が衝突し、同車の運転者及び同乗者3名が死亡、同乗者1名が重傷を負った事案に対し、「Aに文句を言い謝罪させるため、夜明け前の暗い高速道路…に自車及びA車を停止させたという被告人の本件過失行為は、それ自体において後続車の追突等による人身事故につながる重大な危険性を有していたというべきである。そして、本件事故は、被告人の上記過失行為の後、…少なからぬ他人の行動等が介在して発生したものであるが、それらは被告人の上記過失行為及びこれと密接に関連してされた一連の暴行等に誘発されたものであったといえる。そうすると、被告人の過失行為と被害者らの死傷との間には因果関係がある」旨判示した。

⑧トランク監禁事件（最決平成18・3・27刑集60巻3号382頁）

被告人は、共犯者らと共謀の上、被害者を普通乗用車のトランク内に押し込み、市街地の路上に停車した。数分後、後方から普通乗用車が走行してきたが、その運転者は前方不注意のため、ほぼ真後ろから時速約60kmでこれに追突し、トランク内に押し込まれていた被害者が死亡した事案につき、「被害者の死亡原因が直接的には追突事故を起こした第三者の甚だしい過失行為にあるとしても、道路上で停車中の普通乗用自動車後部のトランク内に被害者を監禁した本件監禁行為と被害者の死亡との間の因果関係を肯定することができる」旨判断した。

これらの⑤から⑧決定は、条件説により判断しているのではなく、行為者が発生させた危険が結果において現実化したかを問う判断枠組みを用いていると評価できるのではないだろうか。

なお、このような判例の枠組みによれば、冒頭の事例(a)、(b)はともに因果関係が認められるだろう。

3 学　説

(1) 条件説

条件説とは、行為と結果との間に、「その行為がなかったならばその結果は存在しなかったであろう」という条件関係（conditio公式）が存在すれば、

刑法上の因果関係があるとする見解で、全ての条件を等しく結果に対する原因と解するところから、等価説とも呼ばれる[1]。ドイツのライヒ裁判所や連邦裁判所が採用した立場であり、日本においても大審院以来、この立場に立って判断がなされてきた。条件説によると、冒頭(a)、(b)事例とも因果関係が肯定される。

　条件説によると、結果に至るあらゆる事情が刑法上の原因と評価されてしまうため、因果関係を限定する方法として、様々な試みがなされてきた。客観面から限定する試みとして、因果関係の中断が挙げられるが、偶然の事情(医師の医療過誤が介在した場合)や第三者の故意行為が介入した場合には、因果関係は中断されるとする。また、最初から条件関係は存在しないものとする因果関係の断絶も主張された。これに対して、より一般的なのは主観面での限定であり、故意や過失という責任段階で考慮する試みがなされる。なお、条件説に対しては、択一的競合の事例における解決の困難性も指摘されている。

(2) 合法則的条件関係説

　条件説によると択一的競合の事例において妥当な結論を導くことができないとの批判を受けて展開されたのが、合法則的条件関係説である。この立場によると、行為の時間的に後に続く結果が法則的に結びつけられる場合、因果関係が肯定される[2]。冒頭(a)事例に関しては因果関係が認められることになるだろうが、(b)事例においては法則の解釈により、因果関係が認められない可能性も存在する。

(3) 相当因果関係説

　その行為からその結果が発生することが、社会生活上の経験に照らして、通常一般的であり、相当と認められる場合に因果関係を認める立場である。相当性の有無を判断するに際してその基礎(判断基底)としていかなる事情

---

[1] 草野豹一郎『刑法要論』48頁、齊藤金作『刑法総論〔改訂版〕』102頁、日沖憲郎『刑事法講座第(1)』183頁、下村・正82頁、岡野光雄『刑法における因果関係の理論』214頁、奈良俊夫『概説刑法総論』117頁。

[2] 林陽一『刑法における因果関係理論』66頁以下。

を考慮するかにより3説に分かれる。
①主観説
　行為者が行為当時認識していた事情及び認識しえた事情を基礎として判断する立場である[3]。行為者の認識していた事情によって判断されるため、因果関係の認められる範囲が限定されるとの批判がある。冒頭の事例に関しては、両事例とも因果関係を認めることはできないだろう。
②客観説
　行為当時客観的に存在していた事情及びその事情から予測可能であった事情の全てを基礎として判断する見解である[4]。この立場に対しては、因果関係が認められる範囲が拡張するとの批判がある。冒頭の事例においては、客観的に存在していた事情が考慮されるため、(a) 事例は因果関係が認められる。(b) 事例は、行為の時点において、医師の医療過誤が予測可能か否か、検討されることになろう。
③折衷説
　行為当時一般人に認識可能であった事情及び行為者が特に認識していた事情を基礎として判断する立場である[5]。行為者の認識していた事情を加味するため、客観的であるべき因果関係の判断が、主観的なものになるとの批判がある。冒頭 (a) 事例については、一般人にBの脳梅毒は認識可能ではなく、行為者も認識していない場合、因果関係は認められない。(b) 事例については、行為後の介入事情が結果発生に寄与しているため、折衷説での解決は困難ではないかとの指摘がある。
④相当因果関係説からの修正
　大阪南港事件以降、相当因果関係説が因果関係を確定するために適切な指

---

[3] 宮本英脩『刑法大綱』64頁。
[4] 小野清一郎『新訂刑法講義総論』112頁、平野・総論Ⅰ142頁、中山研一『刑法総論』180頁、内藤謙『刑法講義総論〔上〕』275頁、林・総論134頁、浅田・総論135頁以下、曽根・総論73頁、松宮・総論74頁。
[5] 木村・総論183頁、団藤・総論177頁、大塚・総論229頁、福田・総論105頁、西原・総論上113頁、大谷・総論218頁、野村・総論130頁、川端・総論151頁、井田・総論127頁、立石・総論75頁。
[6] 前田・総論189頁以下。

針を示すものではないと批判されたことによる相当因果関係説の危機をうけて、相当因果関係説に立つ論者から修正が試みられた[6]。そのうち、前田雅英教授は、因果関係論を客観的な帰責の問題として考えるため、客観的全事情を基礎に判断する。特に、行為者の行為後に介在した事情については、イ）実行行為の結果発生への寄与度（行為の危険性の大小）、ロ）介在事情の異常性（及び実行行為との結びつき）、ハ）介在事情の結果への寄与度を考慮して因果関係を判断することになる。この立場では、冒頭（a）事例は因果関係が認められることになろう。（b）事例についても、介在事情の寄与度が低い場合、因果関係が認められる可能性がある。

(4) 客観的帰属論

客観的帰属論は、相当因果関係説の危機以降、日本において徐々に支持を得ている理論である[7]。発生した結果が行為者の行為のしわざかどうかを問う理論であり、ドイツにおいては通説と目されている。客観的帰属論に対しては、刑法体系上の位置づけが明確でない、あるいは判断が恣意的になると批判される。以下では、代表的な論者として山中敬一教授と山口厚教授の立場を見ておこう。

①山中説

山中教授によると、客観的帰属論は、条件関係を意味する条件的因果連関と危険創出連関、危険実現連関からなり、危険と規範から限定する試みである[8]。条件的因果連関が確定されると、危険創出連関が検討される。危険創出連関は、行為時から当該行為が構成要件的結果に対して許されざる危険を創出したかを判断する。具体的には、直接的危険創出連関と危険状況創出連関に類型化され、直接的危険創出連関は、行為客体に対して第三者の行為を介在させずに直接に作用するものであり、イ）高められた危険の創出、ロ）

---

[7] 山中敬一『刑法における客観的帰属の理論』、山中・総論47頁、伊東・総論86頁、松生光正「客観的帰属論」『刑法教科書〔総論〕（上）』150頁以下、斉藤誠二「いわゆる『相当因果関係説の危機』についての管見—故意の第三者の行為と客観的な帰属—」新報103巻2・3号758頁、山口・総論49頁以下、杉本一敏「相当因果関係と結果回避可能性（5）」早大院法研論集105号395頁などがあるが、その内容は必ずしも一致してはいないことに注意が必要である。

[8] 山中・総論279頁以下。

許されざる危険の創出、ハ）認識可能な客観的危険創出に区分される。危険状況創出連関は、行為者の行為は危険状況を創出したにすぎず、第三者ないし被害者の行為の介在を考慮に入れる必要があるものであり、イ）狭義の危険状況創出連関、ロ）促進的危険状況創出連関、ハ）危険状態拡大源設定連関に下位区分される。危険創出連関が肯定されると、危険実現連関が検討される。危険実現連関は、事後に判明した事情を全て考慮に入れた上で、創出された危険が、規範の保護目的に包摂される結果に実現したか否かを問うものである。ここには狭義の危険実現連関と危険増加連関が含まれる。狭義の危険実現連関は、イ）直接的危険への介入類型、ロ）間接的危険への介入類型、ハ）状況的危険への介入類型、ニ）残存危険への介入類型に区分される。危険増加連関は、過失犯や不作為犯における義務違反と結果との関係を検討する際に使用される。

②山口説

山口教授は、実行行為（構成要件的行為）に認められる、構成要件的結果を惹起する客観的な危険性が、実際に構成要件的結果へと現実化したことが、実行行為による構成要件的結果惹起の過程にほかならないとし、因果関係を実行行為の客観的な危険性の現実化（実現）の過程と解する[9]。実行行為の危険性が結果において現実化した場合、因果関係が肯定される。

これらの立場では、行為者の創出した危険が結果において現実化した場合、結果が帰属されることになる。冒頭の両事例とも因果関係が認められることになろう。

(5) 検討・私見

学説とそれぞれの立場からの事例の解決は上述の通りである。条件説は広範に因果関係が認められることになり、妥当でなく、合法則的条件関係説についても条件説に代替可能であるかは疑問である。また、相当因果関係説の判断基底の明快さには一定の評価が可能であるが、行為者の行為後に介在した事情の考慮に関して疑問が生じる。それゆえ、客観的帰属論による解決が

---

[9] 山口・総論60頁以下。

妥当であると考える。ただ、客観的帰属論は危険に重きを置いており、行為者の因果経過の支配・操縦可能性という観点を軽視しているように思われる。因果関係は、行為者の支配力や推及力を問うものであるため、行為者の支配・操縦可能性という観点も加味する必要があるのではないか。それゆえ、私見によれば、冒頭の事例は、結果発生に対する行為者の因果経過の支配や操縦可能性が認められないため、Bの死はAには帰属されず、Aには傷害罪が成立することになる。

4 おわりに

判例は、時には相当因果関係説に近接する判断を示したこともあったが、これまでおおむね条件説を採って判断してきた。これに対して近時の判例は、行為者が被害者に対して発生させた危険が現実化したかを問う枠組みに変化している。また、学説においては、客観的帰属論への支持が高まり、その射程も共犯論などに拡張する傾向にある。今後の判例や学説の動向を注意深く見守る必要があるだろう。

【参考文献】
小林憲太郎『因果関係と客観的帰属』（弘文堂、2003）
曽根威彦『刑法における結果帰属の理論』（成文堂、2012）
山口厚「因果関係（2）」西田典之ほか編『刑法の争点』（有斐閣、2007）22頁以下
山中敬一『刑法における客観的帰属の理論』（成文堂、1997）

（山本高子）

第2講　不真正不作為犯

> 【事例】
> Aは、ある晩、窃盗の目的で甲宅に侵入し、室内の様子を見ようと思ってマッチをすったところ、その燃えカスが畳に落ちて火災が発生しそうになったが、自己の犯行の発覚を恐れて、甲宅が焼損してもやむをえないと思いながら、容易にその火を消すことができたにもかかわらず何もせずに逃げ出したため、甲宅が全焼するに至った。Aの刑事責任はどうか。

【解　説】

1 はじめに

　犯罪には、人の積極的な身体活動によって行われる作為犯と、その消極的な態度によって行われる不作為犯がある。不作為犯には、たとえば不退去罪（130条後段）や不保護罪（218条後段）のように、構成要件が不作為の形式で規定されている真正不作為犯と、たとえば親が授乳しないで子を「殺した」（199条）場合のように、作為の形式で規定されているように見える構成要件を不作為によって実現する不真正不作為犯がある。
　これを刑法規範との関係で見れば、原則として、作為犯は「〜するなかれ」という禁止規範に違反する行為であり、不作為犯は「〜すべし」という命令規範に違反する行為である。そこで、不真正不作為犯を禁止規範に違反するとして処罰することは、作為犯の規定を類推適用することになるので罪刑法定主義に違反するという批判がある。しかし、作為犯の規定は禁止規範のみならず命令規範をも含みうること、また、不真正不作為犯として行われた犯罪をすべて不可罰とするのは法益保護の観点から妥当でないことから、この批判は適切でないといえよう。
　真正不作為犯においては、条文上、誰のどのような行為が犯罪となるかが比較的明瞭であるが、不真正不作為犯においては、一定の期待された行為を

行いうる者は多数存在するので、処罰範囲が必ずしも明確でないという問題がある。そこで不真正不作為犯の成立範囲を解釈によってできるだけ明確に画定する必要がある。

2 学　説

(1) 不真正不作為犯の成立要件

　不真正不作為犯が成立するには、その不作為が当該構成要件の実行行為と評価されるものであること、結果犯においては法益侵害の結果が発生すること、およびその両者の間に因果関係が認められることが必要である。もっとも、不作為犯は作為犯と比較して一般に反社会性の程度が低く、社会生活上見逃されることが多いので、特に強い違法性が認められる場合に限って処罰の対象とされるべきである。したがって、その不作為が作為犯における作為と同視しうる程度の違法性を有するものでなければならない。これを「同価値性の原則」という。

　そこで、この原則を考慮して、どのような場合に不真正不作為犯の実行行為が認められるかを検討しなければならない。これについて学説・判例の一般的傾向を見ると、結果の発生を防止すべき法的な作為義務が存在することと、作為に出ることの可能性と容易性が必要であるとされている。しかし、具体的な状況における作為義務の存否の判断には困難が伴うので、どのような場合に作為義務を認めることができるかが不真正不作為犯の中心的な問題となっている。

(2) 作為義務の根拠

　作為義務は「法的な」義務でなければならない。たとえば、川で溺れている他人の子を見つけたが、死んでもかまわないと思い、容易に救助しうるにもかかわらず救助しなかった者は、道徳的には強く非難されるであろうが、不作為による殺人罪の責を負うことはない。しかし、自分の子が溺れているのを見つけた親は、これを救助すべき法的な作為義務を有するので、作為の可能性と容易性が認められれば不作為による殺人罪が成立しうる。このよう

な作為義務を基礎づける地位を「保障人的地位」と呼び、これを構成要件要素とする説（保障人説）が有力である。これによれば、故意を認めるには作為義務を基礎づける事実の認識があれば足り、作為義務そのものを認識している必要はない。では、どのような場合に保障人的地位が認められ、したがって作為義務が肯定されるのであろうか。これについて以下の学説がある。

①形式的三分説

　作為義務が認められる場合を類型化し、（ⅰ）法令に規定がある場合、（ⅱ）契約・事務管理に基づく場合、（ⅲ）慣習・条理、すなわち社会通念に基づく場合にこれを認める[1]。たとえば、（ⅰ）夫婦の扶助義務（民法752条）や親権者の子に対する監護義務（同法820条）により、（ⅱ）幼児の養育を引き受ける旨の契約や、病者を自宅に引き取るという事務管理により、あるいは、（ⅲ）条理上の作為義務の根拠となる先行行為、監護者たる地位、物の所有者や建物の管理者としての地位等により、一定の作為が法的に義務づけられることになる。

②実質説

　作為義務の実質的な根拠をできるだけ一元的に説明すべきであるとする立場から、（ⅰ）行為者が被害者のために作為に出ることが社会的に信頼され期待されている場合に作為義務を認める「社会的期待説」[2]、（ⅱ）事実上の保護の引受けがあれば結果の発生が行為者に具体的に依存しているので作為義務が認められるとする「事実上の引受け説」[3]、（ⅲ）自己の先行行為によって法益侵害の危険を生じさせた者はこれを排除すべき作為義務があるとする「先行行為説」[4]、（ⅳ）行為者が因果経過を具体的・現実的に支配していること、すなわち排他的支配を有していることが必要であるとする「排他的支配領域説」[5]、（ⅴ）結果に至る因果経過の支配は不要であり、結果原因す

---

[1] 団藤・総論149頁、福田・総論91頁、大塚・総論153頁、立石・総論132頁、斎藤・総論79頁、等　なお、大谷・総論136頁、前田・総論137頁、岡野・総論79頁、佐久間・総論77頁参照
[2] 木村亀二「不作為犯における作為義務」『刑法解釈の諸問題（1）』（1939年）246頁
[3] 堀内捷三『刑法総論〔第2版〕』（2004年）60頁、浅田・総論159頁
[4] 日高義博『不真正不作為犯の理論』（1979年）155頁
[5] 西田・総論125頁、林・総論156頁、等　なお、伊東・総論100頁参照

なわち結果回避についての引受・依存の関係があれば足りるとする「結果原因支配説」[6]等が主張されている。

③ 判　例

(1) 代表的判例

　不真正不作為犯は、放火罪、殺人罪、保護責任者遺棄罪、死体遺棄罪、詐欺罪等について問題となる。

　放火罪（108条以下）について、著名な判例が3件ある。①大判大正7・12・18刑録24輯1558頁は、義父を殺害した被告人が、格闘中に義父が投げた燃木尻の火が住宅内庭の藁に飛散し燃え上がったのを見て、容易に火を消し止めることができたのに、犯跡隠蔽のため放置し、住宅等を焼毀したという事案について、「自己の故意行為に帰すべからざる原因に由り既に叙上物件に発火したる場合に於て之を消止むべき法律上の地位を有し且容易に之を消止め得る地位に在る者が其既発の火力を利用する意思を以て鎮火に必要なる手段を執らざるときは此不作為も亦法律に所謂火を放つの行為に該当するものと解するを至当なりとす」と判示した。②大判昭和13・3・11刑集17巻237頁は、一人住まいの家屋の所有者が、神棚に灯明をあげて礼拝した際、ロウソクたてが不完全でロウソクが傾いているのに気づいたが、火災が起これば保険金を獲得できると思って外出したため、同家屋階上を全焼させたという事案について、「自己の家屋が燃焼の虞ある場合に之が防止の措置を執らず却て既発の危険を利用する意思にて外出するが如きは観念上作為を以て放火すると同一にして同条に所謂火を放つの行為に該当」すると判示した。③最判昭和33・9・9刑集12巻13号2882頁は、会社員が営業所の事務室において机の下に火鉢を持ち込んで残業していたが、別室で仮眠をとった後に事務室に戻ったところ火鉢から火災が発生しそうな状況を目撃したが、自己の失策の発覚を恐れるあまり営業所から立ち去り、そのため営業所等が全焼したと

---

[6] 山口・総論89頁

いう事案について、「被告人は自己の過失により右原符、木机等の物件が焼毀されつつあるのを現場において目撃しながら、その既発の火力により右建物が焼毀せられるべきことを認容する意思をもってあえて被告人の義務である必要かつ容易な消火措置をとらない不作為により建物についての放火行為をなし、よってこれを焼毀した」と判示した。

殺人罪について、④最決平成17・7・4刑集59巻6号403頁は、「シャクティパット」と称する独自の治療を行う特別の能力を持つなどとして信奉者を集めていた者が、その信奉者であり脳内出血で病院に入院したAを、その長男Bらに指示して自己の滞在するホテルの一室に運び込ませ、そのままでは死亡する危険があることを知りながら、未必的な殺意をもって、Aの生命維持のために必要な医療措置を受けさせないまま約1日間放置し、痰による気道閉塞に基づく窒息により死亡させたという事案について、以下のように判示した。「被告人は、自己の責に帰すべき事由により患者の生命に具体的な危険を生じさせた上、患者が運び込まれたホテルにおいて、被告人を信奉する患者の親族から、重篤な患者に対する手当てを全面的にゆだねられた立場にあったものと認められる。その際、被告人は、患者の重篤な状態を認識し、これを自らが救命できるとする根拠はなかったのであるから、直ちに患者の生命を維持するために必要な医療措置を受けさせる義務を負っていたものというべきである。それにもかかわらず、未必的な殺意をもって、上記医療措置を受けさせないまま放置して患者を死亡させた被告人には、不作為による殺人罪が成立し、殺意のない患者の親族との間では保護責任者遺棄致死罪の限度で共同正犯となると解するのが相当である。」

保護責任者遺棄罪（218条）について、⑤最判昭和34・7・24刑集13巻8号1163頁は、脇見運転により歩行者をはねて入院加療約3ヵ月の傷害を負わせた者が、歩行不能となっていた被害者を自車に乗せて現場を離れ、降雪中の薄暗い車道上まで運び医者を呼んできてやると偽って被害者を降ろし放置したまま立ち去ったという事案について、作為義務と実質的に同一の根拠を有する「保護責任者」の意義を次のように説示した。「当該車馬等の操縦者は、直ちに被害者の救護その他必要な措置を講ずる義務があり、これらの措置を

終り且つ警察官の指示を受けてからでなければ車馬等の操縦を継続し又は現場を立去ることを許されないのであるから（道路交通取締法24条、同法施行令67条）」、道交法上の救護義務違反罪のほかに保護責任者遺棄罪が成立する。

　死体遺棄罪（190条）について、⑥大判大正13・3・14刑集3巻285頁は、炭焼き窯で炭を製造していた者が、10歳の少年が窯の中に転落して焼死した事実を知りながら、炭焼き中であったためその遺体を放置したという事案について、「その死体を埋葬し若は監護すべき法令又は慣習上の責務」を有しないので死体遺棄罪は成立しないとした。これに対して、⑦福岡高宮崎支判平成14・12・19判タ1185号338頁は、乳幼児の監護をその親から委ねられた者が、必要な医療措置を講じることなく祈祷類似行為を繰り返した結果死亡するに至らせ、その遺体を親に引き渡すことなく引き続きその支配下においたという事案について、乳幼児を親から預かって監護に当たっていたことから、その死亡後も「慣習ないし社会通念上」その死体について監護義務を負うとして、不作為形態による死体遺棄罪が成立するとした。

　詐欺罪（246条）については、大審院の判例として、準禁治産者（被保佐人）は、取引において自己が準禁治産者であることを相手方に告知する義務があるとしたもの[7]、抵当権の設定・登記のある不動産を売却する売主は、買主にその旨を告知すべき法律上の義務があるとしたもの[8]、生命保険契約を締結する者は、被保険者に疾患を告知する義務があるとしたもの[9]等があった。戦後の判例の中で議論のあるものとして、⑧最決平成15・3・12刑集57巻3号322頁は、自己の普通預金口座に誤った振込みがあったことを知った者が、銀行支店において、窓口係員に対し誤った振込みがあった旨を告げることなく預金の払戻しを請求し、同係員から現金の交付を受けた事案について、以下のように判示した。「銀行との間で普通預金取引契約に基づき継続的な預金取引を行っている者として、自己の口座に誤った振込みがあることを知った場合には、銀行に上記の措置［注：組戻し・照会等］を講じさせるため、

---

[7]　大判大正7・7・14刑録24輯939頁
[8]　大判昭和4・3・7刑集8巻107頁
[9]　大判昭和7・2・19刑集11巻85頁

誤った振込みがあった旨を銀行に告知すべき信義則上の義務があると解される。社会生活上の条理からしても、誤った振込みについては、受取人において、これを振込依頼人等に返還しなければならず、誤った振込金額相当分を最終的に自己のものとすべき実質的な権利はないのであるから、上記の告知義務があることは当然というべきである。そうすると、誤った振込みがあることを知った受取人が、その情を秘して預金の払戻しを請求することは、詐欺罪の欺罔行為に当たり、また、誤った振込みの有無に関する錯誤は同罪の錯誤に当たるというべきであるから、錯誤に陥った銀行窓口係員から受取人が預金の払戻しを受けた場合には、詐欺罪が成立する。」[10]

(2) 判例の総括

不作為による放火について、大審院の①判決と②判決は、（ⅰ）法律上の消火義務があること、（ⅱ）消火の可能性と容易性が認められること、（ⅲ）既発の危険（火力）を利用する意思があること、という3要素を重視して放火罪を肯定したが、最高裁の③判決は、（ⅲ）の要素が認められない事案について同罪の成立を認めたことから、学説においてその要否が問題となった。思うに、必要説は不真正不作為犯の成立範囲を限定する意図に基づくものであるが、不真正不作為犯の主観的要件を作為犯のそれと別異に解する理由はなく、また、必要説によれば犯跡隠蔽や保険金詐取などの「悪しき意思」があれば容易に同罪が肯定されうることになる。判例にあらわれた事例の多くは、作為義務（消火義務）の根拠が先行行為に基づくものであり、その義務は強度のものであることから、焼損の結果の発生を認識・認容する意思があれば足り、（ⅲ）の要素は不要であると解すべきである。

殺人罪に関する④決定は、被告人が被害者を病院から運び出させて危険な状況を作出したという先行行為と、被害者の手当てが全面的に被告人に委ねられていたという排他的支配を理由としたものと解される。

保護責任者遺棄罪に関する⑤判決については、道交法上の義務を作為義務

---

[10] このような事例を作為による詐欺とみるか不作為による詐欺とみるかについて議論がある。これについて、山口厚『新判例から見た刑法〔第2版〕』（2008年）246頁参照

の根拠としたことについて批判があり、自己の過失により被害者に歩行不能の傷害を負わせたという先行行為と、被害者を自車に乗せたという引受行為ないし排他的支配の設定を理由とすべきであるという見解が有力である。このような事例について、不作為による殺人罪との区別が問題になるが[11]、客観的な作為義務の程度に差異を認めることは困難であるから、その違いは故意内容の相違にあると解すべきである[12]。

死体遺棄罪に関する⑥判決と⑦判決は、慣習ないし社会通念により作為義務の存否を判断したものであり、詐欺罪に関する諸判例は、いずれも取引上の信義誠実義務を根拠として作為義務（告知義務）を認めたものと解される。

以上のように、判例が認めた作為義務の根拠は一律ではないが、いずれも法令・契約等に形式的に当てはめたものではなく、その根拠を具体的事実に即して実質的に検討していることがうかがわれる。

4 検討・私見

作為義務の根拠について、形式的三分説は法令・契約等をあげるが、公法上・民事法上の義務がなぜ刑法上の作為義務を基礎づけるかは明らかでなく、また、慣習・条理というあいまいな根拠を認めることにより道徳的な義務が多く取り込まれてしまうという問題がある。したがって、作為義務が認められる実質的な根拠が探究されなければならない。

実質説のうち、社会的期待説については、作為が「社会的に信頼され期待されている場合」とはどのような場合であるか、その基準が明らかでなく、結局は慣習・条理に基づく作為義務を取り込むことになる。また、事実上の引受け説については、判断基準は明確であるが、たとえば親子の関係など、事実上の引受けがなくとも法益保護がその者に強く依存している場合がありうること、最初から引き受けなければ作為義務が生じないのに、いったん引

---

[11] 類似の事案について不作為による殺人罪を認めたものとして、東京地判昭和40・9・30下刑集7巻9号1828頁（既遂）、浦和地判昭和45・10・22刑月2巻10号1107頁（未遂）がある。
[12] 立石・総論136頁参照

受けがあれば作為義務が生ずるとするのは妥当でないことから、汎用性のある基準とはなりえないように思われる。さらに、先行行為説によれば、原因を設定していない者が因果経過を支配しても作為義務が認められないことになり、また、故意・過失による先行行為に限定するとしても、たとえば「単純ひき逃げ」の事例がすべて保護責任者遺棄罪や（逃走の際に未必的な殺意があれば）殺人罪で処罰されてしまうという点で疑問がある。

　思うに、作為犯との同価値性が認められるためには、法益保護の観点から、原則として行為者がすでに生じている因果経過を自己の意思に基づいて排他的に支配することが必要であるが、その支配が自己の意思に基づかない場合でも、たとえば親子関係があったり警備員として稼働しているなど、法益保護がその者に継続的に依存していれば、例外的に作為義務を認めるべきである（排他的支配領域説）[13]。なお、排他性を必要とすることに対して、たとえば池に落ちた子を救助しうる者が父親を含めて複数いる場合に、父親に救助義務を認めることができなくなるという批判があるが、他の者に救助の意思がなければ父親に救助義務を認めるべきであり、また、救助しうる複数の者が共犯関係にあれば全員を一体として排他性を肯定することができるので、この要件を付加すべきであると考える[14]。他方、結果原因支配説は、危険源の支配と法益の脆弱性の支配をその内容とするが、どのような場合に結果原因の支配があったといえるのか、その基準が必ずしも明確でないように思われる。

5 おわりに

　本問においては、Aに住居侵入罪（130条前段）が成立することは明らかであるが、さらに不作為による放火罪が成立するか否かが問題になる。排他的支配領域説によれば、火災が発生しそうな状況が生じた時点においてA以外に

---

[13] なお、西田典之「不作為犯論」芝原邦爾ほか編『刑法理論の現代的展開 総論Ⅰ』（1988年）89頁以下参照
[14] 西田典之ほか編『注釈刑法 第1巻 総論』（2010年）［佐伯仁志］289頁参照

これを消火しうる者はおらず、Aは焼損に至る因果経過を具体的・現実的に支配していたと評価できるので、消火措置をとるべき法的な作為義務があったといえよう。また、消火措置をとることは可能かつ容易であり、放火罪の故意も認められるので、Aには現住建造物等放火罪(108条)が成立する。したがって、Aには住居侵入罪と現在建造物等放火罪が成立する(牽連犯)。

(鈴木彰雄)

第3講　偶然防衛

―――――【事例】―――――
Xは、日頃から恨んでいたYを殺そうと決意し、Yを射殺した。しかし、あとから調べてみたところ、そのときYもまたXを殺すつもりでXに向けて拳銃を構え、引き金を引こうとしていた。もしXが引き金をひくのが一瞬でも遅れていれば、XはYによって射殺されているところであった。Xの罪責はどうか。

【解　説】

1 はじめに

　偶然防衛とは、上記の事例のように、正当防衛のつもりなく、もっぱら攻撃意思で行為したところ、たまたま（偶然に）正当防衛の成立要件をすべて満たす結果となった、という場合を指す。この防衛の意思なく行為したところ正当防衛結果が生じた場合について、刑法36条1項の正当防衛の成立を肯定してよいのかが問題となる[1]。
　この問題について、きわめて簡略に（無味乾燥にもなるが）答えるなら、次のようになる。
　正当防衛の成立に「防衛の意思」が必要だとする立場からは、行為者には防衛の意思がなかったのであるから、正当防衛が成立する余地はなく、引き起こした法益侵害結果の違法性はそのまま肯定され、殺人罪が成立する。他方、正当防衛の成立に「防衛の意思」は不要であるとする立場からは、行為者がいかなる考えをしていたかは正当防衛の成否に関係しない事項であるから、客観的に正当防衛の要件が満たされた以上、正当防衛が成立することになる、と。

---

[1] 偶然防衛については、文末に掲げた参考文献のほか、立石二六「偶然防衛について」白門54巻10号8頁、鈴木彰雄「偶然防衛」立石二六編『刑法総論30講』（2007年、成文堂）64頁、松原芳博「偶然防衛」現代刑事法56号47頁等参照。

しかし、このような図式的知識を入れ込んだだけではあまり意味はない。考えなければならないのは、どうしてこのような考えの違いが出るのか、その背景にはいかなる見解の対立があるのか、という根本的な部分についてである。

しかも、近時は、上に示した既遂罪成立説・正当防衛成立説のほか、未遂罪説も有力化しており、この点についての理解も求められる。

このように、偶然防衛の問題は、見解の対立軸を単に知識として知ることを求めるテーマではなく、その背景に何があるかのかに考えを及ぼし、違法性の中身について十分に理解することを求めるものなのである。

2 違法性の本質、結果無価値・行為無価値

(1) 偶然防衛の問題は、違法性の本質に直接に関わる。したがって、偶然防衛の処理の仕方は、違法性の本質について理解いかんによって異なってくる。それゆえ、まずもって、違法性の本質を見極めなければならない[2]。

犯罪が成立するためには、その行為が「違法」でなければならない。たとえ条文に該当しても、違法だといえない行為は犯罪ではなく、処罰対象とならない。たとえば、刑法199条の殺人罪を素材にすると、人を殺した者は、まずは、同条の条文に該当する行為をしたと評価されることになるが（これを構成要件該当性という）、ただそれだけで殺人罪で処断されることになるのではない。そのためには、その行為がさらに違法であるとの評価を受けなければならないのである（なお、ここでは取り上げないが、犯罪が成立するためには、さらに「責任（有責性）」という要件が満たされなければならない）。

では、違法であるということ（違法性）は、いったどういう場合に肯定されるのであろうか。この点について意見が鋭く対立してきた。その一方が、法益を侵害した、その危険を生じさせたという客観的事実を重視する結果無

---

[2] 近時、違法性の本質についての見解の対立は、最早さほど重要でなくなってきているといわれることもあるが、しかし、違法性の本質についての洞察をいったんは経た上で、その議論の重要性について検討するという姿勢を取らなければならない。

価値論、もう一方が、規範に違反する行為をしたという規範に対する態度のあり方を重視する行為無価値論である[3]。もう少し別の言葉で解説しよう。

　結果無価値論とは、違法性とは何かという問いに対して、結果の無価値性、すなわち最終結果の悪性の観点から答えを導こうとする立場である。これに対して、行為無価値論は、行為の無価値性、すなわち最終結果に至るまでの過程・プロセスの悪性から答えを導こうとする立場である。物事は、一定の過程を経て結果へと至るが、このうちの結果こそが違法性について考える上で重要だとするのが結果無価値論であり、このうちの過程にこそ着目すべきだとするのが行為無価値論である（結果に至るまでの過程においては「行為」がなされるから、「行為」無価値論といわれる）。これは、違法性判断の対象に何を据えるかについての見解の対立である。何事においても、判断しようとする際には、あらかじめ判断の対象を確定させておかなければならない。この判断の対象に何を据えるかについて、結果無価値論は最終結果を、行為無価値論は結果に至るまでの過程（＝行為）を重視するのである。

　哲学的観点から見ると、結果無価値論は、いわゆる結果主義・功利主義[4]に近接する考え方であり、行為無価値は、義務論[5]に近似する考え方だといえる。すなわち、結果無価値論は、全ての出来事が終わった時点に判断者を立たせて、最終結果がどうなったかを客観的に判断しようとする（事後判断＝裁判時判断）。他方、行為無価値論は、行為者が行為をしている時点に判断者を立たせて、その時点で法規範に違反するような態度があったといえるかどうかを判断しようとするのである（事前判断＝行為時判断）。

---

[3] 結果無価値はドイツ語のErfolgsunwertの訳語、行為無価値はHandlungsunwertの訳語であり、少々理解しづらいが、ここにいう無価値とは、価値がない（価値がゼロである）という意味ではなく、社会において重視されている価値に反する（むしろマイナスである）という意味である。よって、論者によっては、結果「反価値」、行為「反価値」とも表現される。

[4] 功利主義とは、「最大多数の最大幸福」をスローガンとする思想である。社会において好ましいこととは、できるだけ多くの人々にできるだけ多くの幸福を生み出すこと、すなわち、幸福（pleasure）の量を最大化（maximization）することだと説く哲学的立場である（伊藤邦武編『哲学の歴史・第8巻』（2007、中央公論新社）318頁。

[5] 義務論とは、我々は道徳的に許容される行動をとる義務を負っているとし、その義務に適う行動を正しいと評価する哲学的立場である。物事の正しさは、結果的にどうなったかで決まるのではないとするのである。基本的に哲学者カント（1724-1804）の考えに依拠する思想である。

こうして、結果無価値論は、法益に対する危害という客観的事実が違法性の実体であるとし、それが裁判時に判明した時に違法性が肯定されると説き、対して行為無価値論は、刑法規範に対する違反の有無・程度が違法性の実体を形成するとし、これを行為時の視座から判断しようとするのである。

　(2) 哲学的対立を意識すれば、両者の対立は極めて深刻であり、なかなか相容れないものであり、両者の優劣を決しようとするなら、それだけで膨大な検討が要されることになる。ただ、さしあたりいえることは、結果無価値論は、先述のように結果主義・功利主義的思想に支えられており、その点で難点を有するということである。刑法が究極的に狙っているのは、社会における犯罪を減少させることである。そのためには、刑法が示すルールに合致する行為を是認し、それに反しようとする行動を規制する必要がある。この意味では、規範に対していかなる態度であったかを行為時の視座に立って重視する義務論的視座が合理的であり、よって行為無価値論の考え方が支持されることになるのである。

　しかし、刑法においては、いかなる結果を生じさせたのかもまた重要である。行為者を処罰するのが刑法である以上、社会に衝撃を走らせる事態を引き起こしたかいなか、すなわちいかなる結果を発生させたのかに関心を寄せざるを得ない。それが、法益侵害結果に対する関心として現れるのである。

　このようにして、我が国では、いわゆる二元的行為無価値論（違法二元論）、すなわち、行為無価値論を基本にして、結果無価値論の考え方も合わせて併用展開する立場が広く支持されている[6]。

　しかし、興味深いことに、我が国では、行為無価値論の考え方を排し、結果無価値要素のみで違法性を判断しようとする（一元的）結果無価値論も極めて有力である。しかし、この立場は、規範と行為との関係性を軽視する点で疑問がある。

---

[6] たとえば、立石・総論92頁、大谷・総論243頁、井田・総論240頁、高橋・総論236頁等。

３ 正当防衛が正当化される根拠

　正当防衛は、法益を侵害しても正当化されるという違法性阻却事由の一つである。では、どのような根拠に基づいて正当化されるのか。この正当化根拠の問題についても、結果無価値論と行為無価値論とは異なる考え方を展開する。
　結果無価値論は、違法性阻却の一般的原理に関して、優越的利益説に立つ。すなわち、当該行為によって侵害した利益（侵害法益）と、守った利益（保全法益）とを客観的見地から比較衡量し、後者が前者を上回ったといえる場合に、優越的利益が保全されたことを根拠に、その法益侵害行為を正当化するのである。要するに、社会にプラスをもたらしたためにその行為は正当化されると考えるのである。
　問題は、この優越的利益説から、正当防衛の正当性を根拠づけられるかである。正当防衛は、緊急避難と異なり、退避義務が要求されないのみならず、不正な侵害者に対する防衛行為にある程度の行き過ぎがあったとしても、なお正当化される。たとえば、100万円分の財産を守るために、110万円分の財産の侵害を伴う防衛行為を行った場合、全体的に見ればマイナスが生じてしまっているが、それでも正当防衛は肯定されるのである（厳格な利益権衡＝釣り合いは要求されない）。しかしこのような場合について、優越的利益が生じたとは言い難いことから、同説から正当防衛の正当性を基礎づけることは困難であることが分かる。そこで、結果無価値論は別の思考の助けを借りる。すなわち、不正の侵害に出た者の法益の価値が欠如することになると説き、そこから、侵害者への対抗行為について、価値のある法益を侵害したことにはならないから、マイナスを生じさせたことにもならず、よって全体として、防衛行為により利益を守ったことによるプラスが際立つことになる、と結論づけようとするのである（法益性の欠如説）[7]。しかし、この考え方に対

---

[7] 平野・総論Ⅱ228頁。

要説を支持すべきこととなる[13]。

　ただ、確認しなければならないのは、防衛の意思の内容である。これについては、意図説と認識説がある。意図説は、急迫不正の侵害から自己または第三者の権利を積極的に防衛しようとする目的＝意図がなければならないとする。しかし、このような目的がなければならないとすると、不意を突く攻撃行為に対して反射的に防御行為に出たという場合には、防衛の意思があったとはいえないこととなり、正当防衛が成立しないという不当な結論に至る（これは、結果無価値論側が防衛の意思不要説の妥当性を説く際に挙げる論拠の一つでもある）。この不当な結論を回避するために、認識説が主張された。すなわち、防衛行為の際に積極的な防衛目的がなくても、「急迫不正の侵害を認識しつつこれを避けようとする単純な心理状態」にあれば防衛の意思があったと見てよい[14]、とするのである。この認識説に立てば、反射的な防衛の際にも、防衛の意思の存在は肯定されることになる。

　また、防衛の意思に攻撃意思が併存していた場合が問題となるも、もっぱら攻撃意思で行為していたとはいえない限りは、防衛の意思ありとしてよい、と考えるのが多数説である。判例も、攻撃意思が併存する場合についても防衛の意思を肯定してきている[15]。

5 事例について

　以上を踏まえ、事例について考えてみよう。事例は偶然防衛の典型ケースであるが、結果無価値論からは、客観的に正当防衛の要件が満たされ、防衛結果が生じた以上、正当防衛の成立を認めるというのが基本となる[16]。しかし、この考えは、二元的行為無価値論を支持する本稿の立場からは採用でき

---

[13] 鈴木「偶然防衛」前掲注（1）67頁。
[14] 大塚・総論372頁。
[15] たとえば、最判昭和50・11・28刑集29巻10号983頁：「防衛に名を借りて侵害者に対し積極的に攻撃を加える行為は、防衛の意思を欠く結果、正当防衛のための行為と認めることはできないが、防衛の意思と攻撃意思とが併存している場合の行為は、防衛の意思を欠くものではないので、これを正当防衛のための行為と評価することができる」としている。
[16] 正当防衛成立説：内藤・総論344頁、中山・総論281頁。

二元的行為無価値論からは、行為者がもっぱら攻撃意思で行為しており、そこに防衛の意思が認められない以上、正当防衛は成立しないということになる。そして、多くは、殺人罪の成立を肯定する[17]。ただ近時は、既遂罪ではなく、未遂罪の成立にとどめるべきとする主張が有力に展開されている[18]。この二元的行為無価値論から展開される未遂罪説は、偶然防衛の場合、防衛の意思を欠いた攻撃行為をしていた点で「行為の不法」が肯定されるが、しかし、結果的にとはいえ、自己または他人の権利を防衛したのは事実であるから、「結果の不法」は否定されるべきだとする[19]。現に犯罪結果が生じているのに未遂罪とする処理に対しては批判もあるが、二元的行為無価値論の本筋からすれば、行為のみならず結果についての評価も行わなければならないはずである。殺害結果が生じたことから直ちに既遂罪を導くことも不可能ではないが、しかし、構成要件レベルだけでなく違法性レベルにおいても既遂罪を肯定できるだけの無価値要素があるかどうかを確かめなければならない。そうすると、確かに構成要件レベルでは殺人結果が発生しているが、同時に正当防衛結果という法秩序上好ましい結果も生じさせたのであるから、これをも評価に入れ込み違法判断をしなければならないことになる。このような見地からすると、結果不法の脱落を重視し、既遂罪を否定するのが妥当ということになろう。

　ところで、この未遂罪との結論は、行為の規範違反性に由来する行為不法のみから導くことも可能ではある。しかし、行為無価値論は、行為時の見地から「未遂不法」が生じたかどうかを評価する思考回路（結果不法を引き起こす危険性を生んだと行為時の見地から言える場合に「未遂不法」の発生を肯定するという思考回路）をも併せ持っている。したがって、この思考回路に則り、行為不法のみならず、未遂不法を生じさせた点をも併せて考慮に入れ、これら二つの柱から未遂罪を肯定すべきである[20]。

17　既遂罪説：大塚・総論373頁、大谷・総論303頁、立石・総論148頁等。
18　未遂罪説：野村・総論225頁、井田・総論260頁。
19　野村・総論226頁、井田・総論259頁以下。

上記事例のXには殺人未遂罪が成立すると解する。

6 おわりに

なお、未遂罪説は、結果無価値論の立場からも展開されているので、最後にこの点について言及しておこう。結果無価値論からの未遂罪説は、客観的に違法な結果を生じさせることができなかったのであるから、結果無価値（結果不法）はなく、せいぜい未遂の成立を認めうるだけだとする[21]。この考えの特徴は、あくまで事後的視座から判明する「結果」をよりどころにして未遂罪の成立を導く点にある。そこに、行為時判断の視座はない。そのため、果たして本当に未遂罪を肯定できるかがという疑問に直面することになる。というのも、偶然防衛のケースを事後的見地から見る限り、正当防衛結果に至らない危険性は皆無であったとしか言いようがないからである[22]。もしその危険性（正当防衛にならない可能性）を認めようとするなら、行為時の視点からその危険性の存在を説かなければならない（一般人が抱く脅威感を重視する視点）。この方法はまさに行為無価値論流のものである。要するに、純粋に結果無価値論的な立場から未遂罪説を展開することには困難がともなうということである[23]。

【参考文献】
井田良「違法性における結果無価値と行為無価値（1）（2・完）――いわゆる偶然防衛を

---

[20] ただ、構成要件的には殺人結果が生じているから、刑法43条の規定を「準用」することになろう。野村・総論226頁参照。
[21] 平野・総論II243頁。いわく、偶然防衛においては正当防衛を構成する客観的事実があるのにこれを認識していなかったというにすぎず、それは死体であるにもかかわらず生きていると思ってピストルで射った場合と同じであり、「違法な結果」は発生していないのであるから、行為者が違法な結果を発生させようと思ったとしても、せいぜい（状況によって）未遂の成立を認めうるだけだ、と。
[22] 事後的・客観的危険性判断の問題性については、立石二六「不能犯」同編著『刑法総論30講』（2007年、成文堂）226頁以下参照。
[23] 各学説からの偶然防衛の処理の仕方について分かりやすく解説を加えているものとして、立石「偶然防衛について」前掲注（1）白門54巻10号8頁、鈴木「偶然防衛」前掲注（1）68頁以下参照。

めぐって」法学研究63巻10号 1 頁以下、63巻11号58頁以下
曽根威彦「防衛意思と偶然防衛（特集　正当防衛論）」現代刑事法 2 巻 1 号43頁以下
丸山雅夫「『防衛の意思』と偶然防衛（ブラッシュアップ・刑法 7 ）」受験新報50巻 6 号34頁以下

(曲田統)

第4講　被害者の承諾

【事例】

　Aは、パチンコなどの遊興費のため、サラリーマン金融などから多額の借金をしていて、その返済に困っていた。そこで、Aは、Bが運転する自動車に、Aが運転する自動車を追突させ、Bが入院することで、入院給付金等の保険金を受け取るという話をBに持ちかけた。Bが了承したので、その後すぐに、A及びBは各自の自動車に乗り、Bの自動車が先行する形で運転していった。そして、最初の交差点で赤信号によりBの自動車が停止したとき、Aは時速約20kmでBの自動車に追突した。Bは追突のショックで軽いむち打ち症を負った。Aの刑事責任はどうか。

【解　説】

1 はじめに

　本事例では、Aが、保険金を得る目的で、Bの承諾を得て、A運転の自動車をB運転の自動車に追突させ、Bにむち打ち傷を与えた点について、傷害罪の成否が問題となる。Aは、自己が運転する自動車を、B運転の自動車に追突させるにあたり、Bの承諾を得ている。したがって、傷害について承諾があった場合に、傷害罪が成立するのかということが問題となっている。
　刑法上、法益の侵害について被害者が承諾した場合、その承諾の法律上の効果の観点から、4つに分類することができる。すなわち、(1) 承諾が全く影響を与えない場合、(2) 承諾があると構成要件該当性がなくなる場合、(3) 承諾があると構成要件が異なる場合、(4) これら3つの場合以外の場合の4つがこれである。(1) は、後述する承諾の要件のうち承諾能力がないことが一律に擬制されている場合であり、13歳未満の女子に対する強姦罪や13歳未満の者に対する強制わいせつ罪などがこれに当たる。(2) は、もともと構成要件上被害者の意思に反することが前提とされている犯罪であり、窃盗

罪や住居侵入罪などがこれに当たる。(3) は、承諾があった場合に、別の構成要件が存在する場合であり、明文をもって規定されているものとして同意殺人罪や同意堕胎罪などがこれに当たり、解釈上認められているものとして現住建造物放火罪に対する非現住建造物放火罪がこれに当たる。そして、これらのいずれにも当てはまらない場合で、承諾が存在する場合に問題となるのが、(4) の場合であり、本事例もこれに当たる[1]。

(2) から (4) までの場合に共通して問題となるのは、承諾の有効要件である。承諾が有効となるのは、一般的に、(1) 被害者に法益の処分権があって、(2) 承諾の意味を理解する者が、(3) 真意に承諾をした場合であるとされている。(1) に関しては、承諾の対象となるのは基本的に個人的法益ということになるが、放火罪等の社会的法益などでも承諾の対象となりうる場合がある。(2) に関しては、幼児（大判昭和9・8・27刑集13・1086）や通常の意思能力のない者（最決昭和27・2・21刑集6・2・756）の患者などの承諾は無効とされる。(3) に関しては、強制や冗談でなされた承諾は無効である。この要件との関係で問題となるのが、被害者が錯誤に陥って承諾した場合である。この被害者の錯誤による承諾は、判例上、いわゆる偽装心中、強盗目的での住居侵入、強姦目的での自動車への監禁が問題となった。いずれも被害者の錯誤による承諾の有効性が問題となるものである（被害者の錯誤による承諾に関しては、第16講「偽装心中」での解説を参照）。

(4) の場合に問題となるのは、承諾それ自体が有効である場合に直ちに犯罪が成立しないとされるのか否か、犯罪が成立しないとした場合、それは構成要件該当性がなくなるからなのか、違法性が阻却されるからなのかの2点である。以下では、これら2つの問題について、判例と学説の見解を通じて検討していく。

---

[1] なお、未成年者拐取について、その保護法益を未成年者の自由と親権者などの監護権と解する通説の場合、被拐取者の承諾があったとしても、監護権が害されることから、未成年者拐取罪が成立することになるであろう。この場合、被拐取者の同意は未成年者拐取罪の成否に影響を与えないことになり、(1) の類型に当たることになる。これに対しては、自己の判断に従って適切な行動をなしうる能力がある限り、未成年者の承諾も違法性を阻却するとする見解もある。

② 判　例

(1) 刑事裁判例
①最判昭和25・11・16集刑36号45頁
　「仮りに、被害者の承諾があったとしても、判示局部の切断（旧刑法三〇〇条中『陰陽ヲ毀敗シ』参照）のごときは、その行為の違法性を阻却するものでないこと多言を要しない……」。
②大阪高判昭和40・6・7下刑集7巻6号1166頁
　性交の際、被害者である妻の求めに応じて、妻の首に自己の寝間着の紐で一回まわして交叉し両手で紐の両端を引っぱって妻の首を締めながら性交に及び、妻を窒息死させた場合について以下のように判示した。「そもそも被害者の嘱託ないし承諾が行為の違法性を阻却するのは、被害者による法益の抛棄があって、しかもそれが社会通念上一般に許されるからであると解する。」「被告人は性交に際し相手方である妻の求めに応じ、同女の首を自己の寝間着の紐で一回まわして交叉し両手で紐の両端を引っぱって同女の首をしめながら性交に及び、しかも……相当強く激しく締めている。そして遂に窒息死に致らしめているのである。この絞首が暴行であることはいうまでもなく、且つかかる方法による暴行は仮令相手方の嘱託ないし承諾に基くものといっても社会通念上許される限度を越えたものと言うべく、従って違法性を阻却するものとは解せられない。」
③東京高判昭和52・11・13東高刑時報28巻11号143頁
　性交の際、被害者の要求、承諾に基づいて、バンドを被害者の首に巻き付け前頸部で交差させ、両手で左右に引っ張り頸部を絞め続けた結果、被害者を窒息死させたという事案について以下のように判示した。「性交中において双方が合意したうえ、或は相手方の承諾を得たうえで行われる、いわゆる加虐行為としての暴行や傷害あるいはこれによる致死の結果について違法性が阻却されるためには、単にそれが被虐者の承諾、嘱託にもとづくというだけでなく、その行為が社会的に相当であると評価されるものであることを

要」し、「本件絞頸行為は社会的相当性の限度を超えるものであるから、被害者の承諾によるものであっても……、その違法性を阻却しないものと解するのが相当である」。
④最決昭和55・11・13刑集34巻6号396頁
　過失による自動車衝突事故であるかのように装い保険金を騙取する目的をもって、被害者の承諾を得てその者に故意に自己の運転する自動車を衝突させて傷害を負わせた場合について以下のように判示した。「被害者が身体傷害を承諾したばあいに傷害罪が成立するか否かは、単に承諾が存在するという事実だけでなく、右承諾を得た動機、目的、身体傷害の手段、方法、損傷の部位、程度など諸般の事情を照らし合せて決すべきものであるが」、本件の「承諾は、保険金を騙取するという違法な目的に利用するために得られた違法なものであって、これによって当該傷害行為の違法性を阻却するものではないと解するのが相当である」。
⑤仙台地裁石巻支判昭和62・2・18判時1249号145頁
　暴力団員間の不義理から被害者が指を詰めることを被告人に依頼し、被告人が出刃包丁と金づちを使用してこれを行ったという事案について以下のように判示した。「承諾があったとしても、被告人の行為は、公序良俗に反するとしかいいようのない指つめにかかわるものであり、その方法も医学的な知識に裏付けされた消毒等適切な措置を講じたうえで行われたものではなく、全く野蛮で無残な方法であり、このような態様の行為が社会的に相当な行為として違法性が失なわれると解することはできない」。
⑥大阪地判昭和62・4・21判時1238号160頁
　深夜路上で空手の練習として、互いに相手を現に殴打、足蹴りする方法で、空手の技を掛け合っていた際、被害者が攻撃してくるのに対応するうち、興奮のあまり、被害者に対し、一方的にその胸部・腹部・背部等を数十回にわたり暴行したところ、被害者が死亡した場合について以下のように判示した。「スポーツの練習中の加害行為が被害者の承諾に基づく行為としてその違法性が阻却されるには、特に『空手』という危険な格闘技においては、単に練習中であったというだけでは足りず、その危険性に鑑みて、練習

の方法、程度が、社会的に相当であると是認するに足る態様のものでなければならないのであるところ」、「練習場所としては不相当な場所でなんら正規のルールに従うことなくかかる危険な方法、態様の練習をすることが右社会的相当行為の範囲内に含まれないことは明らかであって、被告人の本件行為は違法なものであるといわなければならない……」。

⑦東京高判平成9・8・4高刑集50巻2号130頁

　医師免許を持っていない被告人が、被害者の承諾を得て、アパートの一室で豊胸手術を行ったところ、被害者が死亡した場合について以下のように判示した。「被害者が身体傷害を承諾した場合に、傷害罪が成立するか否かは、単に承諾が存在するという事実だけでなく、右承諾を得た動機、目的、身体傷害の手段・方法、損傷の部位、程度など諸般の事情を総合して判断すべきところ」、被告人が被害者に対して行った医行為は、「身体に対する重大な損傷、さらには生命に対する危難を招来しかねない極めて無謀かつ危険な行為であって、社会通念上許容される範囲・程度を超えて、社会的相当性を欠くものであり、たとえDの承諾があるとしても、もとより違法性を阻却しないことは明らかであるといわなければならない」。

(2)　判例の総括

　判例を見てみると、被害者の承諾は、違法性阻却事由の一つとみていると解することができる。そして、違法性が阻却されるためには、下級審は、ほぼ、被害者の承諾が存在するだけでは足りず、行為が社会的相当性の範囲内にあることを要求している。この点、⑤の最高裁昭和55年決定は、「承諾を得た動機、目的、身体傷害の手段、方法、損傷の部位、程度など諸般の事情を照らし合せて決すべきものである」としており、社会的相当性については言及していないが、社会的相当性も必要であるという見解を排斥してはいないと思われる[2]。なお、最高裁は、「被害者が身体傷害を承諾したばあいに傷害罪が成立するか否かは」と判示していることから、「承諾を得た動機、目的、身体傷害の手段、方法、損傷の部位、程度など」の事情を、最高裁が承

---

[2]　神作良二、判批『最判解、昭和55年度』244頁。

諾の有効要件としているのか、承諾とは別の要件としているのかということは（おそらく後者だと思われるが）、明らかではない。

3 学　説

　傷害についての被害者の承諾に関する学説は、概ね以下のように分類されうる[3]。
(1)　構成要件不該当説
　傷害罪の構成要件はそもそも被害者の意思に反することを前提としており、被害者の承諾による傷害は、例えば213条同意堕胎のような処罰規定が特別に設けられているのであるから、このような特別規定がない限り、傷害罪の構成要件には該当しないとする[4]。
(2)　違法阻却説
　自己決定権の尊重という観点から、被害者の承諾に基づく傷害は違法性が阻却されるとする見解である[5]。
(3)　違法性が阻却される場合とされない場合があるとする説
　被害者の承諾があった場合に違法性が阻却される場合とされない場合があり、阻却されるかどうかについて、①承諾が善良な風俗に反する場合には違法性が阻却されないとする説[6]、②承諾による行為が社会的相当性の範囲内にある場合には違法性が阻却されるとする説[7]、③傷害の結果が個人の身体の上に重畳して成立する他の法益を害さない範囲内であれば違法性が阻却されるとする説[8]、④重い傷害については違法とする説[9]などがある。

---

[3] 詳細は、齊藤誠二「被害者の承諾と傷害罪」ロースクール32・100頁以下。
[4] 木村光江「被害者の同意」刑法の争点38頁以下。齊藤誠二、前掲、100頁以下。佐伯千仭『四訂刑法講義総論』219頁（傷害については可罰的違法類型に該当しなくなるとする）。
[5] 須之内克彦「刑法における自己決定」『刑法における被害者の同意』73頁以下。
[6] 下村康正『刑法1（総論）』129頁以下。
[7] 大塚・総論421頁。木村・総論284頁以下。立石・総論166頁以下。団藤・総論206頁以下。
[8] 瀧川春雄＝竹内正『刑法各論講義』21頁以下。
[9] 井田良『刑法総論の理論構造』194頁以下。大谷實・総論253頁以下。曽根威彦『刑法の重要問題[総論]（第2版）』139頁。西田・総論188頁以下。平野・総論253頁以下。山口・総論162頁以下。

(4) 傷害罪成立説

　人の身体は個人の利益だけでなく、公共の利益のためにも保護されていることから、被害者の承諾があっても傷害罪が成立するとする[10]。

(5) 学説の検討

　(1) 説による場合、被害者の承諾があれば、どのような事情であれ、常に構成要件に該当しないということになる。そうすると、例えば、⑦判例のように、医師免許を持たない者が、医療設備の整わないマンションの一室で整形手術を行った場合なども、傷害罪は成立しないことになるが、この結論は妥当ではないように思われる（これは、医療行為全般について言い得ることであろう）[11]。また、同じく (2) 説による場合も、被害者の承諾があればに常に違法性が阻却されることになり、(1) 説に対する批判と同様のことが妥当するであろう。さらに、(4) 説は、そもそも傷害罪の法益に関する理解が、今日の法思想に合わないとされている[12]。以上のことから、(3) 説が妥当であるように思われる。(3) 説のうち、③説は、個人の身体の上には被害者の法益だけではなく、国や社会の法益も重なり合っているということを前提としているが、これに対しては (4) 説と同様、今日の法益の思想には合わないと考えることができるであろう。また、④説は重い傷害の場合には傷害罪の成立を認めるが、重い傷害かどうかの基準があいまいである等の批判がなされている。以上より、①説か②説ということになるが、より刑法になじむのは②説であろう。

　ただ、(3) 説による場合、どのような立場であろうと、同意傷害について一定の場合に処罰する以上、同意殺人の刑が6月以上7年以下であることとの刑の均衡が取れなくなるということは否定できない。そこで、同意傷害を傷害罪として処罰するにしても、その刑は7年以下にとどめなければならな

---

[10] 小疇傳『新刑法論』275頁以下。ただ、現在この説を主張する者はいない（齊藤誠二、前掲、104頁）。
[11] 井田良『刑法総論の理論構造』193頁。
[12] 齊藤誠二、前掲注3、107頁。
[13] 詳細については、斉藤誠二『医事刑法の基礎理論』15頁以下。

いであろう。

(3) ②説によると、本事例においても、Aは、交通事故に見せかけて、入院給付金等の保険金を保険会社から受け取ろうとするという目的で、Bから承諾を得て、自動車を追突させ、Bにむち打ち症を負わせている。このような保険金詐欺目的での同意傷害の場合、社会的相当性は認められないであろう。したがって、Aには傷害罪が成立すると考えるべきである。

4 おわりに

今日、治療行為において患者の意思が最高の法理とされている。つまり、患者が治療を受けるということに真に承諾した場合に、患者の自己決定権を害さないものとして傷害罪にはならないとされている[13]。さらに、安楽死、尊厳死などの終末期医療、臓器移植などにおいても患者や被害者の意思が問題とされる。このように、被害者の承諾は、日常生活の多くの場面で問題となりうる。

【参考文献】
神作良二　最判解　昭和55年度・235頁以下
木村光江「被害者の同意」刑法の争点38頁
齊藤誠二「被害者の承諾」ロースクール32号100頁
辰井聡子「被害者の同意」刑法判例百選Ⅰ総論　第6版46頁

（関根　徹）

第5講　結果的加重犯

【事例】
　居酒屋を営んでいるAは、酒豪の甲を酔いつぶすため、血中アルコール濃度が0.25％に達する量の酒を甲に飲ませたところ、甲は急性アルコール中毒により死亡した。甲の死体を解剖した結果、血中アルコール濃度が0.47％に達していたことが分かった。入店時の甲は誰の目からみても素面に見えたので、Aも気がつかなかったが、甲は別の居酒屋をはしごしてきたのであった。Aの罪責はどうなるか。

【解　説】

1　はじめに

　本問では、Aは、甲を酔いつぶそうとしているが、甲の意識を失わせるということは生理的な機能の侵害にあたるので、傷害ということになる。そして、その傷害行為から、甲の死という結果が発生しているので、傷害致死罪の成否が問題となる。このように、基本となる犯罪行為から[1]、重い結果が発生した場合に、その重い結果について刑罰が加重される犯罪を結果的加重犯という。
　結果的加重犯では、基本となる犯罪と重い結果との間にどういう関係があればよいのかということが問題となる。

---

[1] 基本となる犯罪は、故意行為に限られると考えられがちであるが、人の健康に係る公害犯罪の処罰に関する法律3条1項には業務上の不注意により工場等から健康に有害な物質を川に流して生命・身体の危険を生じさせる場合を処罰する過失犯が規定され、3条2項は、その結果として死傷の結果を発生させた場合に重く処罰することにしている。それゆえ、これは基本となる犯罪が過失犯である結果的加重犯といえる（前田宏＝佐藤道夫＝堀田力「『人の健康に係る公害犯罪の処罰に関する法律』について」法曹時報23巻2号（1971年）32頁。なお、浅田・総論276頁脚注（2）、西原・各論80頁、齊藤誠二「結果的加重犯／不作為と共犯・未遂の教唆」受験新報33巻2号（1983年）14頁、町野朔『刑法総論講義案Ⅰ〔第2版〕』信山社（1995年）177頁、大塚・総論181頁脚注（14）、大谷・総論199頁など。反対、香川達夫『結果的加重犯の本質』慶應通信（1978年）32頁以下）。

以下では、その主な判例および学説を整理し、検討してみることにしたい。

2 判　例

判例は条件説をとる。
①最判昭26・9・20刑集5巻10号1937頁
　傷害致死罪の成立には、致死の結果の予見可能性は不要である。
②最判昭32・2・26刑集11巻2号906頁
　暴行と傷害致死の結果との間に因果関係の存在する以上、被告人において致死の結果をあらかじめ認識、予見する可能性は必要ではない。

3 学　説

(1) 基本となる犯罪と重い結果との間に条件関係があればよいとする上記判例の立場

　この見解によれば、Aが酔いつぶすために甲に飲酒させる行為をしなければ、甲が死ぬことはなかったであろうといえるので、Aの行為と甲の死の結果との間には条件関係がある。それゆえ、Aには、傷害致死罪が成立しうる。
　しかし、因果関係は事実確定のための判断であり、客観的帰責の問題であって、責任の有無にかかる主観的帰責の問題とは次元を異にする[2]。責任主義の見地から結果に対する故意または過失が認められないかぎり非難できないから、少なくとも重い結果につき過失がないかぎり結果的加重犯は成立しないと解すべきである[3]。重い結果に対する責任を問題としないのは、理論的には、重い結果を犯罪要素ではなく客観的処罰条件[4]と位置づけるものであるが、それでは重い結果の発生を理由とする加重処罰の根拠が必ずしも明らかではない[5]、といった批判がある。

---

[2] 立石・総論170頁以下。
[3] 大谷・総論199頁、立石・総論171頁など。

(2) 基本となる犯罪と重い結果との間に客観的な相当因果関係があればよいとする立場[6]

この見解によれば、行為当時に存在した客観的な事実が相当性の判断の対象となるから、Aが甲はすでに飲酒していたということを知らず、一般人に認識することができなかったとしても、行為当時に存在した事実（すでに酩酊していた甲）が基礎におかれ、すでに酩酊していた甲に対して、さらに血中アルコール濃度が0.25％に達する量のアルコールを飲ませる行為によって、甲の死の結果が発生するのは経験則上、通常であるから、Aには、傷害致死罪が成立しうる。

しかし、客観的な相当因果関係説は、誰にも分からない事情であっても行為時の事情については客観的な事実を相当性判断の前提とするため、この点では条件説と同じ程度に因果関係を認める範囲が広くなり、およそ誰にも予見できない結果まで帰責することになるという問題がある。

(3) 重い結果と基本となる犯罪との間に折衷的な相当因果関係が必要であるとする立場[7]

結果的加重犯の基礎には故意行為があるのだから故意も過失もなしに発生した結果に対する責任を問うわけではないし、一般の故意犯においても、たとえ軽傷を与えるつもりで、意外にも重傷を発生させた場合でも、その重大な結果につき罪責が生ずるという点では同じことであるし、重い結果に対する予見可能性または過失を要求することには成文上の根拠も存在しないし、因果関係につき相当因果関係をとるかぎり、行為者に過酷な責任を帰することにはならない[8]。すでに相当因果関係の存否の認定において結果発生の予

---

[4] 客観的処罰条件とは、犯罪の成立要件がすべて備わっていることを前提として、その犯罪行為を処罰するためにさらに必要とされる条件のことをいう。たとえば、アメリカ人Aがイギリス人Bのカバンを中国のC省で窃取した場合、日本の刑法からみて、アメリカ人Aの行為は刑法235条の窃盗罪に該当するが、このAには日本の刑法は適用されない（刑法1条～4条の2）。この場所的適用の範囲は、一般に客観的処罰条件の1つの例とされている。

[5] 浅田・総論278頁。

[6] 平出禾『刑法総論』酒井書店（1973年）79頁、80頁など。

[7] 植松正『再訂刑法概論Ⅰ総論』勁草書房（1974年）135頁、香川・前掲（註1）101頁以下、香川・総論147頁、荘子邦雄『刑法総論〔第3版〕』青林書院（1996年）138頁以下、西原・総論上214頁、藤木・総論93頁、200頁以下。

見可能性が顧慮された以上、あらためて結果発生に対する過失を認定することは必要ではない[9]。

この見解によれば、Aは甲がすでに飲酒していることを知らず、一般人からみても認識することはできなかったとすれば、素面の甲に血中アルコール濃度が0.25％に達する量のアルコールを飲ませる行為によって、甲の死の結果が発生するのは経験則上、通常であるかが問われる。血中アルコール濃度が0.25％に達する量のアルコールを飲ませる行為では通常は酔いつぶれるだけであり、死の結果が発生することは相当ではないとするならば、Aは傷害罪の問題となる。これに対して、一般人からみれば甲が飲酒していたことは認識できたとか、あるいは、結果発生の可能性がゼロでなければ相当性を認めてもよいとの立場から、血中アルコール濃度が0.25％に達する量のアルコールを飲ませる行為でも死の結果が絶対に発生しないとはいえないとすれば、傷害致死罪の問題となりうる。

しかし、処罰の対象は死という発生した予期せざる重い結果であって、その点に相当因果関係があったとしても、それは客観的帰責の問題であるにすぎず、主観的帰責の問題を解明しうるものではないから、この見解は責任主義に照らして疑義がある[10]。

(4) 重い結果については予見可能性があればよいとする立場

これは、予備草案、改正刑法仮案、改正刑法準備草案、改正刑法草案といったわが国の草案のなかで採用された立場である。

しかし、予見不能というのは、客観的な予見不能を意味するのか、それとも主観的な予見不能を意味するのかはっきりしない[11]。もし第三者の客観的な予見可能性で足りるとすれば、責任主義の例外を認めることになる[12]。草案理由書は、結果の予見不能とは無過失と変わりがないと説明しているが、厳密には過失が必要とされるべきである[13]、との批判がある。

---

[8] 植松・前掲（註7）135頁。
[9] 西原・総論上214頁。
[10] 立石・総論171頁。
[11] 大越・総論23頁以下。
[12] 佐伯千仭『四訂刑法講義総論』有斐閣（1981年）234頁脚注（1）。

(5) 重い結果について過失が必要であるとする立場[14]

　責任なければ刑罰なしとする責任主義の見地からは、基本となる犯罪と重い結果との間に因果関係が認められるだけでは十分ではなく、少なくとも重い結果について過失が認められる必要がある。因果関係の判断は類型的な違法判断であって、客観的帰責の問題にすぎず、重い結果についての責任があるというためには、行為者に重い結果に対する主観的な注意義務違反が認められなければならない。

　これに対して、過失必要説によれば、結果的加重犯の未遂その他の点で多くの矛盾が生ずるから、それらの解決が合理的になされないかぎり、重い結果は因果関係の範囲内にあれば足りるとするほかはないとの批判がある[15]。

　しかし、個別問題の解決がうまくいかないから責任主義を説けないと考えるのは論理が逆であり、責任主義という基本原理をおさえ、その後に個別問題に取り組むことこそが重要である[16]。

4 検討・私見

　(1) それでは、わたしたちは、Aの罪責についてどのように考えるべきであろうか。結果的加重犯の本質については、これまで、「故意犯と過失犯との結合犯」であると解されてきた（結果的加重犯＝故意犯＋過失犯）。これは、責任主義との調和という意味では妥当なものである。これに対して、基本となる犯罪と重い結果との間に因果関係があれば足り、とくに相当因果関係説をとるかぎり、偶然の結果は帰責されないのだから不都合は生じないとの見解もある。しかし、そもそも相当因果関係説の客観説によれば、行為時の事

---

[13] 大塚・総論181頁脚注（13）。
[14] 浅田・総論278頁、内田文昭『改訂刑法Ⅰ（総論）〔補訂版〕』青林書院（1999年）153頁脚注（8）、大塚・総論180頁、大谷・総論198頁、岡野・総論62頁、川端・総論58頁、斎藤・総論99頁、齊藤誠二『刑法講義各論Ⅰ〔新訂版〕』多賀出版（1979年）226頁、佐伯・前掲（註12）234頁、下村・正150頁、曽根・総論135頁、立石・総論171頁、団藤・総論337頁、平野・総論Ⅰ56頁、山口・総論188頁など。
[15] 香川・総論250頁以下。
[16] 立石二六『刑法解釈学の諸問題』成文堂（2012年）34頁。

情に関するかぎり、誰にも予見することができない特殊事情でも相当性判断の対象に入ることになっているので、相当因果関係の判断と過失の有無の判断は異なるものとなるし、条件説によれば、行為時か行為後かを問わず、予見できたかどうかは因果関係の判断で考慮されていないから、因果関係の判断と過失の有無の判断はまったく異なる。

　(2)　相当因果関係説の折衷説でも、行為当時に一般人が認識できたであろう事情および行為者が特に知っていた事情を判断の対象として相当か否かが判断されるにすぎず、行為当時に行為者が認識できたかどうか、または行為者の類型的な事情（年齢・経験等）を考慮した平均人から認識できたか否かが考慮されているわけではないし、結果回避可能性が考慮されているわけでもないので、相当因果関係の判断と過失の有無の判断が重なるわけではない。

　それゆえ、責任主義の観点からいえば、相当因果関係説の折衷説を支持する立場からも、少なくとも、重い結果についての過失が必要であるとしなければならないと思われる。したがって、基本的には、③ (5) の重い結果について過失が必要とする立場が妥当である。

　③ (5) の立場によれば、本問では、入店時の甲は誰の目からみても素面に見えたので、Aも気がつかなかったとあるので、Aには重い結果について過失はない。それゆえ、相当因果関係説の主観説や折衷説の立場から、Aの行為と甲の死の結果との間の相当因果関係を否定した場合はもちろん傷害致死罪は成立しないが、条件説や相当因果関係説の客観説ないし折衷説の立場から、Aの行為と甲の死の結果との間の因果関係を肯定したとしても、重い結果についての過失が否定されるという理由から、Aには傷害致死罪は成立しないと解され、甲を急性アルコール中毒にした点で、Aには傷害罪（刑法204条）が成立することになる。

　(3)　しかしながら、結果的加重犯の本質は故意犯と過失犯の結合犯であるとする説明では十分ではないとの見解もある。たとえば、傷害罪（刑法204条）の法定刑の上限は15年の懲役であり、過失致死罪（刑法210条）の法定刑の上限は50万円の罰金であり、これらを足し合わせても、傷害致死罪（刑法205条）の法定刑の上限である20年の懲役には満たないからである[17]。

この点に関して、結果的加重犯の本質は基本となる犯罪の故意犯と重い結果についての過失犯が結合しているというだけではなく、故意犯と過失犯の間に、その両者を結びつける危険犯の要素が含まれているとみる危険性説と呼ばれる立場が次第に有力になってきている。たとえば、被害者の生死にかかわる薬の入ったバックを盗んだために死亡させたとしても窃盗致死罪という結果的加重犯はないことからも分かるように、そもそも結果的加重犯は、致死傷の結果を発生させる可能性のあるすべての犯罪について規定されているわけではない。むしろ結果的加重犯は、傷害や遺棄、強盗などのように、重い結果が発生しやすいある特定の犯罪に限定して規定されているということができる。たとえば、傷害罪には、被害者の死という重い結果を惹き起こす類型的に高度の危険性が含まれており、傷害罪と致死という重い結果が密接な関係にあるからこそ、立法者は傷害致死罪という犯罪類型を結果的加重犯として選び出して規定したと理解することができる。それゆえ、結果的加重犯は、故意犯と過失犯の複合形態ではなく、結果的加重犯の基本となる犯罪のなかにはすでに重い結果を惹き起こす類型的に高度の危険性が含まれており、その重い結果は基本となる犯罪のなかに含まれているこの危険性が実現されたものであるというのである（結果的加重犯＝故意犯⇒危険犯⇒過失犯）[18]。

---

[17] 結果的加重犯の法定刑と基本となる犯罪と重い結果についての結果犯の法定刑との比較については、丸山雅夫『結果的加重犯論』成文堂（1990年）69頁以下が参照されるべきものとなろう。

[18] 齊藤・前掲（註1）16頁、同・前掲（註14）224頁、丸山・前掲（註17）196頁以下、同「結果的加重犯の加重根拠」阿部純二ほか編『刑法基本講座（2）』法学書院（1994年）125頁以下、同「結果的加重犯の構造」現代刑事法5巻4号（2003年）42頁以下、山本光英「結果的加重犯の不法内容」法学新報97巻3・4号（1990年）258頁以下、同「結果的加重犯の共同正犯」川端博ほか編『立石二六先生古稀祝賀論文集』成文堂（2010年）487頁以下、竹内正「結果的加重犯概念についての一考察」松山大学論集4巻6号（1993年）157頁、町野・前掲（註1）179頁、佐伯和也「結果的加重犯における『基本犯』と『重い結果』との関係について―傷害致死を中心に―」関西大学法学論集52巻3号（2002年）80頁以下、井田・総論226頁、同『刑法総論の理論構造』成文堂（2005年）425頁、内田浩『結果的加重犯の構造』信山社（2005年）313頁、曲田統「傷害の故意（危険運転致死傷罪にも関わる、古くて新しい問題）」立石二六編『刑法総論30講』成文堂（2007年）39頁以下、榎本桃也『結果的加重犯論の再検討』成文堂（2011年）33頁以下など。これに対して、危険性説がいう高度の危険は、すでに故意基本犯・過失結果犯に含まれており、両者のなかにすでに含まれているものを取り出して形式的に結び付けても刑の加重は説明できないとの見解もある（たとえば、山口厚・川端博「対談・結果的加重犯の現状と課題」現代刑事法5巻4号（2003年）29頁（山口発言）など）。

そして、客観的には、基本となる犯罪のなかに含まれている類型的に高度の危険が重い結果のなかに実現し、主観的にも、その危険性を基礎づける事情について行為者が知っていたということを要件とするのであれば、重い結果を発生させる危険性のある行為であることを知っていたにもかかわらず、不注意にも重い結果が発生するとは思っていなかったという過失が認められた場合には、その危険性を基礎づける事実についての認識があったということによって、行為者の過失は単なる過失ではなく、それは重過失であったということができるように思われる[19]。そうすると、先程の例で、過失致死罪の法定刑の上限は50万円の罰金であるが、重過失致死罪の法定刑の上限は5年の懲役であるから、傷害罪の法定刑の上限である15年の懲役と足し合わせて、傷害致死罪の法定刑が20年の懲役になるというのも、それなりに納得がいくということになる。

(4) この危険性説は、結果的加重犯の成立範囲を限定し、その重い処罰を一定程度までは説得力をもって説明することを可能にするものと思われ、基本的に妥当なものであると考える。

これを本問についてみると、Aには甲を酔いつぶすという傷害行為とその故意がある。しかし、類型的に高度の危険性の実現といえるかについては、客観的に、基本となる犯罪に含まれる高度の危険性が結果のなかに実現したといえ、主観的にも、行為者が、傷害行為をするときに、被害者の生命に対して、「不注意」であるという判断をしてもよいような本質的な事情を知っていた[20]ということが必要であると解される。たとえば、被害者が暴行または傷害行為から逃れようとして逃走中に転倒し、頭部を打って死亡した場合でも、行為者が執拗に追跡したり、さらには追いつめて急な傾斜のところを走り降りるほかはないようにしたりしたなどの場合ならば別であろうが、行為者が暴行をはじめたところ、やにわに被害者が逃げ出し[21]、自殺とも思え

---

[19] 丸山・前掲（註17）249頁、竹内・前掲（註18）157頁、内田・前掲（註18）313頁、曲田・前掲（註18）41頁。
[20] 齊藤・前掲（註14）231頁以下。
[21] 井田良『刑法総論の理論構造』成文堂（2005年）428頁。

るような逃走によって死亡した場合には[22]、相当因果関係があったとしても、被害者の死の結果に結びつくような危険な傷害行為と評価することはできず、客観的には、基本となる犯罪に含まれる類型的に高度の危険の実現とはいえないので、少なくとも結果的加重犯を認めるべきではないように思われる（その場合、傷害罪と過失致死罪の成否が問題となるにすぎない）。また、主観的にも、被害者を殴打する際に、実は交通量の多い車道の端にいたのに、実は背後に階段があったのに、あるいは、実は木の棒には鋭利なナイフがついていたのに、それらのことを知らなかったので、行為者にとっては意外にも被害者の死という重い結果が発生したという場合[23]も同様に、結果的加重犯は否定されることになるであろう。

5 おわりに

それでは、本問の場合はどうであろうか。もし、かりにAは、甲がすでに飲酒していることを知っていて、さらに酔いつぶす量の飲酒をさせたという場合ならば、その行為は甲の生命にとって危険であり、その危険が結果に実現したといえるし、Aは、甲の生命に対して「不注意」であるという判断をしてもよいような本質的な事情を知っていたといえるので、Aに傷害致死罪の成立を認めてもよいであろう。しかし、本問のAは、甲がすでに飲酒していることを知らなかったのであり、危険性説の立場によれば、そもそも結果的加重犯である傷害致死罪の成立を認めるべきではないと思われる。その場合には、さらに、Aには、傷害罪の成立に加えて、過失致死罪の成否が問題になるところ、誰からみても甲が素面に見えたというのであるから、甲の死の結果を予見することができなかったといえる。それゆえ、Aには、過失致死罪も成立しない。

したがって、本問のAには、甲を酔いつぶすという傷害の故意で、甲を急

---

[22] 齊藤・前掲（註14）232頁。
[23] 井田良『刑法総論の理論構造』成文堂（2005年）429頁、井田・総論228頁。

性アルコール中毒にさせたことについて、傷害罪（刑法204条）が成立する。

【参考文献】
内田浩『結果的加重犯の構造』信山社（2005年）
榎本桃也『結果的加重犯論の再検討』成文堂（2011年）
香川達夫『結果的加重犯の本質』慶應通信（1978年）
立石二六「結果的加重犯」『刑法解釈学の諸問題』成文堂（2012年）31頁以下。
丸山雅夫『結果的加重犯論』成文堂（1990年）

(中村邦義)

第6講　責任能力

【事例】

統合失調症に罹患した22歳の男性Aは、幻覚、妄想等の病的症状を時折呈していた。そうした状態の下でAは、近所に住む女性Bについて、自分に対して以前より敵対的で、いずれ自分に大きな害悪をもたらす人物だと思い込み、さらに、自分を見かけると嘲笑し、悪口を他人に言っていると思い込んでいた。Aは、自宅近くの図書館でこのB女に出くわし、B女のこうした態度に我慢できなくなって、突然走り出し体当たりして転倒させ、B女は机で頭を打ち、大怪我を負った。Aの罪責を論ぜよ。なお、Aに対して精神鑑定が行われ、その鑑定では、行為時に責任無能力状態であったとされていた。

【解　説】

1 はじめに

　本事例では、行為者の責任能力の喪失・減少が問われ、これによる刑の減免が問題となる。
　刑法39条が責任能力に関する規定である。この39条は、1項で「心神喪失者の行為は、罰しない」として心神喪失者を不可罰とし、2項で「心神耗弱者の行為は、その刑を減軽する」として心神耗弱者の刑を必要的に減軽する、と規定しているだけである。この規定からは、心神喪失・心神耗弱の意義は必ずしも明らかではないが、これに関するリーディングケースとされる大審院昭和6年12月3日判決（大判昭和6・12・3刑集10巻682頁）では、「心神喪失ト心神耗弱トハ孰レモ精神障礙ノ態様ニ属スルモノナリト雖其ノ程度ヲ異ニスルモノ」であって、心神喪失とは「精神ノ障礙ニ因リ事物ノ理非善悪ヲ辨識スルノ能力ナク又ハ此ノ辨識ニ従テ行動スル能力ナキ状態」であり、心神耗弱とは「精神ノ障礙未タ上叙ノ能力ヲ缺如スル程度ニ達セサルモ其ノ能力著シク減退セル状態」であると定義されている。この定義は、基本的に最

高裁にも受け継がれ、学説においても一般に承認されているといえる程度に広く支持されているものである。そして、このような判例・学説の状況を背景として、改正刑法草案16条1項では「精神の障害により、行為の是非を弁別し又はその弁別に従って行動する能力がない者の行為は、これを罰しない」とされ、同2項では「精神の障害により、前項に規定する能力が著しく低い者の行為は、その刑を減軽する」と定められ、上述の定義にそった心神喪失・心神耗弱に関する規定が置かれている。また、これらの定義における「理非善悪」、「是非」については、このような文言からは、倫理的な意味合いが強調されるきらいがあるため、むしろ直截に自らの行為が違法であること、すなわち、「違法性」を意味するとの考え方が[1]、今日では広く支持されているといえる。よって、このような立場からは責任能力は、行為の違法性を認識する能力（認識能力）とその認識に従って行動する能力（制御能力）から成り、その能力の少なくともいずれかが「精神の障害」によって存しない場合が、「心神喪失」（責任無能力）であり、同じく「精神の障害」によって著しく減少している場合が、「心神耗弱」（限定責任能力）であると解されることになる。このような責任能力の理解は、第一段階の「精神の障害」（生物学的要素と呼ばれる）と、第二段階の認識能力・制御能力（心理学的要素と呼ばれる）を併せて責任能力の要件とするものであり、いわゆる「混合的方法」と呼ばれ、生物学的要素によってのみ定義される「生物学的方法」や心理学的要素によってのみ定義される「心理学的方法」と区別されるものである。よって、このような混合的方法による責任能力に関する理解が、責任能力を論ずるにあたって、今日、出発点になるものといえよう。

ところで、責任能力は、この名称が示唆するとおり、刑法上の責任（有責性）にかかわる要件である。したがって、犯罪は構成要件に該当し、違法で有責な行為と一般に定義されるところであるが、これによると、責任能力

---

[1] 墨谷葵『責任能力基準の研究』（1980）226頁、内藤謙『刑法講義総論（下）I』（1991）791頁、只木誠「精神鑑定と法的能力評価」季刊精神科診断学12巻2号（2001）212頁など。また、最決昭29・7・30 刑集8巻7号1231頁では、「刑法上心神喪失者であるというのはその犯行の当時において行為の違法性を意識することができず又はこれに従って行為をすることができなかつたような無能力者を指」すとされている。

は、構成要件該当性、違法性が認められた後の有責性（構成要件該当性、違法性に続く、犯罪成立の要素である責任、すなわち、伝統的には非難可能性）にかかわることになり、構成要件に該当する違法行為が認められることが前提となり、さらに、いわゆる「行為と責任の同時存在の原則」から、「行為の際に」存するか否か（どの程度損なわれていたのか）が問われることになる。

　本事例では、Aの行為は傷害罪の構成要件に該当し、とくに違法性阻却事由にもあたらず、さらに責任能力以外の責任阻却・減少事由も存しないと解され、専ら責任能力の喪失・著しい減少が問題となる。つまり、この傷害行為の際に、「精神の障害」が原因となって、行為の違法性を認識し、その認識に従って行為を思いとどまる能力が喪失あるいは著しく減少していたのかが問われることになる。

② 統合失調症の場合の責任能力（学説・判例）

　(1) 第一段階の「精神の障害」については、統合失調症、躁うつ病、てんかん、意識障害、飲酒酩酊、知的障害、人格障害などさまざまなものがあげられるが、精神医学、心理学といった精神状態に関する専門領域において精神の障害とされるもので、認識能力・制御能力を喪失あるいは著しく減少させうるものであれば、この第一段階の「精神の障害」にあたると考えてよいであろう[2]。本事例では、行為時に、大精神病の一つともされる統合失調症が認められる場合であるため、混合的方法の第一段階の「精神の障害」にあたることは、とくに問題がないといえよう。

　(2) では、統合失調症の場合の責任能力についてはどのように考えられているのであろうか。精神医学者の間においても、統合失調症と責任能力の関係については見解が分かれるところである。大別すると、「精神分裂病の行為を原則として責任無能力」とする見解[3]と、「分裂病者を正常者とは質的にまったく違った存在と考える古典的な考え方は、『分裂病の神話化』などと

---

[2] 箭野章五郎「刑事責任能力における『精神の障害』概念」法学新報115巻5・6号（2008）285頁以下参照。

批判されるように、十分な根拠がない。分裂病者といえども、病的な心の部分と健康な心の部分とが併存しているはずであって、だからこそ心理療法的働きかけや社会復帰などが可能なのである。もちろん、病的な部分が健康な部分を圧倒・支配している場合もあって、この場合は責任無能力と考えるべきであるが、正常に判断・制御をする部分が残っているケースでは、その能力が量的にどのていど残されているかを検討・評価すべきであろう」、「分裂病者の行動といえども、すべてがまったく疾病の結果というわけではないから、症状の人格に及ぼす影響・支配力などを十分慎重に考慮して、その認識能力・制御能力の障害の程度を判断すべきである」とする見解[4]が主張されている。

　ただ、裁判実務では、例えば、最決昭和59・7・3刑集38巻8号2783頁は、「被告人が犯行当時精神分裂病に罹患していたからといって、そのことだけで直ちに被告人が心神喪失の状態にあったとされるものではなく、その責任能力の有無・程度は、被告人の犯行当時の病状、犯行前の生活状態、犯行の動機・態様等を総合して判定すべきである」旨判示しており、また、これは、従前の下級審判例の支配的見解を是認したもの[5]と指摘されるところである。つまりは、統合失調症というだけでは、すぐさま責任無能力という結論には至らず、障害の程度、症状等、責任能力の増減を推しはかる事情を考慮して、責任無能力であるのか、あるいは限定責任能力であるのか、場合によっては、そのいずれでもないのかを判断する立場といえる[6]。こうした態

---

[3] 中田修『増補犯罪精神医学』（1987）74頁以下、さらに、村松常雄＝植村修三『精神鑑定と裁判判断』（1975）44頁、秋元波留夫＝武村信義「ライシャワー大使刺傷事件」［秋元］内村祐之・吉益脩夫監修『日本の精神鑑定』（1973）523頁以下など。
[4] 福島章『精神鑑定』（1985）115頁以下。
[5] 高橋省吾「精神鑑定と刑事責任能力」小林充・香城敏麿編『刑事事実認定――裁判例の総合的研究――（上）』（1992）460頁、島田仁郎＝島田総一郎『大コンメンタール刑法』大塚ほか編（第2版）第3巻（1999）376頁。
[6] なお、原則として統合失調症の場合に責任無能力であるとする考え方から離れる立場は、近時、精神医学において「可知論」を強調するという形でも示されている。これについては、岡田幸之「刑事責任能力再考――操作的判断と可知論的判断の適用の実際」精神神経学雑誌第107巻第9号（2005）920頁以下、『刑事責任能力に関する精神鑑定書作成の手引き』（平成18～20年度総括版（Ver. 4.0）分担研究代表者　岡田幸之）7頁以下および41頁以下など。

度は、今日の裁判実務においても基本的に維持されていると解される。

　とはいえ、統合失調症を第一段階の「精神の障害」とする場合の裁判例の責任能力に関する結論については、病気が重い場合や妄想などの病的症状に犯行が直接支配されていた場合には心神喪失となり、それ以外ではほぼ心神耗弱となる、というのが全般的な傾向ということになろうかと思われる。

3 鑑定の拘束力の問題

　さらに、精神鑑定において責任無能力あるいは限定責任能力であるとの見解が示される場合に、これに刑事裁判の判断者である裁判官も従わなければならないのか、すなわち、この鑑定人の判断に拘束されるのかも問題となりうる（本事例でも鑑定では責任無能力との見解が示されており、この点も問題となる）。

　最高裁は、最決昭和58・9・13判時1100号156頁において、「被告人の精神状態が刑法39条にいう心神喪失又は心神耗弱に該当するかどうかは法律判断であって専ら裁判所に委ねられるべき問題であることはもとより、その前提となる生物学的、心理学的要素についても、右法律判断との関係で究極的には裁判所の評価に委ねられるべき問題である」としており、また、先にあげた59年決定でも「被告人の精神状態が刑法39条にいう心神喪失又は心神耗弱に該当するかどうかは法律判断であるから専ら裁判所の判断に委ねられている」とされており、責任能力判断が最終的に裁判官が行う法律判断であり、心理学的要素についても生物学的要素についてもそうであることが示されている[7]。学説も、こうした、責任能力判断があくまで法的判断であってそれ

---

[7] さらに、近時の最決平成21・12・8刑集63巻11号2829頁でも、「……責任能力の有無・程度の判断は、法律判断であって、専ら裁判所にゆだねられるべき問題であり、その前提となる生物学的、心理学的要素についても、上記法律判断との関係で究極的には裁判所の評価にゆだねられるべき問題である。したがって、専門家たる精神医学者の精神鑑定等が証拠となっている場合においても、鑑定の前提条件に問題があるなど、合理的な事情が認められれば、裁判所は、その意見を採用せずに、責任能力の有無・程度について、被告人の犯行当時の病状、犯行前の生活状態、犯行の動機・態様等を総合して判定することができる。そうすると、裁判所は、特定の精神鑑定の意見の一部を採用した場合においても、責任能力の有無・程度について、当該意見の他の部分に事実上拘束されることなく、上記事情等を総合して判定することができるというべきである。」とされている。

に対する最終的な判断が裁判官の責任において行われなければならないことを根拠として、鑑定人の責任無能力・限定責任能力とする判断に拘束されないとの考え方をとるのが大勢といえよう。

　もっとも、責任能力判断は最終的に裁判官の責任において行われる法的判断であるとしても、先に示した39条の内容からも明らかであるように、その判断は、精神医学等の専門領域の知見と密接にかかわる形で行われるものであり、かつ、精神鑑定は裁判所がそもそも鑑定によらなければ正確な判断をなしえないと考えたため実施しているという側面をも考慮すると、鑑定の評価にあたっては、慎重に、一定の尊重心を持ってあたらなければならず、鑑定の結果を採用しない場合には合理的な理由がなければならないということになろうかと思われる。この点に関連して、最高裁（最判平成20・4・25　刑集62巻5号1559頁）も、上記58年決定が示した考え方を前提としながら、「生物学的要素である精神障害の有無及び程度並びにこれが心理学的要素に与えた影響の有無及び程度については、その診断が臨床精神医学の本分であることにかんがみれば、専門家たる精神医学者の意見が鑑定等として証拠となっている場合には、鑑定人の公正さや能力に疑いが生じたり、鑑定の前提条件に問題があったりするなど、これを採用し得ない合理的な事情が認められるのでない限り、その意見を十分に尊重して認定すべきものというべきである」と判示している。

4 おわりに

　(1)　本事例では、統合失調症の場合の責任能力が問題となるが、従来の裁判例の傾向から考えると、心神喪失となる可能性が高く、また、少なくとも心神耗弱にはなりうる場合であると思われる。

　ともあれ、責任能力の問題は、行為時に、「精神の障害」が原因となって、行為の違法性を認識し、その認識に従って行為を思いとどまる能力が、喪失あるいは著しく減少していたかを問うことであり、このようにいえるのかを、具体的な事案において、見定めていくということになる。そして、その

際、精神医学等の専門分野の見解が重要な役割を担うということには留意しなければならないであろう。

(2) では、本事例において、仮に責任無能力で無罪となった場合、法制度上どのような処遇が用意されているのであろうか。刑罰法規にふれる行為を行ったが精神障害ゆえに無罪となった者の処遇については、これまで、精神保健福祉法上の措置入院による処遇によって対応がなされてきた。これは、「医療及び保護のために入院させなければその精神障害のために自身を傷つけ又は他人に害を及ぼすおそれ」（自傷他害のおそれ）があれば、刑罰法規にふれる行為を行っていない者と区別されることなく、本人の医療・福祉を図るという観点からなされる処遇である。だが、さらに現在では、心神喪失者等医療観察法にもとづく強制治療の制度も存在している。すなわち、重大な刑罰法規にふれる行為（殺人、放火、強盗、強姦、強制わいせつ、傷害の行為に限定される）を行った者が、心神喪失によって不起訴・無罪となったり、あるいは、心神耗弱によって起訴猶予となるなどの場合に、強制入院治療などを行うことを可能とする制度も存在している（医療観察法1条、2条、33条、42条等参照）。大怪我を負わせた傷害行為である[8]本事例でも、この強制入院治療などの可能性がある場合ということになる。

【参考文献】
中谷瑾子・野坂滋男・保崎秀夫「精神分裂病者の刑事責任能力をめぐって——最高裁昭和59年7月3日第三小法廷決定を契機として——」判例タイムズNo.550（1985）23頁以下
高橋省吾「精神分裂病者と責任能力」（最決昭和59・7・3）『最高裁判所判例解説刑事篇

---

[8] なお、立法担当者による説明では、「対象行為の中で、傷害については、殺人や放火等と異なり、比較的軽微なものもあり得るところ、そのような場合には、心神喪失等の状態で重大な他害行為を行った者を本法の対象者とした趣旨にかんがみても、あえて本法による処遇の対象とするまでの必要はないものもあると考えられることから、傷害のみを行い、他の対象行為を行わなかった対象者については、検察官は、傷害が軽い場合に限り、当該対象者による対象行為の内容、過去の他害行為の有無・内容及び当該対象者の現在の病状・性格・生活環境を考慮して、当該対象者に対して本法による処遇を行うまでの必要がないと判断される場合には」、「申立てをしないことができることとされたものである。」（白木功・今福章二・三好圭「心神喪失等の状態で重大な他害行為を行った者の医療及び観察等に関する法律（平成15年法律第110号）について（5）」法曹時報57巻11号（2005）153頁以下。）とされている。

(昭和59年度)』(1988) 347頁以下
只木誠「精神鑑定と法的能力評価」季刊精神科診断学12巻2号 (2001) 211頁
白木功「『心神喪失等の状態で重大な他害行為を行った者の医療及び観察等に関する法律』の概要等」ジュリストNo.1256 (2003) 34頁以下
青木紀博「責任能力の判定基準 (2)」刑法判例百選Ⅰ総論［第4版］(1997) 70頁以下
安田拓人「責任能力の判定基準」刑法判例百選Ⅰ総論［第5版］(2003) 64頁以下
林美月子「責任能力の判定基準」刑法判例百選Ⅰ総論［第6版］(2008) 68頁以下
安田拓人「責任能力の法的判断」(最判平成20・4・25判批) 刑事法ジャーナルNo.14 (2009) 93頁以下

(箭野章五郎)

第7講　原因において自由な行為

【事　例】

① Xは、酒を多量に飲んで酩酊すれば人に暴力を振るい傷つけるという自己の性癖を利用してAを傷つけようと決意し、飲酒を続け、自己を病的酩酊による心神喪失状態に陥れ、そこに現れたAを傷害した。Xの刑責はどうか。

② 自動車で友人宅を訪れたXは、飲み終われば酔って再び自動車を運転することになるのを認識しながらビールを20本位飲んだ後、酒酔い運転の犯行に至った。酒酔い運転時、Xは心神耗弱の状態にあった。Xの罪責はどうか。

③ かつて覚せい剤中毒患者であったXは、覚せい剤を使用すると精神異常を起こして他人に暴行的になる習癖を利用して、宿敵Aを傷つけることを決意し、自己に覚せい剤を注射したところ、幻覚や妄想を起こし心神喪失状態に至り、錯乱した状態になった。その状態下でAを目の前にしたとたん、XはAを殺したい衝動に駆られ、殺意をもってAを殺害した。Xの刑責はどうか。

【解　説】

1 はじめに

　事例①のXは、Aを傷害したが、その時点では心神喪失状態であったから、形式的に考えれば、刑法39条1項によって処罰されないことになる（心神喪失とは、責任能力のない状態を意味する。心神喪失者には責任非難を向けることができず、犯罪は成立しない）。事例②のXは、酒酔い運転の罪（道交法117条の2第1号）を犯したが、その時点では心神耗弱の状態であったから、形式的に考えれば、刑法39条2項によって刑が減軽されることになる（心神耗弱とは、責任能力の一部を欠く状態のことである。責任非難が減弱することから、刑が必要的に減軽される）。

　しかし、上記のような処理は、健全な法感情に照らして妥当といえるであろうか。事例①のXは責任無能力状態下で傷害行為（これを「結果行為」とい

う）に出たわけであるが、その責任無能力状態は、(犯罪計画に支えられた) 多量の飲酒という事前の自己の行為（これを「原因行為」という）によって周到に引き起こされたものであるうえ、その飲酒は完全な責任能力下で自由に行ったことであるから、責任無能力状態下での傷害行為について完全な責任を負うべきではないか。また、事例②のXも、責任能力のある自由な状態下で、酒酔い運転に至る原因となる飲酒行為を開始・継続したのであるから、やはり、酒酔い運転の犯行について完全な責任を追うべきではないか。

　こういった疑問から、犯罪結果の原因となる行為を自由に行ったことを理由に、完全な刑事責任を認めようとする理論が生まれた。それが「原因において自由な行為の理論」である。「原因において自由な行為actio libera in causa＝alic」をしていた者について、刑法39条の適用の排除を認める理論である。

　ただ、留意すべきは、刑法の責任主義の要請とされる「行為・責任同時存在の原則」との兼ね合いである。この原則は、「行為」が為された時点で完全な「責任」があった場合に、その完全な責任を根拠にして完全な刑事責任を負わせることが許される、とするものである。犯罪行為とは、基本的には、刑法各則上の条文に該当する行為＝構成要件該当行為である。したがって、その意味での「行為」が完全な「責任」に担われていなければならない。この点、「原因において自由な行為」の場合は、行為（構成要件該当行為）がなされた時点では責任能力が（全部あるいは一部）欠けており、完全な責任能力があった時点ではいまだ犯罪行為（構成要件該当行為）に出ていない。そのため、「行為・責任同時存在の原則」に照らせば、完全な刑事責任を肯定することはできないのではないかとの疑問も生じるのである。したがって、「原因において自由な行為の理論」を用いて完全な刑事責任を認めるにしても、「行為・責任同時存在の原則」との兼ね合いをどうするかが問われるのである。

2 「原因において自由な行為の理論」を支える学説

（1）「原因において自由な行為の理論」を支える説としてかつて有力であったのが、「間接正犯類似説」である[1]。これは、飲酒等をして自己を責任無能力状態に陥れて法益侵害に至るという「原因において自由な行為」の事象は、責任無能力下の自己をあたかも道具のように利用するものであるから、他人を道具として利用する間接正犯と同様の論法で処理すればよい、とする立場である。すなわち、間接正犯の道具理論は、背後の利用者の行為に実行行為性を認めるから、原因において自由な行為の事象もこれとパラレルに見て、責任無能力の自己を利用する「事前の自己」の行為（＝原因行為）に実行行為性を肯定しようとするのである。このように、事前の自己がおこなう原因行為に実行行為性を認めれば、その時点には完全な責任があったわけであるから、「行為・責任同時存在の原則」からしても、問題なく、完全な刑事責任が肯定できるというわけである[2]。

しかし、この説は、次のように批判されている。第一に、自己を心神喪失にまで陥れて利用した場合は、自己を道具のように利用したとして、完全な刑事責任を肯定できるのに、心神耗弱にまでしか陥れなかった場合は、自己は完全な道具とはなっておらず、よって道具理論は準用できないこととなり、結局39条2項で刑の減軽をしなければならなくなる。規範的に見れば、わずかであっても責任能力が残っている状態で結果行為（構成要件該当行為）に出た場合の方がより非難されるべきであるのに、刑が減軽されるというのは妥当でない（事例②のXについても、結局39条2項で減軽を認めなければならなくなる）。第二に、原因行為に実行行為性を認めるということは、たとえば飲酒行為を犯罪行為と見ることであって現実的に妥当でないばかりか、たとえば

---

[1] 団藤・総論161頁、大塚・総論162頁等。
[2] このように、本説は、責任（能力）が存在する原因行為に実行行為性、つまり構成要件的行為としての性質を認めることから、ドイツでは「構成要件モデルTatbestandsmodell」と称されるカテゴリーに整理されている。

飲酒して寝入ってしまったような場合、まったく構成要件該当行為に出ていないにもかかわらず当該犯罪の未遂罪を肯定せざるをえず、未遂を認めるタイミングとしては早きに失する、というのである[3]。

(2) 間接正犯類似説は、原因行為に実行行為性を認めることで、行為・責任同時存在の原則を満たそうとしたが、むしろ、原因において自由な行為の場合には、「行為・責任同時存在の原則」は満たされなくてもよいとする立場も登場した。それが「行為・責任当時存在の原則・不要説」である[4]。この立場は、間接正犯類似説に対して、傷害行為を、人を傷つけた行為そのものではなく、素面で酒を飲み始めたことに認めることになる論理は詭弁であるとの批判を向けた。むしろ率直に、行為は責任無能力状態で行われるが、行為者は、それが自己の責に帰すべき事由により惹起されたと考えるかぎり、その責任を免れないとすべきだと説いたのである。要するに、原因において自由な行為の場合においては、責任能力がその行為の瞬間に備わっていることは必ずしも必要ないという主張である[5]。

この見解によれば、実行行為は、酒を飲むなどの原因行為にではなく、まさに人に対して有形力を行使するなどの直接の法益侵害行為、すなわち結果行為に求められることになるため、間接正犯類似説が負う問題性は克服できる。しかし一方で、行為・責任同時存在の原則を維持しなくてもよいとする点にはやはり批判が向けられた。そこで、本説の長所（結果行為に実行行為性を求める点）を生かしながら、行為・責任同時存在の原則を維持する道が探られることとなり、「行為・責任同時存在原則・実質把握説」が脚光を浴びることになる。

(3) 「行為・責任同時存在の原則・実質把握説」は、行為・責任同時存在

---

[3] さらには、そもそも間接正犯は「他人」に関与する広義の共犯であり、原因において自由な行為の場合は単独犯であるから、これを共犯論のアナロジーで説明しようとするのは無理がある、また、間接正犯は極めて限られた範囲でしか認められないものであるから、間接正犯と類似しているということを根拠にして原因において自由な行為の理論を展開するならば、これもまたごく例外的にしか認められないこととなってしまい妥当でないという趣旨の批判も示されている。林幹人『判例刑法』（2011年、東京大学出版会）139頁。
[4] 佐伯・総論235頁以下。
[5] 佐伯・総論235頁以下。

の原則を実質的に把握することによって、結果行為に実行行為性を認めることと、同原則を維持することとを両立させようとする。この説を支える理論構成は、細かく見ると、いくつか異なる形で展開されているが[6]、総じていえば、結果行為に実行行為性を認め、原因行為時に責任能力が存在することをもって同時存在の原則は満たされると説くものである[7]。すなわち、行為・責任同時存在の原則にいう「行為」の意味を、原因行為から結果行為までの一連の行為を指すものと理解し、その上で、この一連の行為が一つの意思決定に貫かれており、その意思決定が責任能力のある状態でなされている以上、行為者はその行為全体についての責任を負うべきであるとするのである[8]。

論者によって的確に指摘されているように、そもそも刑事責任の前提として責任能力が必要とされている根拠は、犯罪結果が責任能力のある状態での意思決定に基づいて実現しているときに、はじめて非難が可能であるという点にあるのであるから、自由な意思決定にもとづく原因行為があり、意思決定の実現として結果行為が行われた場合には、その結果行為は責任能力状態での意思決定の実現過程にほかならず、よって結果行為の時点で心神喪失・耗弱の状態であっても完全な責任を問うことが可能となる[9]。行為・責任同時存在の原則を維持しながら、実行の着手時期を適切なタイミングで認めることを合理的に可能とする本説をもって妥当とする[10]。

---

[6] 詳細は立石・総論185頁以下、鈴木彰雄「原因において自由な行為」立石二六編著『刑法総論30講』（2007年、成文堂）129頁以下等参照。
[7] 以上の (2)「行為・責任当時存在の原則・不要説」・(3)「行為・責任同時存在原則・実質把握説」は、構成要件的行為（直接の法益侵害行為）の時点では責任がなくとも完全な刑事責任を問えるとする立場であることから、ドイツでいわれる「例外モデルAusnahmemodell」に整理される立場である。
[8] 西原・総論下460頁以下。下村康正『刑法総論の現代的諸問題』（1979年、文久書林）105頁、同「原因において自由な行為」藤木英雄編『刑法Ⅰ〔総論〕』153頁も参照。
[9] 大谷・総論330頁。
[10] なお、他の学説およびそれらの検討については、山本雅子『実質的犯罪論の考察』（2007年、成文堂）115頁以下、立石・総論184頁以下、鈴木「原因において自由な行為」前掲注 (6) 127頁以下等参照。

③ 事例について

「行為・責任同時存在の原則・実質把握説」に立って、事例を見ていこう。

事例①のXについては、傷害の故意をもって開始された原因行為たる飲酒行為が完全な責任能力状態下でなされ、その傷害の故意が結果行為まで貫かれ、傷害結果へと結実していることから、傷害罪が成立することになる。実際の傷害行為時に責任能力がなくても、Aを傷害しようと意思決定して開始した原因行為時に責任能力があるため、行為・責任同時存在の原則は満たされていると解される。

事例②のXは、結果行為時に限定責任能力状態であった。もし間接正犯類似説に立つと、この場合、自己は道具化しておらず（限定的とはいえ責任能力があるからである）、よって道具理論は使えず、39条2項の適用を排除することができない（よって刑が減軽される）。対して、「行為・責任同時存在の原則・実質把握説」は道具理論に依拠しないから、このような場合であっても、完全な刑事責任を認める。Xには酒酔い運転の罪が成立し、39条の適用はない[11]。

事例③のXは、原因行為を傷害の故意をもってなしたが、心神喪失状態に陥ってから殺人の故意を抱きAを殺した。このような場合の行為者に、結果行為時の故意を根拠に殺人罪の責任を負わせることが出来るか。「行為・責任同時存在の原則・実質把握説」に立ちつつ、意思決定をおこなった原因行為時に責任能力があれば結果行為によって故意的に引き起こされた結果について完全な責任を負う、とする考え方を展開すると、殺人罪の成立を否定しきれなくなるが、これは妥当ではない。それは、責任能力下の意思と結びついていない故意を根拠にして故意犯を肯定する見方につながるものであり、まさに責任主義に反する帰結をもたらしうるからである[12]。本説に立った際に重要となるのは、結果行為が原因行為時の意思決定にもとづいて行われた

---

[11] 最決昭和43・2・27刑集22巻2号67頁参照。
[12] 大谷・総論332頁、高橋・総論337頁参照。

かどうかという視点である。すなわち、原因行為時における意思と結果行為における意思との間に「意思（故意）の連続性」が要求されなければならないのである[13]。これは、犯罪結果が原因行為時の自由な意思決定にもとづく故意によって惹起されたという場合（「連続型」）にはじめて、完全な責任を問うことができるということである。もし犯罪結果が原因行為時の意思（故意）内容に基づかないもの＝新たに形成された意思によって引き起こされたものであった場合（「非連続型」）には、その結果についての故意犯は成立しないと考えなければならない[14]。このような考え方にしたがうと、事例③のXには、殺人罪は成立せず、傷害致死罪が認められるにとどまることになる。原因行為時に抱いた傷害の故意は、責任無能力状態下で殺人の意思に転化しそれが結果として実現したという意味で、当初の意思は連続しなかったと考えられるからである。ただ一方で、傷害の範囲で故意の継続は肯定できるから、一部意思の連続があったとみて、傷害致死罪の結論が導かれることになる[15]。

なお、このような趣旨での「行為・責任同時存在の原則・実質把握説」によれば、実行行為の途中から責任無能力（限定責任能力）状態になったような場合についても、故意（意思）の連続があったかどうかが重要なポイントとなる。たとえば、甲が乙と口論となり、乙に暴行を加えたが、乙が反抗的な態度をとったことから、甲は酒を飲み続け、複雑酩酊による心神耗弱に陥ったが、なおも暴行を続けて乙を死亡するに至らせたという場合[16]、甲の原因行為時の故意が結果行為時の故意と連続しているかが問題となる。この点については、暴行の故意の範囲での連続＝一部意思の連続を認め（完全な意思の

---

[13] 大谷・総論330頁。
[14] 大谷・総論332頁。
[15] 高橋・総論338頁。なお、名古屋高判昭和31・4・19刑集9巻5号411頁は、覚せい剤中毒者が、覚せい剤注射をするに先立ち、覚せい剤注射をすれば精神異常を招来し他人に暴行を加えることがあるかも知れないことを予想しながら、あえてこれを容認して覚せい剤注射をしたところ、心神喪失の状態に陥り短刀をもって姉を殺害したという事案につき、暴行の未必の故意を認定したうえで、殺人罪ではなく傷害致死の成立を認めた。この判断は、暴行の故意の連続を前提に導かれたものであろう。この点について、大谷・総論333頁参照。
[16] 同種事案の裁判例として、長崎地判平成4・1・14判時1415号142頁。39条2項は適用すべきでないとされた。

連続は認められない)、傷害致死罪の成立を肯定すべきである。

4 おわりに

　最後に、過失犯における原因において自由な行為の理論の意義について言及しておこう。

　結論からいえば、過失犯を認めるに際しては、原因において自由な行為の理論を使う必要（実益）はない。なぜなら、そもそも、過失犯の本質である注意義務違反は、結果行為以前に遡って認定されうる要素であるからである[17]。京都地舞鶴支判昭和51・12・8判時958号135頁は、覚せい剤を多量に使用すると、幻覚・妄想に支配されて暴力的行為を振舞う習癖を有し、これを覚知していたのに、多量の覚せい剤を自己の身体に注射して覚せい剤中毒性精神障害に罹患し、幻覚妄想の圧倒的支配下にある心神喪失状態に陥り、内妻を切殺したという被告人につき、重過失致死罪の成立を認めた裁判例である。ここでは、次のようにして過失が認定された。すなわち、「被告人は、覚せい剤を多量に使用すると、幻覚・妄想に支配されて暴力的行動を振舞う習癖を有するに至り、被告人もこれを覚知していたのであるから、このような場合、被告人は自戒して覚せい剤の多量の使用を抑止し、覚せい剤使用に基づく中毒性精神障害による暴行・傷害等の危険の発生を未然に防止すべき注意義務があるのに、これを怠り、…多量の覚せい剤粉末を水に溶かして自己の身体に注射して使用した重大な過失により、覚せい剤中毒性精神障害に罹患し、幻覚妄想の圧倒的支配下にある心神喪失状態に陥り、…妄想に支配され、自宅にあった脇差しで、就寝中の同女の腹部、背部、後頭部等を突き刺し、切りつけ、よって同女をして、間もなく同所において、失血死するに至らせ」たものである、と。このように、過失は、結果行為に及ぶことを事前に防ぐ注意義務があったのにこれを怠ったという見方によって、結果行為以前における結果回避義務違反の問題として取扱い認定すれば足りるのであ

---

[17] 西田・総論284頁参照。

り、わざわざ原因において自由な行為の理論を持ち出すまでもないのである。

【参考文献】
岡上雅美「原因において自由な行為（重要論点　刑法総論18）」法学教室277号87頁以下
丸山治「『原因において自由な行為』小考」『内田文昭先生古稀祝賀論文集』157頁以下
山本雅子「『原因において自由な行為』再論」中央学院大学法学論叢22巻1号1頁

（曲田統）

第8講　未必の故意

【事例】

　Aは、甲に賃貸している自己所有の家屋に放火して、保険会社から火災保険金を騙し取ろうと企てた。Aは、甲が独り暮らしの身体が不自由な老人であることを知っていたので、甲が逃げ遅れて焼死するかもしれないと思ったが、保険金が欲しかったので焼死しても仕方がないと思いながら、深夜に放火してその家屋を全焼させ、そのため逃げ遅れた甲が焼死した。Aの刑事責任はどうか。

【解　説】

1 はじめに

　刑法は故意犯の処罰を原則とし、過失犯の処罰を例外とする（38条1項）。故意は犯罪事実を認識しながらあえて行うという積極的な反規範的意思であるが、過失は不注意という消極的な反規範的意思であるから、「法律に規定がある場合」に例外的に、しかも故意犯に比較して格段に軽い刑で処罰されるにすぎない。

　故意とは「罪を犯す意思」であり、客観的な構成要件該当事実（実行行為の客観面、結果、因果関係、行為の主体・客体・状況など）の認識をいう[1]。このうち、行為者が結果の発生を意図している場合、あるいは確実なものとして認識している場合を「確定的故意」、不確実なものとして認識している場合を「不確定的故意」といい、後者は概括的故意、択一的故意、未必の故意（未必的故意）に分けられる。

　「概括的故意」とは、結果の発生は確実であるが、その個数・客体が不確

---

[1] 現に存在する事実を知ることを「認識」といい、将来起こるべき事実を知ることを「予見」という。両者を併せて「表象」という用語が用いられることもあるが、刑法では「認識」と「予見」を併せて犯罪事実の「認識」というのが一般である。

実な場合をいい、たとえば群衆の中に爆弾を投げ込む場合がこれである。「択一的故意」とは、結果の発生は確実だが、客体が択一的に特定されている場合をいい、たとえば発射した弾丸がA・Bのいずれかに命中するであろうと思っている場合がこれである。「未必の故意」とは、「未だ必ずしも確定していない故意」をいい、後述する認容説によれば、たとえば発射した弾丸が人に命中するかもしれないが命中してもかまわないと認容する場合がこれである。なお、結果の実現を一定の条件にかからせている故意、たとえば相手が逆らったら殺そうと思っている場合の故意を「条件つき故意」というが、実行の時点ではその条件が満たされているので、単純に故意を認めれば足りるとされている[2]。

　これに対して、過失とは、結果の発生を認識することができ、かつ回避することができたのに、不注意によってその認識を欠き、結果を生じさせたことをいう。認容説によれば、犯罪事実の認識そのものを欠く場合を「認識のない過失」（無意識の過失）といい、犯罪事実の認識はあるがその認容を欠く場合を「認識のある過失」（意識的過失）という。認識のある過失は未必の故意と境を接する概念であるから、どのような基準によって両者を区別すべきかが重要な問題になる。

　本問において、Aの放火が現住建造物等放火罪（108条）にあたることは明らかであるが、甲が焼死したことについて殺人罪（199条）の故意が認められるか否かが問題になり、これが否定されれば（重）過失致死罪（210条、211条1項後段）が成立するにすぎない。

2　学　説

　故意が成立するためには、犯罪事実を認識すること（認識的要素）のほかに、その内容を積極的に実現する意思（意思的要素）も必要であるかについて

---

[2] これに対して、犯罪遂行の意思そのものが一定の条件にかかっている場合、たとえばピストルを構えているが殺人の意思か脅迫の意思かが未決定の場合は、「未決意」であって故意は認められない。

争いがあり、認識的要素があれば足りるとする認識説（認識主義・表象説）と、犯罪事実の認識に加えて、その実現を意欲ないし希望することも必要であるとする意思説（意思主義・希望説）が対立してきた。しかし、認識説によれば、結果発生の可能性がきわめて低くても、その結果を認識していれば故意が認められるので、故意の範囲が広がりすぎ、意思説によれば、結果発生の可能性がきわめて高くても、その結果を意欲ないし希望していなければ故意が認められないので、故意の範囲が狭すぎることになる。そこで現在では、意思説を修正した「認容説」と、認識説を修正した「蓋然性説」が主張され、さらに両説を総合しようとする「動機説」も有力になっている。

①認容説

結果発生を積極的に意欲ないし希望することまでは必要でないが、その可能性を認識し、かつ発生してもよいという認容があるときに故意を認める。この認容には、結果が発生しても「よい」として積極的に肯定すること（積極的認容）と、結果が発生しても「やむをえない」「意に介しない」として消極的に肯定すること（消極的認容）が含まれる。これによれば、犯罪事実の認容がある場合が「未必の故意」、その認識はあるが認容がない場合が「認識ある過失」となる[3]。たとえば、車を運転して通行人の傍らを高速度で通過しようとして通行人にけがをさせたという事例において、通行人にけがをさせるかもしれないが、急いでいるのでそれでも仕方がないと思っていた場合には「未必の故意」、自分は運転がうまいからけがをさせることはないだろうと思っていた場合には「認識ある過失」となる。

②蓋然性説

結果発生の可能性を蓋然性（＝ある程度高い可能性）があるものとして認識して行為する場合が「未必の故意」、単にその可能性を認識して行為するにすぎない場合が「認識ある過失」となる。換言すれば、結果発生を確実なものとは認識していないが、その不発生よりも発生の可能性のほうが高いと思っている場合が「未必の故意」、そうではなく、単に結果が発生するかもし

---

[3] 団藤・総論296頁、福田・総論113頁、大塚・総論183頁、西原・総論183頁、立石・総論205頁、佐久間・総論116頁、岡野・総論184頁、等

れないと思っているにすぎない場合が「認識ある過失」となる[4]。
③動機説
　結果発生の認識が行為に出る意思に結びついたか否かを基準とし、行為者が結果発生の認識を否定しないでそれを自己の動機とする場合が「未必の故意」、結果発生の認識はあるが、それが行為の動機となっていない場合が「認識ある過失」である[5]。あるいは、結果発生の蓋然性の認識があるのに、その認識を反対動機としなかった場合が「未必の故意」、そうでない場合が「認識ある過失」であるとする説もある（修正された動機説）[6]。

3 判　例

(1)　代表的判例
　贓物故買罪（盗品等有償譲受罪）における盗品性の認識が問題になったものとして、①最判昭和23・3・16刑集2巻3号227頁は、相手方から2度にわたって衣類約120点を買い受けたが、その際に盗品であることの確定的な認識がなかったという事案について、贓物故買罪の故意が成立するためには、「必ずしも買受くべき物が贓物であることを確定的に知って居ることを必要としない或は贓物であるかも知れないと思いながらしかも敢てこれを買受ける意思（いわゆる未必の故意）があれば足りるものと解すべきであるが故にたとえ買受人が売渡人から贓物であることを明に告げられた事実が無くても苟くも買受物品の性質、数量、売渡人の属性、態度等諸般の事情から『或は贓物ではないか』との疑を持ちながらこれを買受けた事実が認められれば贓物故買罪が成立するものと見て差支ない」と判示した。
　傷害（致死）罪における暴行の認識が問題になった事例として、②広島高判昭和36・8・25高刑集14巻5号333頁は、飲酒酩酊のため相当に酔いが回っ

---

[4]　前田・総論223頁、斎藤・総論98頁、浅田・総論305頁、林・総論244頁、等
[5]　平野・総論Ⅰ188頁、中山・総論215頁、大谷・総論158頁、曽根・総論166頁、山口・総論199頁、等　なお、山中・総論317頁参照
[6]　西田・総論219頁

ており、もはや前方注視が覚束ないため正常な運転ができないおそれがあったにもかかわらず、前照燈の故障により無燈火で暗夜の道路上を運転し、多数の歩行者に自動車を突き当て、うち3名を死亡させ、7名に重軽傷を負わせたという事案について、被告人は、「多数歩行者に自動車を突き当てて同人等を転倒させたり跳ね飛ばしたりする危険のあることを十分認識しながら、酒の勢に駆られ、そのような結果の発生を何等意に介することなく、敢て…貨物自動車を運転し」たことが認められるので、被害者等を転倒させ、あるいは跳ね飛ばすことにつき、いわゆる未必の故意があったものと認めるべきであるとして、傷害（致死）罪の成立を認めた。

　殺人の認識について、「殺人罪に付故意ありとするには殺人の手段たる行為に因りて死の結果を発生せしめ得べきことの認識あるを要すと雖其認識は確定的なることを必要とせず不確定なるも殺人罪に付未必の故意ありと謂うを妨げず」とするものや[7]、「自己の行為が他人を死亡させるかも知れないと意識しながらも敢えてその行為に出た場合が殺人罪のいわゆる未必の故意あるばあいに当たることは言うまでもない」とするものがある[8]。自動車運転の際の殺人の認識が問題になったものとして、③東京高判昭和41・4・18判タ193号181頁は、小型貨物自動車のボンネット上に腹ばいになり、ワイパーをつかんでいる状態の被害者を振り落すべく蛇行運転をしたが、被害者は運転台の屋根から後部荷台に移り難を逃れたという事案について、「被害者を転落してでも逃げようという意識の根底には転落から生ずることもあるべき危険な結果をも辞さぬという程度の容認が包蔵されていたとしても決して不自然ではなく」、「当時の被害者の体勢、蛇行運転の態様、程度からみて被害者の転落の蓋然性が極めて高く、被害者の追及から逃れ去ろうとしていた当時の被告人らの心情からみても未必的殺意を認定するに十分な事犯であると認められ」るとした。放火の際の殺人の認識が問題になったものとして、④福岡高判昭和45・5・16判時621号106頁は、診療所に勤務していた被告人が、昇給が少ないことに憤慨し、所長に対する鬱憤を晴らすため診療所に放

---

[7] 大判大正12・2・16刑集2巻97頁
[8] 最判昭和24・11・8裁判集刑事14号477頁

火することを決意し、死傷者が出ることをおそれて放火の前に入院患者らを戸外に出そうと試みたが、患者らが外に出たことを確認しないまま、ガソリンをまいて放火し、同診療所をほぼ全焼させ、その結果2名を死亡させ、8名に傷害を負わせたという事案について、「被告人は犯行前患者らを戸外に避難させようという努力を試みてはいるものの、患者らが被告人の意図を察知せず戸外に出ようとしなかったにもかかわらず、多量のガソリンをまいて点火するという危険性の高い方法で放火しているのであるから、被告人は死傷の結果の発生を認容したものであって、被告人には殺人および傷害の未必の犯意があったもといわざるを得ない」と判示した。被害者に対する暴行の際の殺意が問題になったものとして、⑤東京高判昭和60・5・28判時1174号160頁は、被害者を橋から川に投げ込んで死亡させたという事案について、被害者が泥酔していたことを考慮すると、被害者が死に至る蓋然性がきわめて大きいことは通常人の容易に認識し得るところであるとし、さらに、酒の勢いと怒りに駆られた結果、被害者が溺死してもやむを得ないと認容して犯行に及んだとして、殺人の未必の故意を認めた。

(2) 判例の総括

判例の中には認識説に従ったとみられるものもあるが[9]、犯罪事実を認識しながら「あえて」その行為を行った場合に故意を認めるものが多いことから、判例の主流は実質的にみて認容説に立つものと理解することができる。

盗品等有償譲受罪に関する①判決は、未必の故意に関するリーディングケースとされるものであるが、故意には確定的故意のほか未必の故意も含まれることを明らかにした点、また、同罪の故意として「贓物であるかも知れないと思いながらしかも敢てこれを買受ける意思」があれば足りるとした点で意義のあるものである。本判決は、「認容」という言葉を用いていないが、「敢て」これを買受ける意思としていることから、認容説に立ったものと理解するのが一般である。これに対して、構成要件該当事実を認識しながら「あえて」でなく行為に出ることは考えられないので、この言葉には特別な

---

[9] 大判大正4・1・26刑録21巻21頁、大判大正11・5・6刑集1巻255頁、等

意味はなく、むしろ、「贓物であるかも知れない」と思っていたことから、盗品等であることの可能性を認識して行為に出れば故意を認めることができるとして、動機説ないし蓋然性説に立ったものであるとする理解もある。

　傷害（致死）罪に関する②判決は、結果発生の「危険のあることを十分認識しながら、…そのような結果の発生を何等意に介することなく、敢て…貨物自動車を運転し」たことを理由としていることから、認容説に立ったものと解される。

　殺人罪に関する③判決は、「転落から生ずることもあるべき危険な結果をも辞さぬという程度の容認」を、④判決は、「死傷の結果の発生を認容した」ことを、⑤判決は、「被害者が溺死してもやむを得ないと認容して犯行に及んだ」ことをあげているので、やはり認容説に立ったものと解すべきであろう[10]。

　これに対して、②ないし④の各判決について、いずれも結果発生の蓋然性が高いことの認識があったと解釈することができるので、蓋然性説からその結論を正当化しうるという指摘もある[11]。

４ 検討・私見

　以上のように、判例の主流は認容説に立つものと理解されるが、学説においては、認容説のほか、蓋然性説および動機説も有力に主張されている。

　思うに、故意責任は積極的な反規範的意思活動に対する道義的非難であるから、故意の要件としては、犯罪事実の認識という認識的要素とともに、これをあえて行おうとする意思的要素も必要とされるべきである。もっとも、意思的要素として結果の実現を意欲ないし希望することまで必要とするならば、故意の成立範囲が不当に狭められてしまう。それゆえ、行為者が結果の実現を認容していれば故意を認めてよいと解すべきであり、意思説を修正する認容説が妥当であると思われる[12]。

---

[10] なお、高松高判昭和32・3・11高裁特4巻5号99頁参照
[11] 齊野彦弥『刑法判例百選Ⅰ［第6版］』81頁

蓋然性説は、認識的要素のみを重視して意思的要素を考慮しない点で妥当でなく、また、蓋然性と可能性の区別を結局は認識面における「程度の差」に求めることになり、その区別が困難であるという実際上の不都合もある。具体例を考えてみても、たとえば遠くにいる人を殺そうとして、命中するのは難しいと思いながら真剣に狙いを定めてけん銃を発射した場合には、蓋然性説によれば蓋然性の認識があったとはいえないので故意を認めることはできない（したがって命中しても殺人罪は成立しない）ことになるが、結果発生の可能性が低くともその結果を意図していた場合には故意を認めなければならないと思われる。万一の僥倖を頼みとして犯罪的結果を惹起した場合には実行行為性が否定されるが、そうでないかぎり、結果発生の認識の程度が単なる可能性にとどまるとしても、行為者がこれを認容していれば故意を認めるべきであろう。

動機説については、結果発生の可能性を認識しながら行為に出たことについて故意非難ができるという評価を加えているにすぎないから、意思的要素を考慮しない蓋然性説と基本的に変わりはないと思われるし、また、行為者の内心の動機形成過程を立証することには大きな困難が伴うという問題もある[13]。

認容説に対しては、「認容」はきわめて曖昧な概念であるから過失との区別が困難になるという批判が向けられる。しかし、認識的要素も意思的要素も程度を付しうる概念であるから、両要素を相関的にとらえれば、故意と過失の限界をある程度類型的に説明することができるであろう[14]。

いずれの説においても、結果発生の「認容」、その「蓋然性の認識」あるいはその認識を「自己の動機とした」という微妙な心理状態ないし心理経過を立証することには困難が伴う。実務において、行為者の心理状態を示す直接証拠は捜査・公判等における本人の供述であるが、供述が得られない場合もあり、得られてもその任意性・信用性に疑問が生ずることもある。そこ

---

[12] 大塚・各論183頁参照
[13] 立石・総論206頁参照
[14] これについて、佐伯仁志「故意論（1）」法学教室298号（2005年）50頁参照

で、情況証拠（間接証拠、間接証拠から認定された間接事実等）を重視し、経験則・論理則にあてはめて、殺意等を総合的に認定する方法が用いられなければならないであろう[15]。

5 おわりに

　本問のAには、認容説によれば、放火の際に甲が焼死しても「仕方がない」という消極的認容があったことから、殺人の「未必の故意」を認めることができるであろう。また、蓋然性説からは、問題文にあらわれたAの認識内容からみて、特別な事情がないかぎり結果発生の蓋然性の認識があったとみられること、さらに動機説からも、甲が逃げ遅れて焼死するかもしれないと思いながら、その認識を否定しないで（反対動機を形成することなく）放火行為に及んだことから、やはり「未必の故意」を認めることができると思われる。したがって、Aには現住建造物等放火罪と殺人罪が成立する（観念的競合）。

　なお、近時、裁判員裁判における故意の認定の難しさが指摘されている。これについて、どの学説の立場に立ってもほぼ異論のない説明をするならば、殺人罪において、「人が死ぬ危険性の高い行為をそのような行為であるとわかって行った」と認めることができれば、殺意と法的に評価しうる心理状態があると認定できる[16]、という傾聴すべき意見がある。

（鈴木彰雄）

---

[15] 大塚仁ほか編『大コンメンタール刑法第10巻［第2版］』（2006年）［金築誠志］274頁参照
[16] 井田良ほか編『事例研究刑事法Ⅰ刑法』（2010年）［國井恒志］33頁参照

第9講　具体的事実の錯誤

【事例】

　暴力団Z組の組員であるAは、夜、キャバレーなどで飲み歩いていたところ、自分の前方を、自分と同一方向に、敵対する暴力団Y組の組員であるBが歩いているのを見つけ、Bを殺害しようとBに向けて銃を撃った。しかし、銃弾はBに命中せず、その先を歩いていたCに命中し、Cは死亡した。Aの刑事責任はどうか。

【解　説】

1 はじめに

　本事例では、AはBを殺害しようとBに向けて銃を撃ったのであるが、弾はBに命中せず、Cに命中し、Cが死亡している。このように、行為者の主観と客観に不一致がある場合を刑法学上錯誤と呼んでいる。
　この錯誤は、いくつかの種類に分類することができる。行為者が認識していた事実と客観的に発生した事実に不一致が生じた場合を事実の錯誤と呼び、自己の行為が許されないことについての錯誤を法律の錯誤と呼ぶ（法律の錯誤の概念については、第10講「誤想防衛」を参照）。また、事実の錯誤は、さらに分類され、錯誤が同一構成要件の範囲内かどうかという観点から、同一構成要件の範囲内である具体的事実の錯誤と、異なる構成要件にまたがる抽象的事実の錯誤に分けることができる。また、何について錯誤が生じたかという観点から、事実の錯誤は、客体の錯誤、方法の錯誤、因果関係の錯誤に区別することができる。客体の錯誤は、「行為者が攻撃の客体を取り違え意図しなかった別個の客体に結果を発生させた場合」をいい、例えば、「甲を殺害するつもりで待ち伏せをしていたところ、一人の人物が歩いてきたので、それを甲だと思って射殺したところ被害者は乙だったという場合」がこれに当たる。方法の錯誤とは、「行為者の攻撃方法の誤りから攻撃した客体とは

別個の客体に結果が発生した場合」をいい、例えば、「向こうに立っている甲と乙の内、甲を射殺しようとして拳銃を発砲したところ弾丸は乙に命中して乙を死に致した場合」がこれに当たる。因果関係の錯誤とは、「行為者が意図したのと異なる因果の経路で結果が発生した場合」をいい、例えば、「橋上から甲を突き落とし溺死させようとしたところ、甲は橋げたに激突して死亡した場合」がこれに当たる[1]。因果関係の錯誤は、結果的に行為者の意図した通りの結果が発生しているので、これは具体的事実の錯誤になるが、客体の錯誤、方法の錯誤は具体的事実の錯誤、抽象的事実の錯誤いずれにも生じうる[2]。

　具体的事実の錯誤か抽象的事実の錯誤かという基準は、上述のように同一構成要件内かどうかということであるが、同一構成要件かどうかという判断は、常に故意犯で比較する必要があることに注意を要する。すなわち、行為者の主観が実現された場合にどういう故意犯が成立するのか、発生した事実に故意犯が成立するとしたらどういう犯罪になるのかということを考え、両者が同一構成要件かどうかということを判断していくことになる。本事例の場合、Aが想定していたのはBの殺害であり、殺人（199条）である。そして実際に生じたのはCの殺害であり、これも殺人（199条）である。したがって、本事例は具体的事実の錯誤である。また、Bに向けて銃を撃ったにもかかわらず、弾はBに命中しないで、Cに命中しており、本事例は具体的事実の錯誤のうちの方法の錯誤であるということになる。したがって、以下では具体的事実の錯誤のうちの方法の錯誤の問題を検討していくことにする。

---

[1] 立石・総論209頁以下。
[2] なお、抽象的事実の錯誤の場合、例えば、自分の子供が死亡したと思い、埋葬するのが面倒なので、道端に遺棄したところ（死体遺棄の故意）、実はその子供は生きていて、たまたま通りかかった人に助けられた（保護責任者遺棄の事実）というような場合はどのように考えるべきであろうか。

2 判　例

(1) 具体的事実の錯誤における方法の錯誤の刑事裁判例
①大判大正 6・12・14 刑録23輯1362頁
　酒宴の際、喧嘩が始まったため、被告人がこれを止めようとしたのであるが、これに応じようとしなかったため、徳利を投げつけて懲らしめようとしたところ、その徳利が外れて、別の者に当たり、その者に傷害を負わせた場合について以下のように判示した。「刑法二百四條ノ罪ハ單ニ他人ニ對シ故意ノ暴行ニ因リ傷害ノ結果ヲ生セシムルニ因リテ成立スヘキモノニシテ苟モ他人ニ對シ故意ニ暴行ヲ加ヘ因テ傷害ノ結果ヲ生セシメタル以上ハ縦シヤ其傷害ノ結果カ犯人ノ目的トシタル者ト異ル客體ノ上ニ生シタル場合（舊刑法ニ所謂誤傷ノ場合）ト雖モ暴行ノ意思ト其暴行ニ基ク傷害ノ結果トノ間ニ因果關係ノ存在ヲ認ムルコトヲ得ヘク従テ傷害罪ノ成立ニ必要ナル條件ニ缺クル所ナキヲ以テ犯人ハ右法條ノ罪責ヲ負フヘキモノニシテ暴行ノ認識ナキ過失傷害罪ヲ以テ論スヘキモノニアラス」。

②大判昭和 6・9・14 刑集10巻440頁
　観桜会の帰りにAに向かってビール瓶を投げつけたところ、そのビール瓶がBの後頭部に当たり、Bが死亡した場合について以下のように判示した。「苟モ人ニ對シ故意ニ暴行ヲ加ヘタルニ因リ傷害又ハ傷害致死ノ結果ヲ生セシメタルトキハ縦令其ノ結果カ犯人ノ目的トセス且毫モ意識セサリシ人ノ上ニ生シタル場合ト雖傷害罪又ハ傷害致死罪ノ成立ヲ妨ケサルモノトス……従テ或人カ其ノ目的トセス又ハ毫モ意識セサリシ人ニ對シ傷害ヲ加ヘ其ノ結果之ヲ死ニ致シタル場合ニ於テ之ヲ傷害致死罪ニ問擬センニハ當時同人ニ於テ何人タルニ論ナク苟モ人ニ對シテ故意ニ暴行ヲ加フルノ意思ヲ有シ且其ノ意思ニ基キ爲シタル行爲ト傷害致死ノ結果トノ間ニ因果關係ノ存スルコトヲ認定スルヲ以テ足リ該暴行カ果シテ特定ノ何人ニ向ツテ加ヘラレントシタルカヲ認定スルノ要ナキモノトス」。

③最判昭和24・6・16刑集3巻7号1077頁
　料理店の店主に不満を持った被告人が、その店主Aに暴行した際に、それを止めようとした店主の内妻Bにも暴行した場合について以下のように判示した。「いやしくも人を殴打する意思をもって人を殴打した以上暴行罪は直に成立しその殴打された者が殴打せんとした者と異っても暴行罪の成立に必要な故意に影響を来すものではない。されば被告人がAを殴打せんとして、これを制止せんとした同人の内妻『B』を殴打した以上、同女に対する暴行の故意がないものとはいえない。それ故、原判決が被告人のBに対する犯行をもって、刑法第二〇四条に問擬したのは正当であって、原判決には所論の違法はない」。

④最判昭和53・7・28刑集32巻5号1068頁
　警ら中の巡査Aから拳銃を奪おうと、同人に向けて、改造した建設用びょう打銃を発射させたところ、びょうがAに胸部貫通銃創を負わせ、通行人Bにも腹部貫通銃創を負わせた場合について以下のように判示した。「被告人が人を殺害する意思のもとに手製装薬銃を発射して殺害行為に出た結果、被告人の意図した巡査Aに右側胸部貫通銃創を負わせたが殺害するに至らなかったのであるから、同巡査に対する殺人未遂罪が成立し、同時に、被告人の予期しなかった通行人Bに対し腹部貫通銃創の結果が発生し、かつ、右殺害行為とBの傷害の結果との間に因果関係が認められるから、同人に対する殺人未遂罪もまた成立し……、しかも、被告人の右殺人未遂の所為は同巡査に対する強盗の手段として行われたものであるから、強盗との結合犯として、被告人のAに対する所為についてはもちろんのこと、Bに対する所為についても強盗殺人未遂罪が成立するというべきである」。

(2) 判例の総括
　具体的事実の錯誤に関する判例は、大審院時代に多数出されていた[3]。①判例は、法定的符合説の立場を明確に表現しており、したがって、法定的符合説を論拠づけたリーディングケースとされている。その後の大審院判例

---

[3] 判例については、佐久間修『大コンメンタール刑法 第2版 第3巻』179頁以下及び川端博『裁判例コンメンタール 第1巻』344頁以下を参照のこと。

も、②判例に示されているように、法定的符合説に従っており、大審院の判例において法定的符合説を採用することが確立されたと考えられている。最高裁も、③判例において「いやしくも人を殴打する意思をもって人を殴打した以上暴行罪は直に成立しその殴打された者が殴打せんとした者と異っても暴行罪の成立に必要な故意に影響を来すものではない」として、法定的符合説を採用している[4]。下級審も同様に法定的符合説を採用している。また、④判例は、いわゆる併発事実の事例であるが、最高裁はこれを錯誤の事例として扱い、行為者が当初狙っていた巡査Aに対する強盗殺人の未遂のほか、通行人Bについても強盗殺人の未遂を認めており、いわゆる数故意犯説に立っていると考えられる。

3 学　説

具体的事実の錯誤に関する学説は、概ね以下のとおりである。
(1) 具体的符合説
　行為者が認識した事実と実際に発生した事実が具体的に符合一致していた場合に故意を認める見解である。この見解によると、客体の錯誤の場合には、行為者が意図した客体に結果が発生しているので、故意既遂犯が認められるが、方法の錯誤の場合には、行為者が意図した客体には結果が発生せず、意図しなかった客体に結果が発生していることから、故意未遂犯と結果についての過失犯が認められる[5]。したがって、本事例において、Aは、Bについての殺人未遂罪とCについての過失致死罪の観念的競合の責任を負うことになる。
(2) 法定的符合説
　行為者が認識した事実と実際に発生した事実が法定的にすなわち構成要件内で符合一致していた場合に故意を認める見解である。この見解によると、

---

[4] 川端博、前掲注3、345頁以下。
[5] 伊東・総論126頁以下。平野・総論Ⅰ175頁以下。町野朔『刑法総論講義案Ⅰ[第2版]』237頁以下。山口・総論201頁以下。

具体的事実の錯誤の場合、客体の錯誤、方法の錯誤いずれの場合も構成要件内で符合一致しているので、意図しなかった客体に発生した結果について故意犯が認められることになる[6]。したがって、本事例において、Aは、Cについての殺人既遂罪の責任を負うことになる。

(3) 学説の検討

　具体的符合説は、客体の錯誤の場合には故意既遂犯を認め、方法の錯誤の場合には故意未遂犯と過失犯を認めるが、これは客体の錯誤と方法の錯誤を区別することができるということを前提とする。しかし、以下のような事例において果たして区別することができるのか問題となる。すなわち、Xが、甲を脅迫しようと甲に電話をかけようとしたが、電話番号を間違え、乙につながり、Xは乙を脅迫したのであるが、その際Xは乙を甲だと誤信していたという場合や、XがYに対して甲殺害を教唆したが、Yは甲だと誤信して乙を殺害した場合などである[7]。前者については甲を乙だと思い込んでいる部分をとらえれば客体の錯誤であるということになるが、電話番号を間違えたという側面をとらえれば方法の錯誤と考えることもできる。後者については、Yについては明らかに客体の錯誤が認められることから、この点をとらえてXも客体の錯誤と考えることができるし、YはXから見ればいわば拳銃の弾と同様に考えることができるため、方法の錯誤であると考えることもできる。このように方法の錯誤と客体の錯誤は必ずしも明確に区別することはできない事例が存在する。また、その他にも、Xが甲の自動車を壊そうと甲の自動車に向けて石を投げたところ、石が横にあった乙の自動車に当たり、フロントガラスが割れたという場合、具体的符合説によると、甲の自動車に対する器物損壊の未遂と乙の自動車に対する過失器物損壊ということになり、いずれも処罰規定がないため、処罰できなくなるなどさまざまな批判がなされている[8]。法定的符合説が通説判例となっているゆえんである。法定的符合説

---

[6] 立石・総論211頁以下。団藤・総論304頁 注 (36)。前田・総論272頁以下。
[7] 齊藤誠二『特別講義刑法』42頁以下。
[8] 詳細については、長井長信「事実の錯誤」刑法の争点62頁。

によれば、本事例においては、Cに対する殺人既遂罪が認められる。この法定的符合説に対しては、例えば、XがYを殺害する意思でYに向けて銃を撃ったところ、弾がYに命中し、さらにYを貫通してZにも当たったという併発事実あるいは併発事例と呼ばれる事例をどう解決するのかということが古くから言われている[9]。この併発事例は、結果の発生次第で4通り考えられる。すなわちYもZも死亡した場合、Yが死亡し、Zが傷害を負った場合、Yは傷害を負い、Zは死亡した場合、YもZも傷害にとどまった場合の4通りがこれである。この問題に関する学説は概ね以下の通りである。

(4) 数故意犯説

　方法の錯誤において行為者が狙った客体及び実際に結果が発生した客体いずれについても故意犯を認め、複数の故意犯を認める見解である。この説は一罪の意思をもってしたのに数罪の成立を認めるのは不当だとされているが、観念的競合を科刑上一罪としているのは、このような趣旨をも含むとしている。したがって、Y、Zいずれについても殺人の故意が認められ、死亡した場合には殺人既遂罪、傷害にとどまった場合には殺人未遂罪が成立し、観念的競合ということになる。この見解によれば、本事例についても、Bに対する殺人未遂罪が認められ、Cに対する殺人既遂罪と観念的競合になる。

(5) 一故意犯説

　一人を殺害する意思しかないのであるから、認められるのは1個の故意犯だけであるとする見解である。この見解によると、上述の併発事例のうち、特にYが傷害を負い、Zが死亡した場合について、Zに対する殺人既遂が認められることでは一致しているが、Yの取り扱いについて争いがある。すなわち、①Yに対する殺人未遂はZに対する殺人既遂に吸収され、殺人既遂一罪が成立するとする見解[10]と②Yについては故意犯を認めず、過失致傷罪とする見解[11]がこれである。いずれの見解も、その他の併発事例は錯誤の事例ではないとして、Yに対する殺人既遂罪あるいは未遂罪、Zに対する過失致死罪

---

[9] 詳細については、齊藤誠二「具体的符合説と法定的符合説」ロースクール5・104頁。
[10] 福田・総論120頁注8。
[11] 大塚・総論191頁以下。

あるいは過失致傷罪とする。

(6) 錯誤の事例ではないとする見解

そもそも錯誤論は故意論の欠陥や不足を補正保管するための理論であることから、錯誤論は合理的な枠内で故意論と併行して論じるべきであるとして、上述の併発事例において、Yに傷害あるいは死の結果を発生させた以上は、これに対する殺人未遂あるいは既遂を認め、Zについてはもはや過失犯が認められるだけであるとする見解である[12]。

(7) 併発事例についての検討

(5)の一故意犯説は併発事実が複数になった場合の処理に窮するとされている[13]。上述の例で、Y、Zだけなく、さらにWにまで弾が命中しZとWが死亡した場合、①説によると殺人未遂と殺人既遂が１個の殺人既遂に吸収されるということになり、②説によるとYに対する過失致傷ということは明らかであるものの、ZとWのいずれに殺人既遂を認めるべきか明らかではなく、①説、②説いずれも妥当性を欠くと思われる。さらに①説に対しては、人の生命はその重要性から独立に評価されるべきなのに、Yに対する殺人の未遂罪がZに対する殺人既遂罪に吸収されるとするのは妥当ではなく[14]、②説に対しては、XはYを殺そうという意思であったにもかかわらず、過失致傷罪という結論は技巧に走ったもので我々の法感情に合わないとされている[15]。また、(6)の、錯誤の事例ではないとする説に対しては、論者自身認めているように、本事例のようにCのみを死なせた場合には殺人既遂となるのに、Bを傷つけると殺人未遂罪と過失致傷罪という結論になるのは不均衡であり[16]、さらに、併発事例の場合に、弾が意図しなかったZに先に命中し、Zを貫通し、その後当初狙っていたYに命中し、いずれも死亡したような場合にどのように処理するべきなのか明らかではないとされている[17]。法定的符合

---

[12] 下村康正「併発事実と錯誤理論」『刑法総論の現代的諸問題』127頁以下。立石・総論220頁以下。
[13] 下村康正、前掲注12、128頁。
[14] 大塚・総論192頁。斉藤誠二、前掲注９、105頁。
[15] 齊藤誠二、前掲 注９、105頁。立石・総論221頁以下。
[16] 下村康正、前掲注12、129頁以下。
[17] 齊藤誠二、前掲 注９。105頁。

説は、「構成要件的に同価値である限りいずれの客体との関係でも故意を認め得るとする見解なのであるから、『およそ人』という基準で故意を肯定する前提に立つ以上」[18]、数故意犯説の方が妥当であろう。したがって、数故意犯説には、1個の故意しかないのに複数の故意犯を認めるのは不当だとの批判があるが[19]、法定的符合説の前提から考えると必ずしも決定的なものであるとは思われない[20]。この数故意犯説によると、本事例においては、Bに対する殺人未遂罪も成立し、Cに対する殺人既遂罪との観念的競合（54条1項前段）ということになる[21]。

4 おわりに

以上みてきたとおり、具体的事実の錯誤に関しては、さまざまな学説が主張されているものの、いずれも一長一短がある。いずれの説を採用するにしても、自説の特徴を把握し、それに従って事例を解決することができるようになるのが重要である。

【参考文献】
石井徹哉「法定的符合説」刑法判例百選Ⅰ総論第6版82頁
長井長信「事実の錯誤」刑法の争点62頁

（関根　徹）

---

[18] 井田良『刑法総論の理論構造』95頁。
[19] 立石・総論219頁。
[20] 詳細は、井田、前掲注18、95頁を参照。
[21] 東京高判平成14・12・25判タ1168・306頁は、「打撃の錯誤（方法の錯誤）の構成による殺人罪及び殺人未遂罪の成立を主張した以上、これらの罪についてその罪名どおりの各故意責任を追及することは許されないのではないかと考えられる」とする。詳細は、只木誠「併発事実と錯誤について」『法学新報』113・9・10・337頁を参照。

第10講　誤想防衛

【事例】

　AとBは夜の公園にたむろしていたが、向こうから甲が竹刀のようなものを携帯して自分たちの方に凄い形相をして急いで駆け寄ってきたため、Aはてっきり甲が自分たちに襲いかかってくるものと誤信し、AはBに対して「変な奴が襲ってきたけど、心配するな、俺に任せろ、近くに何か道具はないか」といった。Bは甲が彼らの学校の教師であることに気づいたが、甲のことが嫌いだったので、勘違いしているAに木の棒を手渡した。そして、「お前らこんなところで何をしている」といって怒号し竹刀をもつ手に力が入った甲に対して、Aがその木の棒で竹刀をもつ甲の右手をつよく殴打したため、甲は右手を怪我した。最近よく夜の公園で不良たちがたむろしているなどの地域住民から苦情があったので、甲は夜の見回りをしていただけであった。Aも注意してみれば、甲が彼らの学校の教師であり（体罰教師ではない）、襲ってはこないことに気付いたはずであった。AとBの罪責はどうなるか。

【解　説】

1 はじめに

　誤想防衛とは、急迫不正の侵害がないにもかかわらず、その侵害があるものと誤想して防衛行為を行う場合のように、正当防衛状況に関する錯誤で行為することをいう。この問題は古くから議論されてきたが、目的的行為論がドイツで台頭し、故意の体系的な位置づけが問題となってから、議論が錯綜した状況になったもので、いまでは非常に難しい問題の一つである[1]。

　かつて、行為は「人の何らかの意思に基づく身体の動静」であるとされ（いわゆる因果的行為論）、行為概念において意思の内容が問題とされることは

---

[1] 犯罪論の変遷について、齊藤誠二「因果的行為論と目的的行為論」西原春夫ほか編『刑法学1』有斐閣（1978年）103頁以下。

なく、19世紀末に、犯罪とは「構成要件に該当する違法かつ有責な行為である」と定義されたときにも（三分的な犯罪構成）、産業革命の影響から刑法学でも物事を自然科学的にみる傾向が強かったので（法実証主義）、構成要件と違法性を客観的（科学的）に構成し、責任を主観的に構成する犯罪論がとられた。そして、責任とは、行為に対する行為者の心理的な関係であり、故意と過失は責任形式ないしは責任要素であるとされた（心理学的な責任概念）。その当時は、故意が責任論に位置づけられたため、構成要件に該当する事実のみならず、違法性に関する事実も、故意の対象とすることに、少なくとも犯罪論体系上の問題は生じなかったといえる。

　ところが、新カント哲学などの影響を受けつつ、犯罪論が規範的・価値的に構成されるようになった20世紀初めには、一方で、責任とは「行為者が行為時に他の適法な行為をすることができたにもかかわらず、違法な行為をしたことに対する非難可能性である」とする立場（規範的な責任概念）が支配的となり、他方で、行為者の主観的な事情のなかにも違法性に影響するものとして主観的違法要素が議論されるようになった[2]。

　そして、1950年代から70年代にかけて、目的的行為論がドイツ刑法学を席捲した。目的的行為論は、行為を「人の目的的な意思に基づく作為」と定義したことで、たしかに過失犯や不作為犯を刑法上の行為として把握することができないという不都合もあって、一般的な支持は得られていないが、行為の段階で行為者の意思の内容を問題とし、故意や過失を構成要件の段階で区別すべきことを示した点で意義を有した。いまでは目的的行為論をとらない多くの論者も、故意や過失を構成要件に位置づけている。

　しかし、一方で、故意を主観的な構成要件要素とすると、その対象は客観的な構成要件に該当する事実のみに限定され、違法性阻却事由などは故意の対象とはなりえないので、誤想防衛で故意を阻却しないとするのが論理的である。他方で、多数説は、刑事政策的にみると、誤想防衛では故意を阻却し、せいぜい過失犯の限度で処罰するのが妥当であるとしている。そこで、

---

[2] 佐伯千仭「主観的違法要素（1）（2完）」法学論叢37巻1号（1937年）27頁以下、同巻2号（1937年）107頁以下、同『刑法における違法性の理論』有斐閣（1974年）209頁以下。

これをどのように説明するのがよいのかということが問題となる。以下では、これらの問題についての近時のわが国の主な学説を整理し、検討していくことにしたい[3]。

2 判 例

わが国では、誤想防衛の直接的な先例とみられる大審院や最高裁の判断はないが、傍論では、大判昭和8・6・29が「法律上犯罪ノ成立ヲ阻却スヘキ客観的原因」である事実が「存在スルコトヲ誤信シタル場合ナルニ於テハ犯意アリト為スヲ得ス」とし[4]、誤想防衛で故意を阻却すべきことを判文中で明らかにした[5]。他方で、大判昭和16・12・10は、錯誤に相当な理由がある場合に限定して犯意を阻却すべきであるとした[6]。最高裁のなかには、「原審のした法律上の判断は、『違法性の認識は犯意の成立に関係ない』というだけで」「原審は違法性阻却の原因たる事実ありと信じた場合でも犯意の成立に関係ないという判断をしたのではない」としたものがある。違法性の意識は故意に影響しないということと、誤想防衛も故意に影響しないとすることとは別の問題である[7]、と判示していることからすると、誤想防衛は事実の錯誤であり、故意犯の成立を否定する立場に立っているとみることもできよう[8]。

下級審には、誤想防衛をはじめとする正当化事情の錯誤を正面から取り扱

---

[3] 目的的行為論が登場するよりも前の議論については、割愛した。また、近時の学説についても、海外では（故意不法を阻却する）制限責任説や（故意犯の刑を減軽する）法的な効果の独立した責任説といった見解などが主張されているが、わが国での支持者はいないため、同じく割愛した。それらについてもご関心があれば、中村邦義「正当化事情の錯誤に関する一考察」中央大学大学院研究年報・法学研究科篇31号（2002年）249頁以下、同「誤想防衛論」川端博ほか編『立石二六先生古稀祝賀論文集』成文堂（2010年）299頁以下を参照されたい。
[4] 大判昭和8・6・29刑集12巻1001頁。
[5] 内藤謙『刑法講義総論（中）』有斐閣（1986年）360頁、佐久間修『刑法における事実の錯誤』成文堂（1987年）235頁。
[6] 牧野英一ほか監修・八木胖ほか編『新判例体系・刑事法編・刑法2』新日本法規（1952年）256の51頁。
[7] 井上登ほか編『判例体系・刑法総則I』第一法規（1955年）1048頁と1013頁。
[8] 佐久間・前掲（註5）239頁。

ったものもあるが、上記の大審院判決の傍論に対応して、2つの流れにまとめることができる。一方は、正当化事情の錯誤が事実の錯誤であるとし、一般に故意を阻却する立場であり[9]、他方は、正当化事情の錯誤のうち、錯誤に相当な理由がある場合にのみ、故意を阻却する立場である[10]。

3 学　説

(1) 構成要件の錯誤として構成要件の故意を阻却する立場（消極的構成要件要素の理論）[11]

　従来の違法性阻却事由を消極的な構成要件要素として理解する立場をいい、たとえば傷害罪の故意には、人に傷害を負わせるという積極的な構成要件要素の表象が存在するのみならず、正当防衛などの消極的な構成要件要素（違法性阻却事由）が存在しないことの表象も含まれるとする。そして、故意は構成要件該当事実の表象・認容であるが、誤想防衛は構成要件事実の錯誤であり、構成要件の故意を阻却するという。

　①刑法の目的は法益の保護にあるから、法秩序からみて許されない生活利益の侵害かどうかが重要なのであり、従来の構成要件と違法性の区別は重要ではない。②刑法36条は、急迫不正の侵害に対する行為規準を定め、この範囲で防衛することを求めており、違法性阻却事由も行為規範の内容となるので、故意の対象とすべきである[12]。③行為者の錯誤が不注意に基づく場合に

---

[9] 福島地判昭和34・5・13下刑集1巻5号1226頁、東京地判昭和35・12・22判タ117号111頁、盛岡地（一関支）判昭和36・3・15下刑集3巻3・4号252頁、浦和地判昭和36・6・30下刑集3巻5・6号601頁、大阪地判昭和47・9・6判タ306号298頁、新潟地（長岡支）判昭和50・10・14刑月7巻9・10号855頁、大阪地判平成14・9・4判タ1114号293頁、東京地判平成14・11・21判時1823号156頁など。
[10] 広島高判昭和35・6・9高刑集13巻5号399頁、東京地判昭和35・12・22判タ117号111頁、東京高決昭和45・10・2高刑集23巻4号640頁など。
[11] 中義勝『誤想防衛論・消極的構成要件要素の理論』有斐閣（1971年）、植田重正「故意概念の考察」関西大学法学論集21巻6号（1972年）1頁以下、葛原力三「消極的構成要件要素の理論」中山研一ほか編『中義勝先生古稀祝賀論文集・刑法理論の探究』成文堂（1992年）67頁以下、井田・総論132頁以下、153頁以下など。なお、山中・総論446頁。
[12] 井田良「違法性阻却事由の理論」現代刑事法9号（2000年）84頁。

は過失犯を認めるべきであるが、すでに構成要件の故意を阻却して過失を認定することができるため、先に構成要件の故意を肯定しながら後で過失に転化するような体系的な矛盾（いわゆるブーメラン現象）を回避することもできる。

しかし、この理論によると、蚊を殺すこと（処罰規定がないから違法でない）と、正当防衛における殺人（違法性阻却事由があるから違法でない）とが、刑法上同一評価を受けることになる[13]。超法規的違法性阻却事由を構成要件の要素とすることはできない[14]。違法性阻却事由の不存在の認識が故意の要件だとすると、すべての違法性阻却事由のあらゆる要素の不存在の表象がなければ故意を否定することになるが、それは心理学的に不可能なことで、ほとんどすべての事案で故意が否定されてしまう[15]、といった批判がある。

(2) 事実の錯誤として責任要素としての故意を阻却する立場

故意を責任要素とし、故意をもっぱら責任のみに位置づける見解[16]と、故意を構成要件と責任とに二重に位置づける見解[17]とがあるが、いずれにしても、誤想防衛の場合には、法的な評価の前提となる「事実の錯誤」であるから、責任要素としての故意が阻却されるとする。つまり、違法性阻却事由の不存在の表象・認容ないしは違法性阻却事由の表象・認容が存在しないことが責任要素としての故意の要件であるとする。

刑法38条1項にいう「罪を犯す意思」とは、構成要件該当事実の認識にと

---

[13] 立石・総論109頁。
[14] 立石・総論109頁。
[15] 立石二六「消極的構成要件要素の理論に関する一考察」北九州大学法政論集8巻3＝4号（1980年）224頁、227頁。
[16] 浅田・総論324頁、大越・総論108頁、内藤・前掲（註5）358頁、中山・総論234頁、西田・総論183頁、林・総論238頁、平野・総論Ⅰ164頁、町野・総論117頁以下、松宮・総論181頁、山口・総論193頁など。
[17] 植松正『再訂刑法概論Ⅰ総論』勁草書房（1974年）173頁以下、大塚・総論466頁、斎藤・総論109頁、佐伯仁志「故意・錯誤論」山口厚ほか編『理論刑法学の最前線・第1巻』岩波書店（2001年）97頁以下、佐久間修『刑法における事実の錯誤』成文堂（1987年）163頁以下、佐久間・総論295頁、曽根・198頁以下、高橋・総論283頁、団藤・総論126頁、中野次雄『刑法総論概要〔第三補訂版〕』成文堂（1997年）211頁以下、日高義博『刑法における錯誤論の新展開』成文堂（1991年）165頁、197頁以下、藤木・総論222頁以下、堀内捷三『刑法総論〔第二版〕』有斐閣（2004年）162頁、前田・総論263頁以下など。

どまらず、全体として違法性を基礎づける事実の認識・予見を意味する。それゆえ、構成要件に該当する事実を認識していても、同時に違法性を阻却する事由を認識している場合には、犯罪事実の認識に欠けるので、故意は否定しなければならないとする。

しかし、責任要素としての故意の内容として、違法性阻却事由を故意の対象とするので、ほとんどすべての事案で故意を否定することになるという消極的構成要件要素の理論に向けられたのと同じ批判が妥当する。さらに、故意を構成要件と責任とに二重に位置づける見解に対しては、はじめ構成要件の段階で、故意犯の問題を論じていながら、体系的に後の違法論などにおける考慮から、故意を否定して、結局、過失犯の成否を論じることになるのは、いわゆるブーメラン現象を認めるものであるという批判もある[18]。

(3) 違法性の錯誤として故意を阻却しない立場（厳格責任説）[19]

故意は構成要件要素であるから、故意の表象の対象は客観的構成要件要素に限定され、違法性阻却事由は構成要件要素ではないから、誤想防衛も構成要件の錯誤ではなく、禁止（違法性）の錯誤に過ぎない。それゆえ、そもそも故意が阻却されることはなく、錯誤が回避不可能な場合にも、せいぜい責任が阻却されるに過ぎないとする。

①構成要件の故意が存在すれば、違法性の意識を喚起する機能が働き、行為者に違法性阻却事由の存在を厳密に吟味する動機がうまれ、これを破った者に対しては、故意犯の強い非難が妥当する。②過失犯の処罰規定が存在しない場合にも、処罰の間隙を回避することができる。③違法性阻却事由は、侵害を許容するにすぎず、侵害を命令するものではない。つまり、正当防衛をしなければならないことが義務づけられてはいないから、正当防衛であると考えて行為する者も、法秩序に忠実に行為しているとまではいえない。

---

[18] 川端博「違法性阻却事由の事実的前提に関する錯誤」法学セミナー329号（1982年）26頁、同『錯誤論の諸相』成文堂（1994年）131頁。

[19] 吉田常次郎「法律の錯誤に関する若干の考察」法学新報63巻7号（1956年）1頁以下、福田平『違法性の錯誤』有斐閣（1960年）218頁以下、福田・総論214頁、木村亀二『犯罪論の新構造（上）』有斐閣（1966年）428頁以下、西原・総論下472頁、香川・総論183頁以下、阿部純二『刑法総論』日本評論社（1997年）147頁、大谷・総論339頁など。なお、川端博『正当化事情の錯誤』成文堂（1988年）24頁以下、川端・総論384頁以下、野村・総論236頁以下、伊東・総論280頁。

しかし、誤想防衛の場合、評価の錯誤が問題なのではなく、行為者が適切に事態の認識をした場合にみずからの行為について法秩序とは異なる判断をする錯誤が問題になっているわけではないということを看過しているとの批判が可能である。

(4) 独自の錯誤として故意責任を阻却する立場（法的な効果の適用を制限する責任説）[20]

　故意は主観的構成要件要素であり、客観的構成要件に該当する事実の表象・認容をいう。誤想防衛は、故意を阻却する事実の錯誤でもなければ、違法性の意識の欠如の問題となる違法性の錯誤でもない。誤想防衛は、構成要件の故意そのものを阻却することはなく、故意犯が成立するけれども、故意責任がなくなる独自の錯誤であって、その法的な効果（故意犯としての法定刑）の適用が、（過失犯としての法定刑の限度に）制限され、錯誤が不注意に基づいており、過失犯を処罰する規定が存在する場合には、過失犯の法定刑の限度でのみ処罰することができるとする。

　①誤想防衛で行為する者は、それ自体として法秩序に忠実に行為しており、法益侵害またはその危険を求める故意犯の主観的な行為無価値は、防衛の意思という主観的正当化要素によって打ち消される。②二元的な行為無価値論の立場によれば、違法の実質は、法益侵害またはその危険という結果無価値と故意または過失によって法益侵害を求めるという主観的な行為無価値と法益侵害の危険性のある行為態様という客観的な行為無価値から構成されるものであるから、故意犯の主観的な行為無価値の判断のみで故意不法を阻却することは妥当でない。③故意そのものを阻却するわけではないので、先に構成要件の故意を肯定しながら後で過失に転化するような体系的な矛盾を回避することもできる。④過失犯に対する共犯（教唆・幇助）を認めることは概念矛盾となるが、誤想防衛で故意を阻却しないので、誤想防衛者の行為に対する悪意の関与者を共犯として処罰することができる。

---

[20] 齊藤誠二『特別講義刑法』法学書院（1991年）127頁以下、中村邦義「正当化事情の錯誤に関する一考察」中央大学大学院研究年報・法学研究科篇31号（2002年）249頁以下、同「誤想防衛論」川端博ほか編『立石二六先生古稀祝賀論文集』成文堂（2010年）299頁以下。

この説に対しても、錯誤したことに相当な理由がない誤想防衛の場合に、過失犯を処罰する規定がある場合には、故意犯の成立を認めつつ、過失犯の法定刑の限度で処罰することになるが、成立する罪名と科刑を分離することになって妥当ではないといった批判が考えられるであろう。しかし、共犯と身分の問題や抽象的事実の錯誤の問題に関するわが国の裁判実務や学説においてもこの種の取り扱いが見られるところである[21]。

(5) (部分的には) 違法性阻却の余地を認める立場

錯誤したことに相当な理由がなかった場合には上記のいずれかの見解によるが、錯誤したことに相当な理由がある場合には、正当防衛と同様に扱い、違法性を阻却するという立場である[22]。

①錯誤に相当な理由がある場合にまで違法というラベルを貼ることは、市民に不正に対抗することを躊躇させて間接的に不正者を援助することになるので、正当防衛の権利行使としての性質を強く保護するために、相当な理由がある場合には正当防衛として扱うべきである[23]。②これは、名誉毀損罪における事実の真実性の錯誤が確実 (相当) な資料・根拠に基づく場合に正当行為とする見解ともパラレルになる[24]。③人的不法論の見地から、違法性阻

---

[21] 共犯と身分に関するものとして、業務上横領罪の成立を認めつつ、横領罪の刑罰を科したものや、(私見によれば、事後強盗罪の窃盗行為は同罪の未遂との関係で実行行為の一部と見なければならないのではないかと思われるので、事後強盗罪を身分犯とすること自体には疑問があるが) 事後強盗罪の成立を認めつつ、暴行罪の刑罰を科したものがある (本書「第15講 共犯と身分 (横領罪を素材として)」を参照)。抽象的事実の錯誤に関するものとしては、古くから、大判明治43年4月28日刑録16輯760頁がある。これは嘱託殺人のつもりで殺人未遂を犯した事案で、殺人未遂罪の成立を認めつつ、同意殺人未遂罪の刑罰で処断したものである。罪名と科刑が分離する場合を認めることは、裁判実務の伝統であり、沿革的にも文理的にも正しく、論理的にも根拠があり、共犯現象に対しても長所があるとするのは、植松正『再訂刑法概論Ⅰ総論』勁草書房 (1974年) 283頁以下。

[22] 藤木英雄「誤想防衛と違法性の阻却」法学協会雑誌89巻7号 (1972年) 1頁以下、藤木・総論172頁、川端博『正当化事情の錯誤』成文堂 (1988年) 24頁以下、伊東研祐「いわゆる責任論の近時の展開動向と犯罪論体系に関する一考察」阿部純二編『荘子邦雄先生古稀祝賀・刑事法の思想と理論』第一法規出版 (1991年) 69頁以下、伊東・総論280頁脚注 (17)、野村・総論161頁、船山泰範『刑法』弘文堂 (1999年) 158頁以下。

[23] 藤木英雄「誤想防衛と違法性の阻却」法学協会雑誌89巻7号 (1972年) 10頁、同『新しい刑法学』有斐閣 (1974年) 211頁。

[24] 藤木英雄「誤想防衛と違法性の阻却」法学協会雑誌89巻7号 (1972年) 25頁以下、同『新しい刑法学』有斐閣 (1974年) 212頁。

却事由の客観的要件の存否について「事前判断（行為時を基準とする判断）」が要求され、その錯誤が一般人の見地から回避不可能である場合には、正当防衛の客観的要件も充足することになる。一般人にとって不可能であることを行為規範である刑法が行為者に要求しているとはいえない[25]。

しかし、誤想防衛は、あくまでも錯誤の問題であって、違法性阻却として処理すること自体に疑問がある。誤想防衛に違法性阻却を認めてしまうと、それに対する正当防衛を認めることができなくなる点で不都合ではないかといった批判が可能である。

4 おわりに

それでは、わたしたちはこの問題をどのように考えていったらよいであろうか。厳格責任説に対しては、構成要件の故意に違法性の意識の喚起機能を承認したとしても、誤想防衛の行為者にはこの喚起機能がはたらかないとも思われるし、違法性阻却事由の存在を吟味する検討義務に違反したとしても、義務違反というのは本質的に過失の非難にすぎず、故意の重い法定刑で処罰することが妥当なのかという疑問がある。また、誤想防衛を違法性の錯誤とすることにも問題がある。違法性の錯誤とは、法的に許されていない行為を行為者が法的に許されていると勘違いし、違法性の意識を欠如する場合をいう。誤想防衛が違法性の錯誤であれば、つねに違法性の意識が欠如するはずである。しかし、実際にはそうではない。たとえば、甲は、乙が丙を襲っていると錯誤し、かつ、丙を助けなければならないと考えたが、正当防衛は自己の権利を防衛するためにしか許されないと錯誤していた（二重の錯誤の）場合、誤想防衛であるが、甲に違法性の意識が欠如しているわけではない。このことは、誤想防衛が違法性の錯誤とは異なる本質の問題であることのなによりの証左であろう。

他方で、消極的構成要件要素の理論や事実の錯誤説は、誤想防衛を構成要

---

25 川端・総論384頁以下。

件の錯誤ないし事実の錯誤として故意を阻却するが、過失犯に対する共犯(教唆・幇助)を認めるのでないかぎり、誤想防衛の行為者に関与する悪意者を、共犯として処罰することができなくなってしまい、不都合である。誤想防衛の行為者も、構成要件に該当する事実の表象・認容はあるのだから、故意そのものは否定するべきではなく、これに関与する共犯の可能性も認めておくべきであると思われる。

　そして、誤想防衛に違法性阻却の余地を認める立場もあるが、そうすると誤想防衛の行為者から侵害を受ける側はこれに対して正当防衛で反撃することができなくなってしまい、不都合である。藤木博士は、「正当防衛に対する正当防衛」ということを承認され[26]、その結果として刑法36条を「不正対正」の関係と見ること自体も疑われた[27]。しかし、緊急避難とは異なり、法益のつり合いが厳密にとれていなくても認められる正当防衛権の根拠としては、自己保存の本能ということばかりではなくて、相手方が不正な侵害者であって、防衛者の行為が法秩序を防衛することにもつながるということから説明しなければならないのではないかと思われる点で[28]、「不正対正」という正当防衛の構造の理解はなお維持されなければならないと考える。

　以上のことから、通説の三分的な犯罪論体系を維持しつつ、故意と過失を構成要件に位置づけるならば、誤想防衛では故意の阻却を認めることはできないと思われる。しかしながら、行為者は、それ自体として法秩序に忠実に行為しようとしており、法に敵対する意思をもっているわけではないし、もし行為者が誤認した事実が現実に存在したならば、法秩序に合致する適法な事実であるから、刑事政策的にみて、法に敵対的な意思をもっている行為者について定められた故意犯の重い法定刑で処罰することも妥当ではないと思われ、責任非難の程度としては、錯誤が不注意に基づく場合でも過失の責任

---

[26] 藤木英雄「誤想防衛と違法性の阻却」法学協会雑誌89巻7号(1972年)28頁。これに対して、「法益保護をもってその第一次的任務とする法がこのような関係を是認するとはとうてい考えられない」とするのは、曽根威彦『刑法の重要問題[総論]第2版』成文堂(2005年)118頁。
[27] 藤木英雄『新しい刑法学』有斐閣(1974年)213頁。
[28] 正当防衛権の根拠論と法益のつり合いとの関係については、とくに、齊藤誠二『正当防衛権の根拠と展開』多賀出版(1991年)56頁を参照。

非難にしか値しないので、故意の責任非難を否定するべきである。それゆえ、法的な効果の適用を制限する責任説が妥当であると考える。

　本問では、Aは、甲からの急迫不正の侵害がないにもかかわらず、これがあるものと誤信しており、木刀をもつ甲の右手を木の棒で殴打するという反撃は過剰ではなく相応の反撃行為に出たと評価できるので、誤想防衛の問題となるが、一般にこのような状況下では暴行犯に襲われていると即断するのが相当ともいえず、またAは注意すれば甲が教師（体罰教師ではない）であって襲われているのではないことに気づくこともできたと考えられる。それゆえ、法的な効果の適用を制限する責任説によれば、Aには傷害罪（刑法204条）が成立し、誤想防衛を理由として故意の責任非難が否定されるが、誤信したことに不注意があるので、過失致傷罪の法定刑の限度で処断されるべきである。そして、甲が不正な侵害者ではないことに気づいていた悪意の第三者であるBには、傷害罪の幇助犯（刑法204条、62条）が成立する[29]。

【参考文献】
川端博『正当化事情の錯誤』成文堂（1988年）
佐久間修『刑法における事実の錯誤』成文堂（1987年）
中義勝『誤想防衛論・消極的構成要件要素の理論』有斐閣（1971年）
中村邦義「正当化事情の錯誤に関する一考察」中央大学大学院研究年報・法学研究科篇31号（2002年）249頁以下
中村邦義「誤想防衛論」川端博ほか編『立石二六先生古稀祝賀論文集』成文堂（2010年）299頁以下

（中村邦義）

---

[29] 本問の場合、Yが関与する前にXにはAに攻撃する意思があったので、Yを教唆犯や間接正犯とすることはできない。このYの行為は幇助であるが、Xの故意を否定する見解によれば、Yを処罰することは困難になるであろう。

第11講　実行の着手

【事例】

　Aは、前途を悲観して焼身自殺をしようと思い、数世帯が入居しているアパートの自室において、アパートが焼けても仕方がないと思いながら、ガソリン約10リットルを散布した。その直後、Aは、ライターで火をつけようと思ったが、死ぬ前に最後のタバコを吸おうと思い、口にくわえたタバコにライターで点火したところ、その火がガソリンの蒸気に引火し、火災が発生してアパートが全焼するに至った。Aの刑事責任はどうか。

【解　説】

1 はじめに

　犯罪の時間的な発展段階をみれば、陰謀→予備→未遂→既遂の順になる。「陰謀」とは、2人以上の者が一定の犯罪の実行について合意に達することをいい、「予備」とは、犯罪の実行を目的としてその準備をすることをいう。これに対して、「未遂」とは、「犯罪の実行に着手してこれを遂げなかった」（43条本文）ことをいうので、「実行の着手」が未遂犯の成立要件となっている。刑法において陰謀、予備が可罰的となるのは、内乱予備及び陰謀罪（78条）、殺人予備罪（201条）等の重大犯罪に限られるが、未遂が処罰される犯罪は多数存在すること、また、陰謀、予備の刑は一般に未遂より格段に軽いことから、実行の着手の有無は重要な実際的意義を有する。

　学説の一般的な理解によれば、「実行の着手」とは実行行為の開始をいい、「実行行為」とは特定の構成要件に該当する法益侵害の現実的危険性を有する行為をいう。そこで、個々の犯罪類型についていかなる場合に実行の着手が認められるかが問題になる。これについて、古くは主観的未遂論と客観的未遂論の対立があり、新しくは違法論における行為無価値論と結果無価値論

の争いがあることから、今日まで多様な学説が主張されている。また近時は、第1行為の後に第2行為を予定していたところ、意外にも第1行為から結果が生じたという、「早すぎた構成要件の実現」（早すぎた結果発生）といわれる問題が論じられている。実行の着手は、結合犯、不作為犯、間接正犯、離隔犯、原因において自由な行為等の特殊な犯罪形態においても問題になるが、以下においては、実行の着手をめぐる学説を検討した後に、「早すぎた構成要件の実現」の問題を取り上げたいと思う。

2 学　説

実行の着手をめぐる学説として、主観説、客観説、折衷説および結果説があり、客観説は形式的客観説と実質的客観説に分けられる。

①主観説

主観主義刑法理論を基礎として、行為者の意思の危険を重視する立場（犯罪徴表説）から、実行の着手が認められるのは、「犯意の成立がその遂行的行為に因りて確定的に認められるとき」[1]、「犯意が飛躍的に表動したとき」[2]、あるいは「故意の存在が二義を許さず一義的に認められる行為のあるとき」[3]であるとする。

②客観説

客観主義刑法理論を基礎として、行為の客観的な危険性を重視する立場から、実行の着手は、（ⅰ）構成要件に属する行為を行うこと、あるいは構成要件に属する行為およびこれと直接密接する行為を行うことであるとする「形式的客観説」[4]と、（ⅱ）結果発生の現実的危険を惹起する行為を行うことであるとする「実質的客観説」[5]がある。

---

[1] 牧野英一『刑法総論下巻』（1959年）359頁
[2] 宮本英脩『刑法大綱』（1935年）179頁
[3] 木村・総論344頁
[4] 団藤・総論354頁、植松正『再訂刑法概論Ⅰ総論』（1974年）315頁、等

③折衷説

　行為無価値論に立ち、行為者の主観面と行為の客観面をともに考慮する立場から、行為者の犯罪計画全体からみて法益侵害の切迫した危険を惹起したときに実行の着手を認めるべきであるとする[6]。

④結果説（結果犯説）

　結果無価値論に立ち、実行行為と未遂の成立時期は必ずしも一致する必要はないという立場から、行為が行われた後、法益侵害の危険が一定程度に達したときに実行の着手を認めるべきであるとする[7]。

③ 判　例

(1) 代表的判例

　窃盗罪（235条）について、①大判昭和9・10・19刑集13巻1473頁は、窃盗の目的でA方に侵入し、Aとその妻が寝ている6畳間で金員物色のためタンスに近寄った際にAが目を覚まして誰何したので、逮捕を免れるため日本刀で両人に切りつけて傷害を負わせたという事案について、「窃盗の目的を以て家宅に侵入し他人の財物に対する事実上の支配を犯すに付密接なる行為を為したるときは窃盗罪に著手したるもの」といえるので、事後強盗傷人罪が成立するとした。②最判昭和23・4・17刑集2巻4号399頁は、食料品を窃取しようと企ててA方養蚕室に侵入し、懐中電灯を用いて食料品等を物色中、警察官等に発見されてその目的を遂げなかったという事案について、「窃盗の目的で他人の屋内に侵入し、財物を物色したというのであるから、このとき既に、窃盗の着手があったとみるのは当然である」と判示した。③最決昭和40・3・9刑集19巻2号69頁は、窃盗の目的で電気器具商たるAの店舗内に

---

[5] 中山・総論411頁、福田・総論229頁、大塚・総論171頁、大谷・総論365頁、川端・総論460頁、立石・総論266頁、林・総論349頁、等　なお、斎藤・総論214頁、浅田・総論371頁、伊東・総論313頁参照

[6] 西原・総論326頁、野村・総論330頁、岡野・総論245頁、等　なお、西田・総論306頁参照

[7] 平野・総論Ⅱ314頁、山中・総論713頁、前田・総論148頁、山口・総論270頁、等

侵入し、懐中電灯で真っ暗な店内を照らしたところ、電気器具類が積んであることがわかったが、なるべく現金を盗りたいので自己の左側に認めたタバコ売場の方に行きかけたところ、帰宅したAに発見されて騒ぎ出されたので、逮捕を免れるため、所携の果物ナイフでAの胸部を突き刺して失血死させ、その妻であるBの顔面を手拳で強打して傷害を負わせたという事案について、刑法238条の「窃盗」犯人にあたるとして事後強盗致死傷罪を認めた。また、④名古屋高判昭和25・11・14高刑集3巻4号748頁は、窃盗の目的で、A方の土蔵に侵入しようとしてその壁の一部を破壊したが、家人に発見されて逃走し、またB方の土蔵に侵入しようとして扉の南京錠を破壊して外扉を開いたが、家人に発見されることをおそれて逃走したという事案について、「土蔵の場合には、通常窃取すべき財物のみがあって人が住んでいないのが通常であるから、これに侵入しようとすれば…財物を窃取しようと企てていることが客観的にも看取することができる」として、同罪の実行の着手を認めた[8]。

　強姦罪（177条）について、⑤最決昭和45・7・28刑集24巻7号585頁は、女性を物色して情交を結ぼうとの意図のもとにダンプカーに乗って徘徊していた甲と乙が、通行中のA女を認め、抵抗する同女を運転席に引きずり込み、約5キロメートル離れた場所に移動し、同所において姦淫したという事案について、「同女をダンプカーの運転席に引きずり込もうとした段階においてすでに強姦に至る客観的な危険性が明らかに認められるから、その時点において強姦行為の着手があったと解するのが相当」であり、その際に傷害を負わせたことは強姦致傷罪にあたると判示した[9]。また、⑥東京高判昭和57・9・21判タ489号130頁は、強姦の目的で被害者をホテルに連れ込むため、ホテルの裏口付近で暴行を加えて傷害を負わせたという事案について、被害者がホテルに連れ込まれる蓋然性が高く、「密室同然のホテルの一室で強姦の

---

[8] また、最決昭和29・5・6刑集8巻5号634頁は、スリ行為について、ポケットの中の財物の存否を確認するための「あたり行為」は着手とはいえないが、窃取の意思でポケットの外側に触れる行為は着手にあたるとした。
[9] 類似の事案について、強姦罪の実行の着手を認めた東京高判昭和47・12・18判タ298号441頁と、これを否定した京都地判昭和43・11・26判時543号91頁がある。

結果が発生する客観的危険性が高度に存在していた」として、強姦致傷罪の成立を認めた。

殺人罪（199条）について、一連の犯行計画のもとで殺人が行われる場合に、どの時点で実行の着手を認めることができるかが問題になる。⑦最決平成16・3・22刑集58巻3号187頁は、甲らが、甲の夫であるAを殺害して生命保険金を詐取しようとして、クロロホルムを吸引させて失神させた上、自動車ごと海中に転落させて溺死させるという計画を立てて実行したが、Aの死因がクロロホルムを吸引させた行為（第1行為）によるものか、海中に転落させた行為（第2行為）によるものかが特定できなかったという事案について、「第1行為は第2行為を確実かつ容易に行うために必要不可欠なものであったといえること、第1行為に成功した場合、それ以降の殺害計画を遂行する上で障害となるような特段の事情が存しなかったと認められることや、第1行為と第2行為との間の時間的場所的近接性などに照らすと、第1行為は第2行為に密接な行為であり、実行犯3名が第1行為を開始した時点で既に殺人に至る客観的な危険性が明らかに認められるから、その時点において殺人罪の実行の着手があったものと解するのが相当である」と判示して、殺人既遂罪の成立を認めた。また、⑧名古屋高判平成19・2・16判タ1247号342頁は、身のこなしの早い被害者に自動車を低速で衝突させ（第1行為）、転倒させてその動きを止めた後、すぐに刃物で刺し殺す（第2行為）という計画を立てて実行に移したが、自動車を衝突させて傷害を負わせた後に翻意して殺害を遂げなかったという事案について、第1行為は第2行為のために必要であり、それ以降の計画を遂行するについて障害がなく、両行為の時間的場所的近接性も認められるとして、殺人未遂罪の成立を認めた[10]。

放火罪（108条以下）について、⑨静岡地判昭和39・9・1下刑集6巻9＝10号1005頁は、放火するつもりで他人の料理店にガソリン約5リットルを散布しているときに、店内の練炭コンロの火が引火して火災が発生したという事案について、「建物の焼毀を惹起すべきおそれのある客観的状態に到った」

---

[10] 同様に一連の行為計画のもとで殺害行為がおこなわれた事案について、実行の着手を認めた名古屋地判昭和44・6・25判時589号95頁がある。

として実行の着手を認めた。これに対して、⑩千葉地判平成16・5・25判タ1188号347頁は、放火を企てて和室の畳等に灯油を散布し、玄関前の屋外においてライターで新聞紙に点火し、火のついた新聞紙を振りかざしたところ、通行人に新聞紙をはたき落されて火を消し止められたという事案について、ガソリン等と比べて揮発性の低い灯油であったこと等の事情から、居宅内に灯油を散布しただけでは焼損の具体的危険性が発生したとはいえず、また、新聞紙に着火した場所の位置関係等から、「新聞紙への着火行為により本件居宅焼損に向けた具体的危険が発生したと認めるのは困難である」として、実行の着手を否定した。

　覚せい剤輸入罪（覚せい剤取締法41条）について、⑪最判平成20・3・4刑集62巻3号123頁は、外国で覚せい剤を積み込んで日本近海まで航行させた密輸船から海上に投下した覚せい剤を、小型船舶で回収して陸揚げするという方法で覚せい剤を密輸入しようとしたが、悪天候などの理由により覚せい剤を発見・回収することができなかったという事案について、「回収担当者が覚せい剤をその実力的支配の下に置いていないばかりか、その可能性にも乏しく、覚せい剤が陸揚げされる客観的な危険性が発生したとはいえない」として、同罪の実行の着手を否定した。

(2) 判例の総括

　窃盗罪に関する上記の諸判例の一般的傾向をみれば、行為者の犯行計画を考慮して、占有侵害の結果が生ずる客観的危険が生じた時点で実行の着手を認めているので、実質的客観説に近い立場に立っていると思われる。これによれば、窃盗罪の実行の着手時期は、主観説より遅く、形式的客観説より早くなる。

　強姦罪に関する⑤決定と⑥判決は、「強姦に至る客観的な危険性」ないし「強姦の結果が発生する客観的危険性」があったことを理由としているので、実質的客観説に立脚したものといえよう。とりわけこの種の事案では、いったん被害者が車内や室内に引きずり込まれると第三者による発見・救助が困難になることから、その時点ですでに姦淫に至る危険が切迫していたといえるので、判例の結論は妥当であると思われる。

殺人罪に関する⑦決定については、「早すぎた構成要件実現」の事案について、第1行為が危険性の高い行為であることに加え、第1行為の必要不可欠性、第1行為後の障害の不存在、および第2行為との時間的場所的近接性をあげて、第1行為は第2行為に「密接な行為」であり、その時点で「殺人に至る客観的な危険性」が認められるから、同罪の実行の着手があったとしたことが注目される。⑧判決もこれと同様の判断をしたものであるが、このような事例においては、行為者の主観面（行為計画ないし故意）を考慮すれば、第1行為と第2行為を1つの殺意に基づく1個の行為と評価することができるので、その結論は妥当であると思われる。

放火罪に関する⑨判決と⑩判決は結論を異にしたが、その理由は焼損に至る客観的危険性の程度の差にあると思われる。揮発性の高いガソリンを室内で散布した場合には、何らかの原因で引火して火災に至る危険性が高いが、灯油を用いた場合には、散布後の着火行為がなければその危険が認められないと考えられるからである。

覚せい剤輸入罪に関する⑪判決については、同罪の既遂時期は陸揚げ時であるとされているので[11]、同罪の実行の着手が認められるためには陸揚げの可能性が高まったことが必要となるが、この事案では悪天候のため回収が困難であったという事情があるので、実行の着手を否定した判旨は妥当であると思われる。

4 検討・私見

(1) 実行の着手

上記の諸説のうち、主観説に対しては、「遂行的行為」ないし「飛躍的表動」という行為の外部的要素を考慮する点で、犯罪の意思それ自体が処罰されるべきであるとする主観主義刑法理論の本来の主張から離れているという批判が向けられる。また、主観説によれば、たとえば殺人の目的で毒薬を調

---

[11] 最決平成13・11・14刑集55巻6号763頁

達する時点、あるいは窃盗の目的で住居に侵入する時点で殺人や窃盗の未遂としてよいことになるので、処罰時期が早きに失し、あるいは予備と未遂の区別が不明確になるという批判がある。形式的客観説については、判断基準が明確であるかのように思われるが、たとえばポケットからけん銃を取り出して人を射殺する場合に、どの時点で「人を殺す」行為が始まったかの判断は困難であるし、また、たとえば窃盗罪において「窃取する」行為が必要であるとすれば、その前に行われる「物色行為」の時点で実行の着手を認めることができないなど、処罰時期が遅すぎるという問題がある。折衷説に対しては、行為者の犯罪計画を基礎として危険の有無を判断するのは行為者の主観を過度に重視することになるという批判があり、また、すでに客観的な危険が生じていても行為者がその後の実行を計画している場合には実行の着手が認められないことになるという批判がある。結果説は、未遂犯の処罰根拠を法益侵害の危険の惹起に求める点で妥当であるが、実行の着手時期を実行行為から切り離して判断することについて疑問がある。実行行為は、犯罪論において因果関係の基点を示し、正犯性を基礎づけるとともに、未遂犯を成立させるという重要な機能をもつと考えられるからである。

　思うに、未遂犯は一般に具体的危険犯であり、法益侵害の現実的危険を生じさせたことが処罰根拠とされるべきであるから、予備と未遂の区別も、構成要件的行為が行われたか否かではなく、結果発生の現実的危険を惹起させる行為を行ったか否かによって判断されるべきである（実質的客観説）。この現実的危険の判断において行為者の主観を考慮すべきか否かについて、肯定説[12]と否定説[13]があるが、肯定説を妥当とすべきである。なぜならば、故意は主観的違法要素であり、違法類型としての構成要件要素でもあるから、その判断においては行為者の故意を考慮すべきであり、実行の着手についても、故意を含めて行為の客観的危険性の有無を判断しなければならないからである。実際にも、たとえば人に向けてけん銃を構えた場合において、それ

---

[12] 平野・総論 II 314頁、福田・総論229頁、大塚・総論171頁、大谷・総論366頁、川端・総論460頁、斎藤・総論216頁、佐久間・総論72頁、井田・総論399頁、等
[13] 内藤・総論上221頁、中山・総論259頁、等

が殺人の未遂となるのか傷害の未遂となるのかは、行為者の故意を考慮しなければ判断できないであろう。このような理解に対して、行為者の主観面を考慮するのは客観説とはいえないという批判があるが、行為は主観と客観の統一体であるから、故意を実行行為の構成要素とすることは可能であって、そのように解しても客観説としての性質を失うことにはならないと考える。したがって、実行の着手の判断において、行為者の故意と行為の客観的な危険性の双方を考慮する実質的客観説が妥当であると解する[14]。
(2) 早すぎた結果の実現

第1行為の後に第2行為を予定していたが、意外にも第1行為から結果が生じた場合について、第1行為の時点でそれが予備の段階にとどまっていたとすれば故意既遂を認めることはできず、その（処罰規定があれば）予備罪と、生じた結果について過失犯が成立しうるにすぎないが、第1行為の時点で実行の着手が認められれば、原則として故意既遂を肯定することができる[15]。

これに対して、「第1行為で結果を実現する意思」はなかったので故意既遂を認めることはできず、その罪の未遂が基礎づけられるにすぎないので、発生した結果については過失犯を認めるべきであるとする見解がある[16]。しかし、実行の着手は既遂、未遂を問わず実行行為の開始時点を明らかにするものであるから、既遂の故意と未遂の故意を区別することは適切でない。また、行為者の故意は当初から最終結果の実現に向けられていたのだから、実質的客観説からは、第1行為の時点でその罪の実行の着手を認めることができると思われる。

---

[14] 立石・総論266頁
[15] ただし、故意の内容として因果関係の認識が必要であるとすれば、あらためて「因果関係の錯誤」の問題が検討されなければならない。もっとも、通説によれば、実際に故意が阻却される場合は考えられないとされている。
[16] 山口厚『問題探究 刑法総論』（1998年）141頁、林幹人『判例刑法』（2011年）96頁、等　なお、山口・総論216頁参照

5 おわりに

　本問において、Aがガソリンを散布した時点で実行の着手を認めるとすれば、放火罪の既遂が成立することになるが、この時点では予備にすぎず、その後に予定されていたガソリンに点火する行為にこれを認めるとすれば、放火予備罪（113条）と（重）失火罪（116条1項、117条の2）が成立するにすぎない。実質的客観説によれば、灯油ではなく揮発性の強いガソリンを多量に散布したこと、散布した場所が家屋内であること等の事情から、ガソリンを散布した時点において焼損に至る現実的な危険が生じていたと認められ、また、その時点で放火の故意があったことも明らかであるから、放火罪の実行の着手を肯定することができるであろう。Aには、数世帯が入居しているアパートの焼損について未必的な認識があったといえるので、現住建造物等放火罪（108条）が成立する。なお、本問に類似する事案について放火罪を認めた下級審の裁判例がある[17]。

（鈴木彰雄）

---

[17] 横浜地判昭和58・7・20判時1108号138頁

第12講　不能犯

【事例】

　暴力団員であるA、Bは、かねてより同様に暴力団員であるCに対し不快の念を抱いていた。ある日、BはCに殴られたことで憤激し殺害を決意し、道路上でCに向けて拳銃を撃った。近隣にいたAは、銃声を聞きBがCを銃撃したと直感し、Bに加勢すべく日本刀を携えて駆けつけたところ、銃撃を受けてCは倒れていた。Aは、まだCが生きていると思い、とどめを刺すべく腹部、胸部等に日本刀を突き刺した。だが、Cはその時既に銃撃によって死亡していた。Aの罪責を述べよ（特別法上の罪は問題としない。）。

【解　説】

1 はじめに

　本事例では、Aが不可罰となる不能犯か、それとも未遂（殺人未遂）かが問題となる。

　不能犯とは、呪詛によって人を殺しうると信じて、いわゆる丑の刻参りをしたり、砂糖によって人を殺しうると信じて砂糖水を飲ませる行為に出たりするなど、本来、犯罪の完成に至るべき危険性を含んでいない行為によって犯罪を実現しようとする場合をいう。不能犯は、犯罪実現の危険性を欠いているため、未遂犯としての処罰も排除されることになる。そこで、不可罰の不能犯か、可罰的な未遂犯かの区別は、刑法の介入の有無・程度という点で大きな差異をもたらす問題ということになる。

　不能犯を論じる際には、一般に、「方法の不能」、「客体の不能」、「主体の不能」に分けて論じられる。「方法の不能」とは、毒性のない物を混入した飲み物を飲ませて毒殺しようとしたり、射殺しようとしたが銃に弾丸が入っていなかったりといったように、その方法に欠陥があった場合をいい、「客体の不能」とは、案山子を人と誤信して殺人の故意で案山子に発砲したり、

スリをしようとしたがポケットは空であった場合のように、犯行が失敗に終わった原因が行為客体の状態に存する場合をいい、「主体の不能」とは、背任罪における事務処理者でない者が自己を事務処理者と誤信して任務違背行為を行った場合のように、行為者に必要とされる身分が欠けるために構成要件を実現できない場合をいう。このうち実務上問題とされてきたのは、「方法の不能」と「客体の不能」であり、本事例も「客体の不能」の場合である。

以下で、不能犯と未遂犯の区別をめぐる学説・判例をみることにする。

2 学 説

(1) 学説は多岐にわたるが、主要な学説の概要は次のようなものである。
① (純) 主観説
　同説は、行為者の主観において犯罪的意思が認められる限り、常に未遂であるとするが、丑の刻参りなどの迷信犯だけは不能犯であるとする見解である[1]。行為者の有する犯罪的意思やその意思の危険性に専ら重点をおくことに特徴を持つ立場である。この立場は、主観主義刑法理論を基礎とし、行為者の社会的危険性に立脚した不能犯理論である。だが、この説に対しては、不能犯は故意の問題ではないとの批判や、基礎となっている主観主義刑法理論自体への批判、さらには、迷信犯だけが故意であってもなぜ処罰されないのかの説明は困難であるとの批判もなされている。現在では、この説は支持を失っているといえよう。
②抽象的危険説（主観的危険説）
　同説は、行為当時、行為者が認識した事情を基礎として、一般的見地から客観的な危険の有無を判断し、行為者の計画通りに因果関係が進行したならば、結果が発生したであろうと考えられる場合には抽象的危険ないし法秩序に対する危険が認められ、未遂犯が成立することになるが、結果が発生しな

---

[1] 宮本英脩『刑法大綱』(1935) 191頁以下。

かったと考えられる場合には不能犯とする、との見解である[2]。この立場では、殺害目的で砂糖を飲ませた場合、砂糖を青酸カリと思っていたときは未遂となるが、砂糖に人を直ちに死亡させる力があると信じていた場合には不能犯となる。この説に対しては、危険性を犯罪実現の危険性として客観的に判断しようとすることは評価しうるとしても、行為時に行為者が認識ないし計画した内容のみを基礎としてこれを行う点で適切ではない（判断基底に関して問題がある）との批判がなされている[3]。また、一般の処罰感情から不処罰の方向に傾くような場合に未遂犯が成立することにもなりうるとの批判も向けられている[4]。同説も、上記①説と同様に、主観主義、主観的未遂論の退潮とともに支持を失っているといえよう。

③具体的危険説

同説は、行為当時、行為者が特に認識していた事情および一般人に認識可能な事情を基礎とし、一般人の見地から結果発生の可能性があるか否かを、つまりは、客観的見地から事前予測としての犯罪実現の危険性の有無を判断し（行為時の事実を基礎とする「事前判断」）、それが肯定されるときは具体的危険が認められるから未遂犯であるが、否定されるときは不能犯であるとする見解である[5]。この見解は、現在の多数説といえる。この立場では、行為者が死体を生きている人間だと誤信して、それに発砲した場合、一般的にも死体が生きた人間であると考えられうるときには未遂犯となり、一般に死体であることが明らかであるときには不能犯ということになる。だが、この説に対しては、一般人が危険と感じれば処罰し、反対に、客観的には危険な手段・方法を用いたとしても、一般人が危険と思わなければ処罰しないことになり不合理であるとの批判がなされている。例えば、一般人が知らない（客観的には）有害な化学物質を使用した場合には危険性が否定されることにな

---

[2] 草野豹一郎『刑法総則講義 第2分冊』(1952) 149頁以下、牧野英一『刑法総論 下巻』(1959) 665頁。

[3] 大谷・総論375頁以下、立石二六「不能犯」『刑法解釈学の諸問題』(2012) 128頁以下など参照。

[4] 三好幹夫『大コンメンタール刑法』大塚ほか編（第2版）第4巻 (2003) 45頁以下など参照。

[5] 団藤・総論168頁以下、川端・総論490頁、大塚・総論269頁以下、福田・総論242頁以下、大谷・前掲注 (3) 376頁、立石・前掲注 (3) 129頁など。

り、反対に、一般人が（客観的には有害ではないが）有害であると信じる化学物質を使用した場合には危険性が認められてしまうというのである。

④客観的危険説（絶対的不能・相対的不能区別説）

　同説は、不能を、一般的に犯罪の実現がありえない場合である絶対的不能と、当該具体的場合における特別の事情から犯罪の実現がなされなかった場合である相対的不能とに分けて、前者を不能犯、後者を未遂犯とする見解である[6]。事後的かつ客観的に結果発生の危険性を有するか否かを判断する点に特徴をもつものである（裁判時までに明らかになった事実を基礎とした判断である「事後判断」）。だが、この説に対しては、純粋に事後的に判断すれば、すべての未遂犯は結果の発生がはじめから絶対に不能であったということにもなりうること、すなわち、結果不発生の場合には当然に何らかの理由があり、その理由を前提にすれば結果不発生は必然的な帰結であって未遂犯の成立が大幅に否定されることになる、との強力な批判が向けられることになる[7]。このため不能犯を否定するには、個別事情をある程度捨象し、判断の基礎事情を抽象化しなければならないが、その抽象化の基準も示されていないとの批判もなされることになる[8]。こうして、同説に対しては、結果無価値論の立場から基本的な枠組みについては評価されながらも、種々の修正がなされることになる。

⑤修正客観説（仮定的事実の存在可能性説）

　先の客観的危険説の不都合を認識した上で、現在、結果無価値論の立場から種々の修正が行われている。その中の代表的見解が、仮定的事実の存在可能性説であり、これは、未遂犯成立には、実行行為の危険（行為の危険性）では足りず、危険結果の発生（「結果としての危険」[9]、「既遂結果発生の実質的ないし具体的な危険の発生した状態」）が必要だとする結果無価値論の違法論を基礎とし

---

[6] 勝本勘三郎『刑法要論上巻総則』(1913) 171頁以下、大場茂馬『刑法総論下巻中冊』(1914) 844頁以下。
[7] 同説に対しては、このような批判が多くなされている。例えば、三好・前掲注(4) 41頁以下など参照。
[8] 塩見淳『テキストブック刑法総論』葛原力三ほか共著 (2009) 240頁参照。
[9] 「行為の危険性」と「結果としての危険性」については、塩見・前掲注(8) 224頁以下など参照。

て唱えられているものである。すなわち、まず第一に、結果が不発生であった原因を解明し、事実が如何なるものであれば結果が発生しえたかということを科学的に明らかにし、次いで、そのような結果発生をもたらすべき(仮定的な)事実が(現実には存在しなかったのであるが)存在しえたかという「仮定的事実の存在可能性」を一般人を基準にして事後的に判断し、存在しえたといいうるのかを検討する見解である[10]。この見解では、「方法の不能」はもちろん、「客体の不能」についても、客体の存在可能性を肯定することで未遂犯成立を認める余地があるとされ、未遂の成立範囲が広げられており、よって、結論としては具体的危険説の結論とかなり近似することになる。

　だが、この説に対しても、「法益侵害の現実的危険性は、……構成要件該当性の問題として、社会一般の目からみた類型的危険性を意味すると解すべきであり、妥当でない」[11]との批判や、仮定的事実につき、「その事実の(どの程度の)存在可能性をどこまで過去に遡って考えるのか、明瞭でない。限りなく遡ることは不可能であるし、遡れば遡るほど、判断は不安定となり不能犯は認め難くなろう。」[12]との批判や、さらには、「科学的判断の後に一般人の危険感が取り込まれている。不能犯成否の判断基準に一般人の危険感を取り込むことは妥当な方策であると考えるが、この考え方は客観的危険説を一歩踏み出すもので、具体的危険説的思考への接近を意味するものといってよ」く、「もはや客観的危険説とは称し難い。」[13]との批判、またさらには、修正客観説には、「『疑わしきは被告人の利益に』の法原則に従い、いったんは有利に事実認定をしつつ、その後に、再度、その事実認定に背理する事実の存在の可能性を問う点で、方法論的な疑念が生じるのである」[14]との批判などが加えられているのである。

　(2) 現在、不能犯学説についての争いの中心は、具体的危険説と修正客観

---

[10] 山口・総論276頁など参照。
[11] 大谷・前掲注(3)375頁。
[12] 斎藤信治「不能犯(3)」刑法判例百選I総論［第5版］(2003)137頁。
[13] 立石・前掲注(3)131頁。
[14] 只木誠「未遂犯(2)不能犯」白門 第64巻8号(2012)12頁。

説との対立といえる。ただし、上述のように両説の具体的事案における結論は、かなり近似することになるというのも事実である。だが他方で、不能犯と未遂犯の区別に関する説明の仕方には大きな差異が存在するのである。両説内部での若干の違いはあるが、おおまかに図式的に特徴を示せば、修正客観説は、違法論において結果無価値論に立脚し、「事後判断」、「結果不発生原因の科学的解明」、「結果としての危険」に力点をおいて説明するものであり、具体的危険説は、「事前判断」、一般人に結果発生の不安を与えることの重視、規範違反行為であることの重視、といったことを特徴とするものであり、行為無価値論と整合的といえる。このように、両説の対立は、刑法上の重要事項に関する理解、すなわち、違法性についての基本的な考え方、未遂犯の処罰根拠等に関する差異を背景とするものである。具体的危険説と修正客観説のいずれの立場に立つとしても、とりわけ未遂犯の処罰根拠との整合性ある説明が求められることになるであろう。

ともあれ、ここでは行為無価値論的な理由づけを支持し、具体的危険説をもって妥当としたい。また、現実の事実の解決にあたっても、未遂処罰の範囲として過不足のないものを提供し得ると思われる。確かに、一般人が知らない有害な化学物質の使用の場合に危険性が否定されることになり、逆に、一般人が有害であると信じる化学物質の使用の場合に危険性が認められてしまう、との批判もあるが、実際に発生した具体的事案を基礎とする限り、不都合な結論はほとんど生じないと思われる。また、批判の後半部の点については、「科学的常識が一般人に知られていなくても、容易に知りえた場合には、それを判断の基礎に含めることが考えられる。」[15]との指摘がなされており、このような方向も考えられるであろう。

3 判 例

判例においては、不能犯を認めたものはわずかであるが、不能犯か否かが

---

[15] 安田拓人『アクチュアル刑法総論』伊藤渉ほか共著（2005）262頁。

問題とされた事案は少なくない。以下に、不能犯に関する幾つかの著名な判例をあげることにする。

　(1)　不能犯を認めた判例としては、まず、①殺害のために硫黄粉末を二回にわたり汁鍋・水薬にそれぞれ混入し飲用させた事案につき、「殺害ノ結果ヲ惹起スルコト絶対ニ不能」として殺人に関しては不能犯であり、ただ傷害罪が成立するとした大審院判例（大判大正6・9・10　刑録23輯999頁）がある。この他、②長い間、地中に埋められていた手榴弾を用いて殺害しようとしたが、その手榴弾は導火線の質的変化等のために本来の性能を欠き、爆発させるには、工場用の巨大ハンマーを使用し急激な摩擦を与えるかあるいは摂氏200度以上の熱を加えなければ到底不可能であったとされた事案につき、殺人未遂の成立を否定した判例（東京高判昭和29・6・16　東高刑時報5巻6号236頁）や、③覚せい剤製造の罪に関するもので、真正の原料でなかったため製造できなかった事案につき、「右のように覚せい剤の主原料が真正の原料でなかつたため、覚せい剤を製造することができなかった場合は、結果発生の危険は絶対に存しないのであるから、覚せい剤製造の未遂罪をも構成しない」とした判例（東京高判昭和37・4・24　高刑集15巻4号210頁）がある（①②③いずれも「方法の不能」に関するもの）。

　(2)　不能犯を否定した判例としては、大審院判例では、①殺人目的で致死量に達しない毒薬（殺鼠剤）を食用に供する味噌汁に混入したことにつき、殺人未遂を認めた判例（大判大正8・10・28　法律新聞1641号21頁）や、②懐中のがまぐちに入れて携帯する小さな小刀で人を殺そうとした行為につき、「人ヲ殺傷スルニ足ル可能性ヲ有スルコトハ実験則上明確ニシテ、絶対ニ殺人ノ用ニ供シ能ハサルモノニ非ス」とし不能犯を認めない判例（大判大正11・2・24　刑集1巻76頁）や、③通行人を引き倒し懐中物を奪取しようとした事案につき、「通行人カ懐中物ヲ所持スルカ如キハ普通予想シ得ヘキ事実ナレハ」、懐中物の奪取行為は「其結果ヲ発生スル可能性ヲ有スルモノニシテ実害ヲ生スル危険アルヲ以テ行為ノ当時偶々被害者カ懐中物ヲ所持」しないとしても強盗未遂罪であるとした判例（大判大正3・7・24　刑録20輯1546頁）などがある。最高裁判例では、④炊飯釜中に青酸カリを入れた事案で、青酸カリを入れて

炊いた米飯が黄色を呈し臭気を放っているからといって何人もこれを食べることは絶対にないと断定はできないとして、殺人罪の不能犯ではないとする判例（最判昭和24・1・20　刑集3巻1号47頁）や、⑤致死量（鑑定では70ccないし300ccとされる）に至らない量の空気（30ccないし40cc）を蒸留水とともに被害者の静脈に注射した事案で、「致死量以下であっても被注射者の身体的条件その他の事情の如何によっては死の結果発生の危険が絶対にないとはいえない」とした一審判断を支持し、殺人未遂罪とした判例（最判昭和37・3・23　刑集16巻3号305頁）などがある。下級審判例では、⑥弾丸を装てんすることを失念した勤務中の警察官が着装する拳銃を奪取し殺害目的で被害者に発砲したという事案につき、警察官が着装している拳銃には、「常時たまが装てんされているべきものであることは一般社会に認められていることであるから」、その銃を発射する行為は、「殺害の結果を発生する可能性を有するものであって実害を生ずる危険があるので右行為の当時、たまたまその拳銃にたまが装てんされていなかったとしても、殺人未遂罪の成立に影響なく、これを以って不能犯ということはできない」とした判例（福岡高判昭和28・11・10　判特26号58頁）や、⑦他人による銃撃により既に死亡していた被害者（生死については鑑定が分かれたが裁判所は死とする鑑定を採用）に対して止めを刺すつもりで日本刀で腹部・胸部等を突き刺した事案（本事例類似のケース）につき、被告人が被害者の生存を信じていたこと、一般人もまた当時その死亡を知り得なかったであろうこと、一般人もその加害行為により被害者が死亡するであろうとの危険を感ずるであろうことを基礎にして、不能犯を否定し殺人未遂罪の成立を認めた判例（広島高判昭和36・7・10　高刑集14巻5号310頁）や、⑧都市ガスを室内に充満させることで子供を道連れに無理心中しようとした事案につき、都市ガスは天然ガスであり人体に無害であるから不能犯にあたるとの弁護人の主張を退け、ガス爆発の可能性や酸素欠乏症による窒息死の可能性と当該行為のもつ死の結果をもたらすに足りる危険性についての一般人の認識を基礎とし、不能犯の成立を否定した判例（岐阜地判昭和62・10・15　判タ654号261頁）などがある（①②④⑤⑥⑧が「方法の不能」に関するもの、③⑦が「客体の不能」に関するもの）。

(3) 判例は、絶対的不能・相対的不能区別説によるかのような表現を用いるものも従来は少なくないが、実質的には、とりわけ「客体の不能」について、具体的危険説を基調としているとの指摘がなされており[16]、かつ昭和30年頃以降はその傾向が顕著ともされている[17]。

4 おわりに

本事例を具体的危険説の立場から見るならば、行為当時、行為者が特に認識していた事情および一般人に認識可能な事情を基礎とし、一般人の見地から結果発生の可能性があるか否かが問われることになる。Cの死という結果を惹起することはあり得るであろうと考えることになり、犯罪実現（殺人）の危険性をもつ行為ということになるであろう。よって、Aは殺人未遂罪ということになる。なお、本事例では、Cの死亡が明らかであったということが前提であるが、上記広島高裁では、生死の限界が、鑑定が分かれるような微妙な事案であり、この点では異なるといえる。そして、この点に関しては次のような指摘がなされている。すなわち、「（修正）客観説によれば、案山子事例はどのように理解しても不能犯として不処罰ということになろう。案山子に何度発砲しても人の生命に対する危険は生じ得ないからである。他方で、具体的危険説によれば、一般人の社会心理的衝撃を加味することで、可罰的な殺人未遂と評価され得ることになる」[18]と。また、（修正）客観説を支持すると解される立場からは、「被害者がその時点で死亡したという事実は、仮定を許さず前提としなければならない。行為者の行為を固定し、その時点で被害者がまだ生きていた可能性を根拠に、未遂を認めてはならない。これはいわば『法益主体の不能』、あるいは『法益の不能』であり、この場合は未遂を論ずる前提を欠き、『客体の不能』の問題として客体の存在可能性を

---

[16] 木村光江「不能犯（3）」刑法判例百選Ⅰ総論［第6版］（2008）139頁、只木・前掲注（14）14頁。さらに、大塚仁『大コンメンタール刑法』大塚ほか編（第2版）第4巻（2003）13頁、三好・前掲注（4）63頁なども参照。
[17] 塩見・前掲注（8）241頁参照。
[18] 只木・前掲注（14）16頁以下。

論ずる余地はないと解される。その意味で、死体に対する殺人未遂は否定されるべきである」[19]と。これらの指摘を考慮すると、（修正）客観説では、本事例においては殺人未遂は否定されることになるであろう。

【参考文献】
立石二六「不能犯」『刑法解釈学の諸問題』（2012）122頁以下
只木誠「未遂犯（2）不能犯」白門　第64巻8号（2012）6頁以下
藤岡一郎「不能犯（2）」刑法判例百選Ⅰ総論［第4版］（1997）136頁
町野朔「不能犯（2）」刑法判例百選Ⅰ総論［第5版］（2003）134頁以下
和田俊憲「不能犯（2）」刑法判例百選Ⅰ総論［第6版］（2008）136頁以下

（箭野章五郎）

---

[19] 和田俊憲「不能犯（2）」刑法判例百選Ⅰ総論［第6版］（2008）137頁。

第13講　共謀共同正犯

【事例】

暴力団甲組組長であるAは、配下のB、Cとともに、対立する乙組の組長Xを殺害することを計画した。Aは、殺害方法を提案し、乙組事務所の内部図を示すなどしたが、実行当日は、甲組事務所で待機することとなった。実行当日、BとCは乙組事務所へ出かけたが、CはXを殺害することを躊躇し、外で見張りをすることになり、Bが単独で乙組事務所に入り、Xを殺害した。なお、甲組事務所で待機していたAには、万一に備えてDが拳銃を持って待機していたが、Aもそのことを認識していた。A、B、C、Dの刑事責任はどうか。

【解　説】

1 はじめに

　刑法第60条は、「二人以上共同して犯罪を実行した者は、すべて正犯とする」旨規定する。この規定は共同正犯に関する規定である。この共同正犯には、「一部実行の全部責任」の法理が妥当する。「一部実行の全部責任」の法理は、実行行為の一部を担当したにすぎない者であっても、結果全体に対して責任を負うとする法理であり、共同正犯固有のものである。共同正犯は、二人以上の者が意思連絡のもと、実行行為を分担する実行共同正犯と、二人以上の者が犯罪の実行を共謀し、共謀者中のある者がその共謀に基づいてこれを実行した場合には、実行行為を行わなかった他の共謀者も共同正犯としての責めを負うとする共謀共同正犯がある。実行共同正犯については、共同犯行の認識と共同実行の事実とが存在すれば、共同正犯として認められる。これに対して、共謀共同正犯は、共謀に参加しただけで実行行為を分担しなかった者についても、共同正犯の罪責を負うことになるため、厳格な要件が必要である。共謀共同正犯は、背後の大物処罰という刑事政策上の要請もあり、大審院以来判例において確立されたものである。

冒頭の事案においては、A、B、Cが暴力団乙組組長Xの殺害について、共謀共同正犯の責めを負うか、また、AとDとの間に拳銃不法所持の共謀共同正犯が成立するかが問題となる。

2 判　例

　共謀共同正犯は、前述したように判例によって確立された。大審院は、はじめは知能犯的犯罪についてのみ共謀共同正犯の理論を適用していたが、徐々に、賭博罪や放火罪などにおよび、最終的に窃盗罪や強盗罪といった実力犯にも認めるに至った。以下、代表的な判例を見ていこう。
①練馬事件（最大決昭和33・5・28刑集12巻8号1718頁）
　労働争議事件において、被告人10名等が被害者への暴行を順次共謀し、そのうち7名ほか数名が被害者を駐在所より誘い出し、暴行を加え、脳損傷により死亡させた事案において、最高裁は、「共謀共同正犯が成立するためには、二人以上の者が、特定の犯罪を行うため、共同意思の下に一体となって互に他人の行為を利用し、各自の意思を実行に移すことを内容とする謀議をなし、よって犯罪を実行した事実が認められなければならない。したがって…共謀に参加した事実が認められる以上、直接実行行為に関与しない者でも、他人の行為をいわば自己の手段として犯罪を行ったという意味において、その間の刑責の成立に差異を生ずると解すべき理由はない」とした上で、「数人の共謀共同正犯が成立するためには、その数人が同一場所に会し、かつその数人間に一個の共謀の成立することを必要とするものではなく、同一の犯罪について、…数人の間に順次共謀が行われた場合は、これらの者のすべての間に当該犯行の共謀が行われたと解するのを相当とする」旨判示した。
②スワット事件（最判平成15・5・1刑集57巻5号507頁）
　被告人は、配下に3100名余りの組員を抱えている関西の暴力団組長であるが、スワットと呼ばれるボディーガードに常時警護されていた。某日早朝、東京都内を5台の車に分乗して移動中、警察官らに停止を求められ、スワッ

トが乗った車から、拳銃3丁等が発見された。また、その頃ホテルに一足先に到着していた2人のスワットも所持していた拳銃を一度は投棄したが、警察官に発見された事例において、「被告人は、スワットらに対して拳銃等を携行して警護するように直接指示を下さなくても、スワットらが自発的に被告人を警護するために本件拳銃等を所持していることを確定的に認識しながら、それを当然のこととして受け入れて認容していたものであり、そのことをスワットらも承知していた」とし、「被告人とスワットらとの間に拳銃等の所持につき黙示的に意思の連絡があったといえる」旨判示した。

③拳銃不法所持事件（S事件）（最決平成17・11・29裁判集〔刑事〕288号543頁）

　暴力団幹部である被告人Sは、会長秘書Kと共謀の上、大阪Aホテル1階南側出入口前通路上において拳銃1丁をこれに適合する実包6発とともに携帯所持し、また、暴力団組員Mと共謀の上、前記ホテルにおいて拳銃1丁をこれに適合する実包5発とともに携帯所持した事案につき、「被告人は、本件当時、配下の組員らが被告人に同行するに当たり、そのうち一部の者が被告人を警護するためけん銃等を携帯所持していることを、概括的とはいえ確定的に認識し認容していたものであり、実質的にはこれらの者に本件けん銃等を所持させていたと評し得る」と判断した。

④不法投棄事件（最決平成19・11・14刑集61巻8号757頁）

　神奈川県に本店を置き、港湾運送事業、倉庫業等を営む被告会社の代表取締役等であった被告人5名らにおいて、被告会社が千葉市内の借地に保管中の、いわゆる硫酸ピッチ入りのドラム缶の処理を、その下請け会社の代表者であったWに委託したところ、同ドラム缶が北海道内の土地に捨てられた事案に対し、「被告人5名は、未必の故意による共謀共同正犯の責任を負うというべきである」と判断した。

⑤拳銃不法所持事件（X事件）（最決平成21・10・19判時1311号82頁）

　暴力団幹部である被告人Xは、暴力団幹部Yと共謀の上、大阪Aホテルにおいて拳銃1丁をこれに適合する実包10発とともに不法に携帯所持し、また、暴力団幹部Zと共謀の上、拳銃1丁をこれに適合する実包10発とともに携帯

所持した事案について、最高裁は、「YとZは、JR浜松駅から本件ホテルロビーに至るまでの間、丁会からの拳銃による襲撃に備えて拳銃等を所持し、被告人の警護に当たっていたものであるところ、被告人もそのような拳銃による襲撃の危険性を十分に認識し、これに対応するため配下のY、Zらを同行させて警護に当たらせていたものと認められるのであり、このような状況のもとにおいては、他に特段の事情がない限り、被告人においても、Y、Zがけん銃を所持していることを認識した上で、それを当然のこととして受け入れて認容していたものと推認するのが相当である」と判示した上で、第一審に差戻した。なお、差戻第一審（大阪地判平成23・5・24公刊物未登載）は、拳銃所持の認識がなかったとして無罪とし、現在大阪高裁に係属中である。

③ 学 説

共謀共同正犯に関する学説については、共謀共同正犯を認めるか否かという共謀共同正犯の肯否に関する問題と、共謀概念についての問題を区別して論じる必要がある。
(1) 共謀共同正犯の肯否
①共謀共同正犯肯定説

共謀共同正犯肯定説には、共同意思主体説、行為支配説、間接正犯類似説、優越支配共同正犯説、実質的正犯論がある。

イ）共同意思主体説

共同意思主体説は、大審院判事であった草野豹一郎教授により主張された。草野教授によると、「二人以上共同して罪を犯したりと云はんには、先づ一定の犯罪を実現せんとする共同目的が存在し、而して其の目的の下に二人以上の者が同心一体と為りたる上（共同意思主体）、少くとも其の中の一人が犯罪の実行に着手したことを要する」と述べられた[1]。なお、共同意思主体は犯罪を目的とする違法的一時的な存在であるため、責任の帰属はこの共

---

[1] 草野豹一郎『刑法要論』118頁。

同意思主体を構成する個人について論じられることになる。
　ロ）行為支配説
　目的的行為論による平場安治博士は、元来正犯とは自己の手により実行行為をなす必要は必ずしもなく、構成要件的行為に対する目的的支配があれば足りるとの前提の下に、共同正犯において他人の所為にまで責任を負う所以は、実行行為に対する共同正犯各自の共通包括的な行為支配がある点に求めたいとされ、一部行為の全部責任の法理の合理的基礎づけを追究していくならば、当然に共謀共同正犯は肯定されるとする[2]。
　ハ）間接正犯類似説
　この説は、藤木英雄博士により展開された。藤木博士は、「間接正犯が単独犯と認められるのと同趣旨で、共謀者の利用行為が自ら手を下したものと価値的に同一に評価しうるというのであれば、そこに、共謀者を、他人と合意の上共同して相互に利用しあって結果を実現したという意味で、共同の実行をしたと認めることが可能となる」とされ、「ここでの合意は、単なる犯罪遂行の下相談ではなく、参加者の間に犯罪を遂行すべき確定的な意思の合致（共謀）が成立した場合であり、実行担当者はこの合致した意思に基づいて自己の行為で犯罪を遂行するものではあるが、その意思決定の内容は他の合意者との約束に基づいて形成されたもの」であるため、「自己の一存で実行の意思を放棄することはできず」、「実行担当者はその意思で他の正犯者の道具としての役割を果たすのである」とされる[3]。
　ニ）優越支配共同正犯説
　優越支配共同正犯説を主張する大塚仁博士は、単なる共謀者を共同正犯として処罰することは、第60条の文理に反するとして共謀共同正犯の概念を否定するが、「実行を担当しない共謀者が、社会観念上、実行担当者に比べて圧倒的な優越的地位に立ち、実行担当者に強い心理的拘束を与えて実行にいたらせている場合には、規範的観点から共同実行があるといいうるのであ

---

[2] 平場安治『刑法総論講義』155頁〜158頁。なお、行為支配説は、団藤重光博士が最高裁判事に就任された後に支持された立場でもある。
[3] 藤木英雄「共謀共同正犯」『可罰的違法性の理論』335頁以下。

り、共同正犯を認めることができる」とされる[4]。

ホ）実質的正犯論

共謀共同正犯を認める立場のうち、現在多くの支持を得ているのは、因果的共犯論から共謀共同正犯を肯定する実質的正犯論と称される立場である。この立場は、包括的正犯論や意思方向説、準実行行為説として主張されることもある[5]。

a）意思方向説

平野龍一博士は、他の正犯者の心理を通じて間接に犯罪の遂行に大きな実質的役割を果たした者を共同正犯とするために、主観的要素と客観的要素から内容を明確化する。その際、共謀共同正犯の要件の一応の思考方針として、まず、意思の疎通である共謀が必要であるとされ、「共謀共同正犯は、単に意思を疎通させただけでなく、実行行為が『共同の意思に基づく』ものといえるような『意思方向』を持つ者に限られるべき」であり、「この『意思方向』は、単に主観的なものであるだけでなく、犯罪の遂行に客観的に重要な影響力を持つものでなければならない」とされる[6]。

b）準実行行為説

西田典之教授は、共謀者（非実行者）と実行者との間の支配関係・役割分担関係から判断して、犯罪事実に対する事実的寄与において実行に準ずる重要な役割を果たしたと評価できる場合に、共謀共同正犯を認めることができるとした[7]。組織的犯罪の場合には共謀者と実行者との主従関係、犯罪計画の立案、実行方法や役割分担の指示、謀議の主宰や指導等共謀者が謀議において果たした役割の重要性、犯罪の準備段階、実行段階において共謀者が分担した役割の重要性等の基準によって、実行に準ずる支配関係や役割分担関係を類型化することが可能であるとする[8]。

---

[4] 大塚・総論307頁。
[5] 大谷實博士は、包括的正犯論としてこの立場を支持される（大谷・総論429頁）。
[6] 平野・総論II 403頁。
[7] 西田典之「共謀共同正犯について」『平野龍一先生古稀祝賀論文集〔上〕』380頁。同旨、佐伯仁志「共犯論（2）」法教306号49頁以下、井田・総論464頁。また、山口厚教授も、構成要件該当事実の惹起について重要な因果的寄与による実質的共同惹起の存在を基準とする立場から肯定される（山口・総論323頁）。

c）前田説

前田雅英教授は、客観的に共謀に参加した者の誰かが実行に着手したことを前提に、イ）客観的な実行行為の分担（謀議行為と共謀者間での地位）、ロ）意思の連絡の存在、ハ）正犯者意思（共同犯行の認識）の３つを要件に共謀共同正犯を認める[9]。基本的には客観的な実行行為が存在することが必要であるが、客観的事情を帰責させるだけの要件として、正犯者としての意思と犯罪計画に関する共謀があるかを問題とする。これは強い心理的因果性を根拠とするものである。

②共謀共同正犯否定説

否定説の論拠は、共同正犯が成立するためには第60条の法意に照らし、二人以上の共同者のいずれもが実行行為の全部または一部を行わなければならないから、現実に実行行為を行わなかった者は教唆犯か従犯にとどまるにすぎず、これを共同正犯として問疑することはできないとする立場である[10]。なお、共同意思主体説に立脚しながら、共謀共同正犯を否定する立場に注意してほしい[11]。

(2) 共謀概念

共謀共同正犯は、実行に参加しなかった共謀者を処罰する理論であるから、「共謀」概念をどのように解するかが問題となる。かねてより共謀概念には、客観的謀議説と主観的謀議説の対立があった。

①客観的謀議説

実行行為に関与しない者に共同正犯の責任を認めるためには、実行行為以外の何らかの外部的行為がなければならないところから、単なる「意思疎通」や「共同犯行の認識」といった主観的要件をこえた謀議参加や何らかの客観的態度という実質的要件の具備を要請するものである[12]。

---

[8] 西田典之・前掲論文（注7）375頁以下。
[9] 前田・総論491頁。
[10] 小野清一郎『新訂刑法講義総論』205頁、瀧川幸辰『犯罪論序説〔改訂版〕』237頁、木村・総論407頁、佐伯千仭『刑法講義（総論）〔四訂版〕』351頁、中・総論255頁、吉川経夫『刑法総論〔三訂補訂版〕』255頁、福田・総論278頁、中山研一『刑法総論』467頁、山中・総論877頁、浅田・総論419頁、松宮・総論275頁等。
[11] 曽根・総論255頁等。

②主観的謀議説

　共謀とは、外部的行為ではなく、共同犯行の認識といった内心の心理状態とみる。「『共同犯行の認識』すなわち、相互に犯罪の実行に重要な役割を一体となって行おうという行為者間の対等関係における意思連絡をいうのであって、単なる相互の存在認識ではない」[13]、「共謀とは、二人以上の者が、特定の犯罪を行うため、相互に犯罪の実行に重要な役割を一体となって行おうという、行為者間の意思連絡」[14]とするものなどがある。

4 検討・私見

　上述した判例や学説はいずれが適切だろうか。判例は、刑事政策的観点から共謀共同正犯概念を確立し、その基礎づけを試みてきた。度々引用される①練馬事件は、なお共同意思主体説の理論構造が残され、その射程が画されているように思われる。しかし、近年の②スワット事件以降の判例においては、共謀共同正犯の理論的基礎づけについて言及することなく、実行者との間に如何なる認識が存在すれば共謀共同正犯が成立するかを判断しているにすぎないものと解され、未必の故意による共謀共同正犯を認めるところにまで至った。これは、共謀を厳密に定義することなく最高裁が共謀共同正犯を認めてきたことに基因し、共謀概念が拡張し、空洞化しているように思われる。大物処罰という刑事政策上の要請を優先し、理論的基礎づけが軽視されてはいないだろうか。厳格な適用が望まれる。

　学説の立場については、まず、共謀共同正犯を否定する立場は妥当でない。否定説は、第60条の文言を理論的支柱としているが、第60条の文言について共同者全員が実行行為を行うと読む必然性はないだろう。

---

[12] 西原春夫「憂慮すべき最近の共謀共同正犯実務―最高裁平成17年11月29日第一小法廷判決を中心に」刑ジ3号55頁。
[13] 下村康正『共謀共同正犯と共犯理論』139頁。
[14] 立石二六「共謀共同正犯における共謀概念―最近の最高裁判例を批判して―」京女法学1号145頁。

共謀共同正犯を肯定する立場を検討しよう。優越支配共同正犯説については、なぜ優越的地位にある場合にのみ共謀共同正犯を認めるのかが疑問である。行為支配説や間接正犯類似説についても、対等関係にある共謀者との間で共同正犯を認めることが可能であるかにつき疑念が残る。近年有力である実質的正犯論に関しては、因果的寄与に共謀が覆い隠され、共謀概念が弛緩する懸念が存在する。したがって、私見は共同意思主体説に従うことになる。共同意思主体説によらなければ、支配関係並びに対等関係双方の共謀共同正犯を認めることは難しい。

　続いて、共謀共同正犯を肯定した場合、共謀概念が問題となる。謀議参加という実質的要件の具備を要請する客観的謀議説に対しては、客観的要件を充足すれば、共謀が存在しなくても共謀共同正犯を認めることに至る懸念が存在する。それゆえ、私見は主観的謀議説に従う。「二人以上の者が、特定の犯罪を行うため、相互に犯罪の実行に重要な役割を一体となって行おうという、行為者間の意思連絡」とする立石説が、支配関係並びに対等関係の共謀共同正犯を捕捉することを可能とするものであり、妥当である。

　冒頭の事例においては、乙組組長Xの殺害について、甲組組長Aと配下のB、Cとの間に共謀が認められ、殺人罪の共謀共同正犯が認められることになると解される。ただ、Dの拳銃所持については、AとDとの間に共謀が存在していたとは言い難い。従って、拳銃不法所持の共謀共同正犯は肯定されない。

5 おわりに

　判例は、近年共謀なき共謀共同正犯を認め、その射程を拡張しつつある。また、このような判例の傾向に学説も追従する流れにある。しかし、このような傾向は食い止められなければならない。共謀共同正犯は、実行行為を行わない者を共同正犯として処罰するものであるため、厳格な運用が望まれる。共謀をどのように解するかが重要となろう。

≪補足≫
　共謀共同正犯も結局は正犯の問題であるため、正犯をどのように解するかが重要となる。ここで、正犯概念について補足をしておきたい。
　①主観説
　正犯者の意思をもって行為する者が正犯であり、共犯者の意思をもって行為する者が共犯であるとする立場であり、ドイツのライヒ裁判所が採用したものである。主観説に対しては、他人のために行為する者について適切な判断をすることができないとの批判がある。
　②客観説
　結果に対して原因を与えた者が正犯、条件を与えるにとどまった者が共犯であるとする立場である。客観説は、因果関係論における原因説を基礎としており、原因説が支持を失っている現在、ほとんど支持されていない。
　③拡張的正犯概念
　犯罪の実現に何らかの条件を与えた者は全て正犯であり、狭義の共犯は刑罰縮小原因であるにすぎないとする。主観主義刑法理論に立脚された宮本博士により展開されたが、正犯と共犯との間の現行法上の相違を説明することができないとの批判がある。
　④限縮的正犯概念
　みずから構成要件該当の実行行為を行う者が正犯であり、それ以外の者は全て共犯とする。判断の明確性は担保されるが、共謀共同正犯や間接正犯の正犯性について、妥当な結論が導かれないとの批判がある。
　⑤実行行為性説
　基本的構成要件に該当する実行行為を行う者を正犯、修正された構成要件に該当する行為を行う者を共犯とするものであり、日本における通説といわれる。限縮的正犯概念よりも規範的な観点から正犯を画するが、判断が柔軟になる懸念が存在する。
　⑥行為支配説
　正犯とは行為を支配する者であり、行為事象を手中におさめ、行為にでるべきか否か、どのように行為するべきかを決定し、構成要件の実現に際して

事象の中心人物になる者をいう。目的的行為論により主張されたが、現在ドイツでは支配的な立場である。背後の大物処罰には有用であるが、正犯として認められる範囲が拡張する懸念が存在する。
　⑦重要な役割説
　正犯とは犯罪において重要な役割を演じた者をいう。この立場では、規範的に正犯概念を画することになる。なお、私見は重要な役割説を支持している。

【参考文献】
下村康正『共謀共同正犯と共犯理論』（学陽書房、1975）
西原春夫「憂慮すべき最近の共謀共同正犯実務―最高裁平成17年11月29日第一小法廷判決を中心に」刑事法ジャーナル3号（2006）54頁以下
立石二六「共謀共同正犯における共謀概念―最近の最高裁判例を批判して―」京女法学1号（2011）139頁以下
島田聡一郎「共謀共同正犯論の現状と課題」川端博ほか編『理論刑法学の探求3』（成文堂、2010）31頁以下

（山本高子）

第14講　間接正犯

【事例】

①Xは、12歳の養女Yに対して、日頃から、逆らえばタバコの火を押しつけたり、ドライバーで顔をこすったりするなどの暴行を加え、Yを自己の意のままに従わせていたが、ある日、盗みを嫌がるYに対して、同様の暴行を加えて窃盗を命じ、これを実行させた。Xの罪責はどうか。

②公務員であるXは、Aより賄賂の提供の申し出を受けたが、自分が受け取るとまずいことになると考え、妻のYに事情を話し、妻YにAからの賄賂を受け取らせた。Xの罪責はどうか。

③医師Xは、患者Aを殺害しようと考え、Aに投与する予定であった点滴液に致死量に達する劇薬を混ぜ、それを情を知らない看護師Yに渡し、そのままそれをAに投与させようとした。しかし看護師Yは、受け取った点滴バッグに不自然な点があったことからその内容物を調べたところ、使用の許されていない劇薬が多量に含まれていることを知るに至ったが、日頃からAをよく思っていなかったことから、いっそのことAを殺してしまおうと決意し、劇薬入りの点滴液をAに投与した。Aは劇薬による急性中毒によって死亡した。Xの罪責はどうか。

【解　説】

1 はじめに

　上記事例①～③はいずれも間接正犯に関する問いであるが、それぞれに取り組む前提として、最低限、間接正犯概念の必要性、間接正犯の正犯性の根拠について理解が及んでいることが不可欠であるので、以下、まずこれらについて確認し、その後に、各事例について検討していくこととしよう。

2 間接正犯概念の必要性

　行為者が、自らの行為によって直接的に犯罪事実を発生させるパターンは、直接正犯と表現される。これに対して、犯罪の実現に際して、他人を道具として利用して犯罪を実現する正犯形態を、間接正犯という[1]。

　現行刑法典上、間接正犯に関する規定はない[2]。しかし、次のような場合を妥当に解決すべく、間接正犯概念は必要とされた。たとえば、Xが10歳の少年Aに他人の財物の窃取を唆かしてこれを実現したような場合を想定しよう。この場合、窃盗罪（刑法235条）の構成要件に該当する行為を行ったのは少年Aであり、その行為は（正当性がなく）違法であるが、Aは14歳未満の刑事責任無能力者であるから（刑法41条）有責性（責任）が否定され、結局、犯罪は成立しない。では、Xはどうなるか。まず直接正犯として処罰することは出来ない。そして、共犯論における極端従属性説（教唆犯・従犯が成立するためには、正犯が有責性まで具備する犯罪行為を行ったことが認められなければならないとする説）を前提にすると、Aに犯罪が成立しない以上、Xには、教唆犯（刑法61条）もまた成立しないという結論となる。そうするとXは論理的には無罪とならざるを得ないが、この帰結に首肯できないとする見地から、Xを間接正犯として処罰するべきだとのアイデアが出たのであった。このように、間接正犯は、もともと、極端従属性説が一般的であった時代に、処罰の隙間を埋めるために出された理論上の概念（弥縫策）であった。

　それ以来、間接正犯の概念は一般に承認されてきているが、しかし、今日においては、その理解の仕方・位置づけがかつてと異なっている。すなわち、共犯が成立しないから間接正犯にするという思考順序ではなく、間接正犯には直接正犯と同様の正犯性があるから、正犯として処罰できるのだと理

---

[1] 立石・総論326頁。なお、間接正犯については、文末に掲げた参考文献のほか、大塚仁『間接正犯の研究』1958年、中義勝『間接正犯』1963年も参照。
[2] 改正刑法草案26条2項は、「正犯でない他人を利用して犯罪を実行した者も、正犯とする。」と規定する。

解されるようになってきているのである³。この見地からは、間接正犯を肯定するには、その正犯性を積極的に論証することが求められることになる⁴。

加えて、今日では、共犯論において、制限従属性説（正犯に、構成要件該当性と違法性が認められれば、共犯の成立を肯定しうるとする説）が通説となっている。これによると、極端従属性説よりも共犯の成立範囲が広がることになる。たとえば10歳の刑事未成年者（責任なし）を利用する背後者を共犯とすることも可能となるのである（極端従属性説によれば前述のごとく不可能）。しかし、実際にこの背後者をそのまま共犯としてよいかはまた別である。すなわち、間接正犯として処罰する方が適切ではないかとの問題も生じることとなるのである。このようにして、教唆犯とすべきか間接正犯とすべきかが問題となり、間接正犯を肯定する場合にその正犯性の論証がやはり必要となってくるのである。

③ 間接正犯の正犯性に関する今日の議論

間接正犯はなぜ正犯とされるのであろうか。どのような理由で直接正犯と同視されるのであろうか。この点についての積極的論証として、種々の見解が対立している。

（1）我が国で比較的広く支持されているのが、「実行行為説（危険性説）」である。この説は、間接正犯を、直接正犯に同じく、「実行行為」＝「構成要件該当行為」＝「結果惹起の現実的危険性をもつ行為」を自ら行う者として理解する立場である。背後者には、主観的に犯罪実行の意思があり、他人を利用するその行為には客観的に犯罪を実現する現実的な危険性がある、それ故、直接正犯行為とかわるところはない、とされるのである⁵。

しかし、この説明は、実行行為性があるから正犯だと言っているにすぎず、いわば結論を示したにとどまっているともいえる⁶。たしかに危険概念

---

3 髙橋・総論396頁参照。
4 鈴木彰雄「間接正犯」立石二六編著『刑法総論30講』（2007年、成文堂）282頁。
5 大塚・総論155頁。

を持ち出してはいるが、なぜ背後者の他者利用行為に、直接正犯と同じ危険性があるといえるのかについてはなお不透明である。

そこで、実行行為説は、しばしば、「道具理論」を援用して、その妥当性を根拠づけようとしてきた。道具理論とは、背後者によって利用される者（被利用者）の行為を、機械などの道具の動きと同列視するとらえ方である[7]。被利用者を道具として理解すれば、被利用者の行為が結果惹起の現実的危険を有する行為として把握されることになるのである。

しかし、その道具理論に対しては、自己の意思で行為する被利用者について機械などの道具と同視することはできないのではないかとの疑問が差し挟まれうるし[8]、さらには、いかなる場合に道具性を認めてよいのか判然としないという点でも問題を抱えているように思われる。

(2) そこで、より実質的に間接正犯の正犯性の実体を説明しようとする立場として、「規範的障害説」という立場が展開される。被利用者が規範的に見て犯罪実現の障害とならない場合に、背後の利用者に正犯性を認めるとする見解である[9]。すなわち、被利用者が（事情の不知などを理由に）規範意識を働かすことが不可能で、当該犯罪の遂行の障害となり得なかったということが、間接正犯の正犯性の根拠であるとするのである。被利用者がその規範意識を働かせられない以上、事態は、人間の規範意識によるブレーキを受けることなく推移していくと考えられるから、その事態を動かす背後者は、直接正犯と変わらないというのである。この思考を徹底し、規範的障害とならない他人を利用する形式の間接正犯を、むしろ直接正犯と見る見解もある[10]。

しかし、この見解は、介在者において規範的意識が働き得たかどうかを基準とするから（これが否定されることで間接正犯が肯定されるという理論的仕組み）、間接正犯の成立範囲に問題を生じさせるおそれがある[11]。Xが、Aを殺すため

---

[6] 髙橋・総論369頁参照。
[7] 福田・総論261頁以下参照。
[8] 鈴木・前掲注（4）285頁参照。
[9] 西原・総論下358頁以下。
[10] 浅田・総論431頁。
[11] 今井猛嘉他『刑法総論』（2版、2012年、有斐閣）346頁参照、引き続く事例も同書。

に、毒を薬であると偽ってYに渡し、それをYから受け取って飲んだAが死亡した、Yは少し注意しさえすれば容易に毒と気付くことが出来た、という事例を見てみよう。Yは、結果を容易に予見・回避できたのであるから、規範意識を働かせて事態を進展させないように行動することが十分可能であったということになる。そうすると、Yは規範的障害として理解され、結局Xに間接正犯を認めることができなくなってしまうのである。また、この場合、規範的障害説から、殺人の教唆犯を認めるとすると、過失犯（過失致死罪）に対する故意の教唆犯を肯定することになり、その点でも問題が生じると指摘されている（教唆犯は他人を唆して故意犯罪を実行させるものであるから、過失犯の教唆という概念は不当であるというのである）[12][13]。

（3）このような状況下で次第に注目を集めるようになってきたのが、「行為支配説」である。これは、複数人の関わる犯罪事象を、意思的に統一された意味統一体として捉え、それを支配する立場にある者を正犯とする見解である[14]。たとえば、「自己の犯罪意思を実現するためにみずから事態のなりゆきを操作した者（行為支配）を、正犯として責任を負うべき者とするのが、事理に即した正犯観であり、この観点から、間接正犯も正犯と認めるべきである」[15]などと主張されている[16]。行為支配の概念は必ずしも一義的ではないが[17]、たとえば、不法帰属の分配の観点から、実現した不法事実を第一次的に帰せられるべき者に間接正犯性を肯定すべきであるとする見解[18]や、犯罪

---

[12] 今井他・前掲書注（11）346頁。
[13] さらに、「身分なき故意ある道具」としての他人を利用するケースを間接正犯と見る立場からは、規範的障害説からはこの場合を間接正犯に出来ない点で問題だとも批判される。鈴木・前掲注（4）285頁。
[14] 伊東・総論384頁。
[15] 藤木・総論276頁。
[16] ただ、こう説いた藤木博士は、その前後で、実行行為説・道具理論・規範的障害説の考え方を巧みに援用しつつ解説を加えられていた。このことから分かるように、間接正犯の正犯性の論証に関して展開される諸見解は、実は、それぞれ必ずしも排他的関係に立つわけではなく、しばしば補完的に作用するものなのである。
[17] なお、今日一般に展開されている行為支配論は、ヴェルツェル流の（目的的）行為支配論というよりロクシン流の行為支配論をベースにしている。
[18] 井田良『刑法総論の理論構造』（2005年、成文堂）307頁。

事象の中心形態か周辺形態かという基準に依拠せざるを得ないとし、犯罪事実の優越的支配の有無という行為支配的な考え方が有用であると説く見解[19]などは、今日の行為支配説の基本的な考え方を示しているといえよう。行為支配説は、いわば、前出の諸見解が重視する要素を総合的に勘案して、犯罪において主導的・決定的役割を果たした者（主犯・中心者）を決めていこうとする考え方といえる[20]。その意味では、「役割の重要性説」（犯罪事象において重要な役割を演じた者を（間接）正犯と見る見解）[21]とも親和的であるといえよう[22]。

④ 事例に関して

以上の確認を踏まえて、各事例のXに間接正犯が成立するかを考えていこう。

(1) 事例①について

Xに窃盗罪（235条）の間接正犯が成立するかが問題となる。養女Yは12歳

---

[19] 高橋・総論397頁。
[20] 井田・総論によれば、当該違法事実の実現について主導的役割を演じた者が、行為支配の観点より正犯となる。また、支配といっても、因果過程を思うままに左右するところまでは必要とされず、実現事実を第1次的に帰せられるべきものとされる程度に大きな役割を演じればそれで正犯とすることが可能であるとされている（438頁）。ところで、行為支配説の背景には、論者によって明言されてはいないが、「遡及禁止論」もあると思われる。遡及禁止論とは、人の故意行為以前に遡って結果惹起の正犯責任を追及することは（原則として）できないとする考え方である。この考えの淵源はカント哲学であろう。すなわち、意思自由論を前提とし、自由な意思決定・故意にもとづく行為をした者に、その行為から生じた結果についての責任が帰せしめられるとする思想がそれである。自由意思で行為した者を事態の起因者であると見て、結果の帰責を認めるのである。被利用者が自由な意思で行為したことを理由に、責任を背後者に先送りすることを否定する考え方である（この点についてわかりやすく解説しているものとして、石川文康『カントはこう考えた——人はなぜ「なぜと問うのか」——』（1998、筑摩書房）56頁以下）。この考え方によれば、被利用者が自由に行為していたとはいえない時にはじめて、責任を背後者に先送りすること、すなわち背後者を正犯と位置づけることが許されることになるのである。ただ、遡及禁止論を積極的に援用する論者によって的確に説かれているが、同論のみによって正犯性が確定されるわけではない。たとえば結果を直接惹起する故意行為者に強制を加えたような場合は、故意行為の背後に遡って正犯性が肯定される余地があるのである。その意味では、遡及禁止論は、正犯性判断の際の原則論として位置づけられるものである（山口・総論68頁）。
[21] 立石・総論331頁。
[22] なお、限縮的正犯概念を徹底する立場や今日初独立性説より、間接正犯の概念を否定しようとする立場もあるが、本稿では扱わない。

であり、刑事未成年である（41条）。したがって、有責性がなくYに犯罪は成立しない。そこで、かつては、極端従属性説の見地より被利用者に犯罪が成立しない以上、利用者に共犯（教唆犯）は成立しないということとなり、結論として、間接正犯を認めるという処理がなされていた。しかし、正犯性の論証なく間接正犯を肯定する態度への批判から、他のアプローチが求められるようになった。また、極端従属性説にかわって制限従属性説が通説となったことで、被利用者に有責性がなくても、利用者に共犯を認めることが理論的に可能となった。

このような現状において、判例は、同種の事例において、Xになお間接正犯を認めた。すなわち、「被告人が自己の日頃の言動に畏怖し意思を抑圧されている同女を利用して右各窃盗を行ったと認められるのであるから、たとえ所論のように同女が是非善悪の判断能力を有するものであったとしても、被告人については本件各窃盗の間接正犯が成立する」（最決昭和58・9・21刑集37巻7号1070頁）と判示したのであった。この判例は、他人の意思を抑圧して従わせた者に間接正犯を認めたものである。暴行を加えられるなどして意思抑圧状態にある者は、自分の意思に従って行動することが極めて困難である。よって、規範意識により抵抗することはできないと見られるし、事実上利用者の道具になっているともいえなくはない（異論はありうる）。また、背後者は他者を強制力によって支配しているともいえる。よって、いずれの立場からも、Xに窃盗罪の間接正犯を認めることができる[23]。

(2) 事例②について

Xに収賄罪（197条1項）の間接正犯が成立するかが問題となる。収賄罪は、公務員という身分を有する者について成立する犯罪である（構成的身分犯・真正身分犯）。もしX自身がAから直接に賄賂を受け取れば、収賄罪が成立する

---

[23] なお、上記判例の「同女が是非善悪の判断能力を有するものであったとしても……間接正犯が成立する」との説示部分は、「介在者に是非善悪の判断能力があった場合は背後者には共犯（教唆犯）が成立しうるが、本件のような意思抑圧型の場合については（例外的に）間接正犯が成立する」という趣旨として理解することができることから、本判例は、一般に、制限従属性説を前提にした判断として位置づけられている。

が、事例②では、公務員の身分をもたないYが賄賂を受け取っている。このYは事情を知りつつ（Xにとっての）賄賂を受け取っているから、収賄の故意そのものは有していたといえるが、公務員ではないから、この一事をもって、収賄罪の構成要件該当性が否定されることになる（Yを収賄罪の正犯とするのは罪刑法定主義に照らして不可能である）。そこで、通説は、身分がない故に収賄罪の正犯とならない者（Y）の行為を利用した背後のXに、収賄罪の間接正犯の成立を認め、Yをその幇助犯とする。いわゆる「身分なき故意ある幇助道具」を利用した間接正犯のケースとして理解するのである。

ただ、Yは単に公務員たる身分を持たないだけであり、自分の受け取るものがXにとって賄賂にあたることを十分知りつつ受領しているのであるから、規範的意識による抵抗が十分可能でかつ期待される（つまり規範的障害に完全になり得ている）ということもでき、よって道具になりきっているとはいえず[24]、規範的障害説や道具理論（そしてそれを前提とする実行行為説）からは間接正犯は本来肯定できないように思われる[25]。その点、行為支配説（ないしは重要な役割説）からは、公務員たる身分を有しているXが、Yに比べて、犯罪へのコミットの度合いが高いと見るなどして、行為支配性を肯定し、間接正犯性を認めることが理論的には可能となる。

しかしながら、介在者（Y）が自己の行為の意味を十分理解していた場合にまで背後者（X）に行為支配性を認めることについては疑問なしとしない[26]。むしろ、共謀共同正犯として処理する[27]方が、実態に即した適切な処理といえるであろう。

(3) 事例③について

「間接正犯と教唆犯にまたがる錯誤」の問題である。医師Xは、情を知らない看護師Yを利用してAを殺害しようとしていたため、間接正犯の故意で

---

[24] 斎藤・総論251頁参照。
[25] そこで、Xを収賄罪の教唆犯とし、Yを同罪の従犯とするという方法（中・総論235頁、山中・総論476頁）が提示されているが、正犯なき共犯を認める点で妥当でない。
[26] 西田・総論331頁、山口・総論72頁参照。
[27] 立石・総論331頁以下、西田・総論331頁。

行為した。また、看護師Yに劇薬入りの点滴バッグを渡すまでは、実際に事態は間接正犯形態で推移していた。しかし、看護師Yは、点滴バッグを受け取った後、それに致死傷の劇薬が混入していることを知り、その後は自ら殺意を抱いてAに劇薬入りの点滴液を投与するに至っていることから、結局看護師YはXの意のままに動くに至らなかった。つまり、事態は間接正犯の形態ではなく、むしろ教唆犯の形態で推移していったのである。この点に留意しつつ、背後者＝医師Xにいかなる刑事責任が生じるかを示す必要がある。

　まず、医師Xは、殺人の間接正犯を実行する意思で、看護師Yに劇薬入り点滴バッグを渡したが、この行為に殺人の（間接正犯の）実行の着手が認められるかが問題となる。

　従来の通説は、利用者が実行行為者であるとの前提のもと、利用者が犯罪誘致行為をした時点、つまり他人を犯罪に向けて動かしはじめた時点で実行の着手を認める（「利用者標準説」）。この立場からすると、事例の医師Xには殺人の実行の着手が認められる。これに対して、被利用者が犯罪結果に結びつく行動をとった時点で実行の着手を認めるという立場がある（「被利用者標準説」）。この立場によれば、医師Xが看護師Yに劇薬入り点滴バッグを渡した時点では実行の着手は認められないこととなる。以上に対して、近時は、構成要件的結果の発生に至る現実的危険性を惹起した時期に実行の着手を認めるべきであり（結果発生の危険の切迫性＝結果発生の自動性・確実性いかんで決まるとし）、一律に利用者または被利用者いずれか一方の行為を基準とすべきでないとする見解[28]が有力化している（「個別化説」）。この見解からすると、看護師Yが事情を知った以上、事態の成り行きはYに左右されることになったといえることから、Xが点滴バッグをYに渡した時点で結果発生の現実的危険が発生したとはいえず、実行の着手は認められないことになる[29]。

　以上のように見解は種々あるが、利用者の行為に実行の着手を認めないとした場合は（被利用者標準説、個別化説も概ねこちらに属しよう）、医師Xに殺人罪の間接正犯は成立しない（ただその予備罪が成立するにとどまる）。そして、看護

---

[28] 大谷・総論370頁、斎藤・総論260頁以下、高橋・総論370頁等参照。
[29] 大谷・総論468、高橋・総論466頁。

師Yに殺人の意思を生じさせた類型と見て、教唆犯の成否が問題となる。すなわち、主観的には間接正犯の形態で殺人を犯そうと行為したところ、客観的には教唆犯の形態で殺人結果を発生させた、という事例として見るのである。その上で、間接正犯の故意は、他人を道具として利用し特定の犯罪を実現する意思であり、教唆犯の故意も他人を利用して犯罪を実現する意思であるから、「他人を利用する」点で、間接正犯の故意は教唆犯の故意を含んでいると解し、両者の重なり合う限度（38条2項）、つまり軽い方の教唆犯の限度で犯罪の成立が認められることになる（殺人罪の教唆犯）[30][31]。

なお、ここで、間接正犯の故意は、他人を道具のように利用して、いわば直接的に犯罪を実現する意思であるのに対して、教唆犯の故意は他人の意思を介して、いわば間接的に犯罪を実現する意思であるから、両者の重なり合いを認めることは出来ない（間接正犯の故意を教唆犯の故意に読み替えることはできない）とする見方[32]を採用すると、殺人の故意は否定される。そうすると、過失によって殺人の教唆をした形態として把握されることになるが、一般に、過失による教唆犯は犯罪にならないと理解されていることから、Xには殺人予備罪を認めるにとどまるということになる[33]。

他方、利用者の行為に実行の着手を認めるとした場合は（利用者標準説）、医師Xに、間接正犯としての殺人の実行の着手が認められる。その後の事態の推移の法的処理については、いくつかの方法がある。

第一に、客観的には教唆犯形態で事態が推移したけれども、教唆は間接正犯に吸収される（教唆犯形態の事態の推移は、間接正犯形態の事態の推移と大差ない）と見て、結局、錯誤の問題としてではなく端的に間接正犯の成立を認める見解である[34]。医師Xには殺人の間接正犯を認めることになる[35]。

---

[30] 大谷・総論468頁。
[31] しかしこの点、教唆犯はコミュニケーションを経て他人に犯罪意思を生じさせ実行させる形態であるから、何らコミュニケーションのないケースに関して、間接正犯が成立しないから教唆犯になるとの単純論法を展開して教唆犯の成立を肯定するのは妥当でない、との批判は投げかけられよう。
[32] 現代刑事法5巻9号13頁《対談》松宮教授発言参照。
[33] 佐久間修『新演習講義 刑法』（2009年、法学書院）148頁参照。

第二は、意外にも教唆犯の形態で事態が推移していった点について、因果関係の錯誤の論法を用いようとする立場である。この立場に立ちつつ、被利用者が間接正犯形態で動かなかったことを因果関係の重大な錯誤として理解する見地からは、間接正犯の実行行為と殺人の結果との間の因果関係が否定されて、その限りで殺人未遂罪が肯定される。そして、客観的事実、つまり、教唆犯形態で引き起こされた殺人という事実については、故意が阻却されて過失による殺人の教唆犯が観念されることになるが、過失による教唆犯は一般に否定されることから、結局この点については犯罪が成立しない。こうして、医師Xには（間接正犯としての）殺人未遂罪の罪責が認められるとされることになる。

　第三は、同じく因果関係の錯誤と見るも、客観的に教唆犯形態で事態が推移したことについて故意を認め、教唆犯の成立を認める立場である。すなわち、因果関係の錯誤が生じたものの、間接正犯の因果経過と教唆犯の因果経過は「他人を利用して犯罪を実現する」という点で共通しており、両者のズレは軽微なものであるから、認識面において前者の認識があれば後者の認識があったと見てよく（主観面における符合）、よって、教唆犯の故意を肯定してよいとするのである。Xに殺人の教唆犯の罪責を認めることになる。

　以上、解決方法は多様であるが、まず前提として確認すべきは、間接正犯の正犯性の問題を解決する基準と、間接正犯の実行の着手時期の問題を解決する基準は、同一のものではないということである。間接正犯の正犯性の問題は背後者の行為に行為支配性が肯定されるかという基準から解決されるべきであるが、間接正犯の実行の着手時期の問題は行為支配性とは別の視点、すなわち法益侵害結果の発生の現実的危険性が生じたかどうかの視点から解決されるべきだからである。とはいえ、背後者の行為に行為支配性が肯定されれば、その行為に実行の着手性を肯定するのが基本であろう。背後者が行

---

[34] 団藤・総論429頁。
[35] なお、同じく錯誤の問題ではないとする見解として、立石・総論335頁参照。利用者の故意の介入により因果関係が遮断されるため、間接正犯としての殺人未遂罪が成立し、さらに教唆犯が成立するも、後者は前者に吸収されると説かれる。

為支配的であった、すなわち犯罪事象を掌中に収めていたといえる以上、その行為自体に法益侵害結果に至る危険性が認められるからである。その意味で、背後者の行為から離れたところに実行の着手時期を求めるのは適切ではない。しかしながら、介在者が故意を有するに至った場合は、その犯罪事象は、もはや背後者の掌中にあるとはいえないので、実行の着手は、むしろ背後者ではなく、介在者の行為に求められるべきである[36]。とすると、個別化説に落ち着くこととなろう[37]。

そうすると、事例③においては、医師Xの行為は、看護師Yに劇薬入りの点滴バッグを渡したところまでは事態は間接正犯の形態で推移したが、その後の看護師Yの行為は自身が抱いた殺人の故意によって支えられたものであるから、背後者の医師Xの行為には（間接正犯としての）殺人の実行の着手は認められず、せいぜい殺人の予備罪が考えられるに過ぎないということになる。その後は、客観的に教唆犯形態で殺人結果が発生している。殺人の間接正犯の故意は殺人の教唆犯の故意を含むと解せば、殺人教唆の故意の存在を肯定し、殺人の教唆犯の成立を認めることができることとなろう。なお、殺人の予備罪と殺人の教唆犯は法条競合の関係に立ち、医師Xは、殺人の教唆犯の罪責に問われることとなる。

5 おわりに

以上は、間接正犯の概念を肯定する一般的理解に立っての記述であったが、間接正犯概念自体を否定する理解も実はある。しかし、この間接正犯概念を否定する理解は今日に至ってはほとんど積極的な展開を見ていないため、考察の主軸は、間接正犯概念肯定説における諸見解の対立についてであると理解してよい。

---

[36] たとえば「身分なき故意ある幇助道具」を利用した背後者は間接正犯となりうるが、実行の着手は被利用者が法益を危険にする行為をした時点に求められるべきである。
[37] 井田・前掲注（18）260頁参照。

【参考文献】

佐藤琢磨「間接正犯の実行の着手に関する一考察」法学研究83巻1号135頁

西原春夫「教唆と間接正犯」『刑法講座（第4巻）』136頁以下

林幹人「『間接正犯』について」『現代社会型犯罪の諸問題〔板倉宏博士古稀祝賀論文集〕』81頁以下

以上

（曲田統）

第15講　共犯と身分

【事例】
　市長Aは、自己の職務上保管する市の公金を銀行に預けていた。愛人Bから消費税の増税前の今すぐにマンションが欲しいといわれ、市の公金はあるが自分のお金はないというと、それでもいいからそのお金を使って、後であなたがうまくごまかせばいいじゃないといわれ、Bと共謀の上、市の公金である数千万円をBのマンションの購入資金に充てることにして、費消した。AとBの罪責はどうなるか。

【解　説】

1 はじめに

　本問は、市長であるAが業務上占有している数千万円もの市の公金を愛人Bのマンションの購入資金として費消したというものであって、Aには業務上横領罪（刑法253条）が成立するということについて争いはない。問題となるのは、Bである。業務上横領罪という犯罪は、「業務上自己の占有する他人の物を横領した者」に成立する犯罪であり、犯罪の主体は、他人の物の業務上の占有者に限定されている。このように、犯罪のなかには、その主体を特定の者に限定したものがあるが、その主体を限定された犯罪を身分犯とよぶ。本問のBには、業務上の占有者という身分はない。そこで、業務上の占有者という身分のあるAの横領行為に身分のないBが関与した場合に、身分のない者Bをどのように取り扱うかということが刑法上の重要問題の一つになっている。これを共犯と身分の問題とよぶ。
　この問題に関して、刑法65条1項は「犯人の身分によって構成すべき犯罪行為に加功したときは、身分のない者であっても、共犯とする。」と規定し、同条2項は「身分によって特に刑の軽重があるときは、身分のない者には通常の刑を科する。」と規定する。それゆえ、刑法65条は、一方で、1項が身分

のない者でも身分のある者に共犯として関与した場合には共犯として可罰的となるという意味で連帯的作用を示し、他方で、2項がそれぞれの関与者の身分に応じた刑を科すという意味で個別的作用を示しているので、いかにして矛盾なく説明することができるかということが議論されてきた。

　刑法65条にいう身分について、判例によれば、「男女ノ性、内外国人ノ別、親族ノ関係、公務員タル資格ノ如キ関係ノミニ限ラス汎ク一定ノ犯罪行為ニ関スル犯人ノ人的関係タル特殊ノ地位又ハ状態ヲ指称スルモノトス」と定義づけられ、業務上横領罪の「業務上の他人の物の占有者」が身分であるとされた[1]。

2 判　例

(1) 最判昭和32・11・19刑集11巻12号3073頁。

　中学校建設工事委員長であった村長の被告人甲と、同工事副委員長であった助役の被告人乙が、中学校建設工事委員会の委託を受け、建設資金の寄附金を受け取り保管し、会計事務を管掌していた収入役の丙と共謀の上、丙が学校建設資金として受け取り業務上保管していた寄附金23万1550円の中から8万1647円を酒食等の代金として支払い、費消したという事案で、丙のみが業務上の占有者であり、甲乙はその業務に従事していたわけではないから、「刑法65条1項により同法253条に該当する業務上横領罪の共同正犯として論ずべきものである。」が、「業務上物の占有者たる身分のない被告人両名に対しては同法65条2項により同法252条1項の通常の横領罪の刑を科すべきものである。」とした。

---

[1] 大判明治22・3・16刑録17輯405頁、最判昭和27・9・19刑集6巻8号1083頁。学説もおおむねこの定義に従っているが、異論もないわけではない。たとえば、朝倉京一「身分犯の共犯に関する規定について」専修法学論集100号（2007年）162頁は、改正刑法草案説明書一段に書かれていたという事情があったとしても、男女の性別を身分としてとらえること自体が現代の法感覚から許されないとされ、内外国人の別や親族の関係も検討を要するとされた。また、憲法14条との関係では、身分という用語を避けて「一身的な事由」とすることも提案されている（内藤謙『刑法講義総論（下）II』有斐閣（2002年）1402頁など）。

(2) 東京高判平成8・2・26判時1575号131頁、判タ904号216頁。

　国際航業の経理部部長であった被告人甲および経理部次長であった被告人乙が、同社の株の買い占めを図っていたA側に対抗するため、政治団体代表BおよびCに株買い占めの妨害を依頼し、その工作資金および報酬等に充てるため、業務上保管中の同社の現金合計11億7500万円をBらに交付した行為が業務上横領罪に問われた事案で、業務上の占有者であった被告人乙の所為については業務上横領罪の共同正犯を認め、被告人甲の所為については、刑「法60条、65条1項、253条に該当するが、被告人甲には業務上占有者の身分がないので同法65条2項により同法252条1項の刑を科する」としており、最高裁昭和32・11・19判決の立場が踏襲されている。

3 刑法65条の法意

　刑法65条1項が身分の連帯的作用を規定し、同条2項が身分の個別的作用を規定しており、矛盾するようにも見える刑法65条の法意について、どのように理解するかについての主な学説を整理すると以下のとおりである。

(1) 形式的区別説（判例・通説）

　この説によれば、刑法65条1項は、真正（構成的）身分の連帯性を、2項は、不真正（加減的）身分の個別性を規定したものであると解される[2]。

　しかし、真正身分か不真正身分かという形式的な区別によって取扱いが違うのはなぜかという批判がある[3]ほか、不真正身分犯も、行為主体の社会的

---

[2] 大判大正2・3・18刑録19輯353頁、最判昭和25・9・19刑集4巻9号1664頁、最判昭和31・5・24刑集10巻5号734頁。従前より、泉二新熊『日本刑法論上〔訂正31版〕』有斐閣（1921年）588頁以下、平井彦三郎『刑法論綱〔第5版〕』松華堂書店（1935年）566頁以下、小野清一郎『新訂刑法講義総論』有斐閣（1948年）214頁以下、青柳文雄『刑法通論I総論』泉文堂（1965年）396頁、中義勝『刑法総論』有斐閣（1971年）253頁など。近時でも、板倉宏『刑法総論〔補訂版〕』勁草書房（2007年）321頁、内田文昭『改訂刑法I（総論）〔補正版〕』青林書院（1999年）319頁以下、大谷・総論454頁、岡野・総論330頁、香川・総論406頁、川端・総論588頁、木村・総論424頁、高橋・総論458頁、高橋直哉「共犯と身分」土本武司編『現代刑事法の論点・刑法編』東京法令出版（1995年）149頁以下、中山・総論313頁、山中・総論933頁など。

[3] 十河太朗「共犯と身分に関する一考察」刑法雑誌38巻2号（1999年）32頁以下、同『身分犯の共犯』成文堂（2009年）9頁以下、山口・総論326頁。

地位が犯罪構成要素となる点では、「犯人の身分によって構成される犯罪行為」にほかならず、刑法65条1項には不真正身分犯も含まれるとみるべきではないかという疑問が出されている[4]。

また、他人のXが親Yに子どもZを山に遺棄するように教唆した場合、刑法218条の保護責任者という身分は、刑法217の単純遺棄との関係では加重的身分であるから、刑法65条2項によって、Xは刑法217条の単純遺棄罪の教唆犯となるが、他人のAが親Bに子どもCの生存に必要な保護をしないように教唆した場合、刑法218条の保護責任者という身分は、不保護については一般的には構成的身分とされているから、刑法65条1項によって刑法218条の保護責任者不保護罪の教唆犯となり、不均衡が生じるとの批判がある[5]。この場合の不均衡を是正するため、Aには刑法65条2項を類推適用することも主張されている[6]。

そして、業務上横領罪は、非占有者からみれば真正身分犯であり、単純占有者からみれば不真正身分犯という二面性があるため、他人の所有物を単純占有するXと業務上の占有者であるYが、共同して客体を横領した場合、Yには業務上横領罪が成立するが、Xには刑法65条2項により単純横領罪が成立するにすぎないとするならば、およそ客体を占有していない非占有者のZが共同して横領した場合、Zには刑法65条1項により業務上横領罪の共同正犯が成立する点で、占有者Xよりも非占有者Zの方が重くなるという不均衡が生じるとの批判がある[7]。

(2) 連帯的作用説（団藤説）

この説によれば、刑法65条1項は、真正身分犯・不真正身分犯を問わず、共犯の成立を規定したものであり、2項は、不真正身分犯についての科刑の問題を規定したものであると解される[8]。

刑法65条2項を適用する前提として同条1項の適用により、非身分者も共

---

[4] 大塚・総論329頁、佐久間・総論414頁、山口・総論326頁。
[5] 西田・総論400頁、同『共犯と身分〔新版〕』成文堂（2003年）257頁脚注(3)、十河・前掲（註3）33頁以下、同『身分犯の共犯』成文堂（2009年）16頁以下。
[6] 高橋・総論457頁脚注(127)。
[7] 佐久間・総論418頁脚注(12)など。

犯となることを明らかにする必要がある。同条1項の適用なくして、同条2項のみを適用するのは、共犯でないものに理由もなく共犯例を適用することになる[9]。

しかし、犯罪の成立と科刑とを分離することは妥当でないし[10]、1項により罪名は身分の連帯性を徹底させることはできるとしても、2項により科刑の点では身分の個別性が残る以上は矛盾が残っているとの批判がある[11]。また、不真正不作為犯の科刑のみが個別化する根拠が明らかではないとの批判もある[12]。

この批判に対しては、共同の犯罪行為を肯定した後で各人の個別的科刑を検討することは、理論上も特に問題はないであろうという反論[13]や、罪名と刑が一致しない場合の起こることは刑法38条2項の場合でも同じ論理でなんら異とするに足りない[14]との反論などがなされている。

(3) 個別的作用説(佐伯説)

この説によれば、違法身分と責任身分とが区別され、責任の一身的性質や制限従属性説からしても、「違法は連帯的に、責任は個別的に」という見地

---

[8] 団藤博士によって主張され(団藤・総論418頁)、その後、有力説となっている(たとえば、青木清相「身分犯と共同正犯」綜合法学No. 28(1960年)53頁以下、植松正『再訂刑法概論Ⅰ総論』勁草書房(1974年)384頁以下、大塚・総論331頁、佐久間・総論414頁以下、荘子邦雄『刑法総論〔第3版〕』青林書院(1996年)492頁、立石・総論338頁、日高義博「事後強盗に窃盗犯人でない者が関与した場合の罪責」判例評論328号(1986年)63頁、福田・総論292頁、藤木・総論303頁など)。なお、本説と同様に、不真正身分犯にも刑法65条1項と2項の適用を認めた裁判例として、新潟地判昭和42・12・5判時509号77頁、東京高判昭和42・8・29高刑集20巻4号521頁、東京地判昭和60・3・19判時1172号155頁など。

[9] 植松・前掲(註2)385頁。

[10] 植田重正「「共犯と身分」について」団藤重光ほか編『犯罪と刑罰 佐伯千仭先生還暦祝賀上巻』有斐閣(1968年)488頁以下など。

[11] 高橋則夫「不真正身分犯と共犯」齊藤誠二編『演習ノート刑法総論〔全訂第3版〕』法学書院(2003年)180頁。なお、内藤・前掲(註1)1404頁。

[12] 高橋・総論457頁、林・総論431頁など。そこで、十河・前掲(註3)39頁、同『身分犯の共犯』成文堂(2009年)353頁以下は、(2)説は正当な主張を含んでいるとしつつも、「不真正不作為犯の場合には、罪名のみならず科刑も65条1項によって連帯する」とし、2項は責任能力、中止犯の任意性や累犯、自首などの個別的作用を定めたものにすぎないとするが、これらの事由が個別的なのは当然であり、65条2項の趣旨をこのように限定することに不自然さがあることは否めない。

[13] 大塚・総論331頁脚注(5)、佐久間・総論414頁脚注(6)、立石・総論339頁、福田・総論293頁。

[14] 植松・前掲(註2)388頁は、それにもかかわらず「それに抵抗を感ずる論者が多いのは、理性による感情の整理が不十分なためである。」としている。

からは、責任身分が個別的に作用することは自明であるから、刑法65条は、1項も2項も、違法身分に関する規定であり、身分本来の性質からは違法身分であっても個別的に作用することを2項が規定していると解される[15]。解釈上は、1項の真正身分についても2項の精神を尊重し、酌量減軽に関する一般規定によってこれを顧慮すべきであるとする。

しかし、責任要素としての身分が個別的に作用すべきであるということが正しいからといって、これを刑法65条の規定の範囲外だとする理由も必要もない[16]、2項の適用対象である不真正違法身分の具体的な内容が不明確である[17]との批判がある。

(4) 実質的区別説（西田説）

この説によれば、刑法65条1項は、違法身分の連帯性を、2項は、責任身分の個別性を規定したものであるとし[18]、真正・責任身分の個別化（非身分者＝犯罪不成立）と、不真正・違法身分の連帯性（65条2項を適用しない）とが導かれる[19]。

しかし、違法身分と責任身分とをつねに明確に区別することは困難である

---

[15] 佐伯千仭「共犯と身分(1)(2・完)―その問題史的概観―」法学論叢33巻2号（1935年）29頁以下、同巻3号（1935年）57頁以下、同『共犯理論の源流』成文堂（1987年）121頁以下、同『四訂刑法講義総論』有斐閣（1981年）365頁以下、井上正治『刑法学総則』朝倉書店（1951年）238頁。
[16] 小野慶二「共犯と身分」『刑事法講座第3巻』有斐閣（1952年）489頁、大野平吉「共犯と身分」『刑法講座第4巻』有斐閣（1963年）174頁、大塚・総論330頁、内藤・前掲（註1）1405頁。
[17] 西田・総論402頁。
[18] 瀧川幸辰『犯罪論序説〔改訂版〕』有斐閣（1947年）254頁以下。わが国では、佐伯博士が共犯と身分の問題で初めて「違法は連帯に、責任は個別に」ということを持ち込んで議論されたが、それを踏まえつつも、これと異なり、瀧川博士は刑法65条1項の真正身分は違法身分の連帯作用を、同条2項の不真正身分は責任身分の個別作用を規定したものであるとの見解を展開された。しかし、瀧川説は、真正身分をすべて違法身分とし、不真正身分をすべて責任身分とするのは無理があるのではないかという批判にさらされることになった。そこで、西田教授らによって新たに展開されることになった（西田典之『共犯と身分〔新版〕』成文堂（2003年）170頁以下）のが、本説である。
[19] 井田良『刑法総論の理論構造』成文堂（2005年）395頁、小林憲太郎「身分犯の共犯」西田典之ほか編『注釈刑法第1巻』有斐閣（2010年）954頁以下、中西緑「共犯と身分についての一考察（2・完）」同志社法学35巻3号（1983年）131頁、西田・総論402頁以下、林・総論431頁、山口・総論327頁。なお、平野・総論II 357頁、366頁、堀内捷司『刑法総論〔第2版〕』有斐閣（2004年）279頁、内藤・前掲（註1）1407頁、曽根・総論269頁は、加減的違法身分（特別公務員など）については違法身分ではあるが例外的に個別作用を認め、65条2項を類推適用するという。これに対して、山口・総論327頁は、違法身分はすべて構成的身分であると解釈すれば足りるという。

し、むしろ刑法上の身分には、違法性と責任の両面を規制する意味が含まれているると見るべきではないかという批判がある[20]。

また、たとえば、特別公務員職権濫用罪における特別公務員のように、加減的身分のなかにも違法身分が存在し、暴力行為等処罰法2条2項の常習的面会強請罪における常習者のように、構成的身分犯のなかにも責任身分がある。この場合、加減的違法身分を連帯させると、特別公務員Xの職権濫用行為に、公務員ではないYが加わった場合でも、Yは刑法65条2項の適用を受けることはできないことになるし、構成的責任身分を個別化させると、常習者である甲の面会強請行為に、常習者ではない乙が加わった場合には、乙が犯罪不成立となる。これらは、条文の文言との乖離ではないかという批判がある[21]。加重的身分犯について、違法身分であることを理由に連帯を認める（たとえば特別公務員に暴行を教唆した非身分者に刑法195条の適用を認める）ことは、刑法65条の明文に反する被告人に不利益な解釈であって[22]、罪刑法定主義に違反する[23]、との批判もある。

④ 刑法65条1項にいう「共犯」の意義

刑法65条1項にいう「共犯」には、共同正犯、教唆犯、幇助犯のうちのいずれが含まれると解されるべきであろうか[24]。判例は、かつては、もっぱら共同正犯にのみ適用されるとしたが、その後は、共同正犯、教唆犯、幇助犯のいずれの場合も含まれると解するようになった。

しかし、学説上は、(a) 共同正犯のみが含まれるとする説[25]、(b) 教唆犯

---

[20] 大塚・総論330頁、十河・前掲（註3）35頁、同『身分犯の共犯』成文堂（2009年）26頁、福田・総論292頁。
[21] 大谷・総論479頁、川端・総論589頁、十河・前掲（註3）35頁、同『身分犯の共犯』成文堂（2009年）27頁以下、高橋直哉・前掲（註2）151頁。
[22] 齋野・総論288頁脚注、曽根・総論269頁、内藤・前掲（註1）1407頁。
[23] 浅田和茂「共犯と身分」西田典之ほか編『刑法の争点』有斐閣（2007年）103頁、浅田・総論449頁、鈴木茂嗣『刑法総論〔第2版〕』成文堂（2011年）230頁など。
[24] なお、刑法65条2項については共同正犯を含むことについてはほとんど争いはないが、反対説として、西村克彦『共犯論序説〔増補版〕』信山社（1991年）217頁。
[25] 井上・前掲（註15）240頁、泉二・前掲（註2）590頁など。

と幇助犯のみ含まれるとする説[26]、(c) 教唆犯と幇助犯は含まれるが、真正身分犯の共同正犯は含まれず、不真正身分犯の共同正犯のみが含まれるとする説[27]、(d) 共同正犯、教唆犯、幇助犯のいずれの場合も含まれるとする説（わが国の判例・通説）がある。

　このうち (a) 説は、狭義の共犯（教唆犯と幇助犯）が正犯に従属して可罰性を認められることから、正犯の身分に連帯するのは当然であるから、教唆犯と幇助犯には刑法65条1項を適用するまでもないとの立場からの主張であるが、注意的な規定として適用するならば、これを排斥する積極的な理由は示されていないように思われるし、(b) 説と (c) 説の違いは、刑法65条1項に不真正身分犯を含ませるかどうかの違いにすぎないので、結局のところ、一番の争点は、真正身分犯の共同正犯を刑法65条1項に含めてよいのかどうかということである。この点、共同意思主体説の立場によれば、身分のない者と身分のある者とが共謀して共同意思主体を形成することで、身分を取得したものとして扱われるから、(d) 説を導くことができる。しかし、その他の立場からは、真正身分犯の本質を、身分によって一定の義務を負担する者について、その義務違反を罰する点に求めるべきことが主張され、身分がないために単独正犯になり得ない者は、共同正犯にもなり得ないということも有力に主張されている。

5　おわりに

　それでは、本問をどのように考えるべきであろうか。思うに、不真正身分犯もまた「犯人の身分によって構成すべき犯罪」であることに変わりはないから、刑法65条1項を真正身分犯に限定するべきではなく、真正身分犯と不

---

[26] 古くは、小野・前掲（註2）215頁、瀧川・前掲（註16）254頁以下、中・前掲（註2）252頁脚注（1）など。近時でも、浅田・総論448頁、阿部純二『刑法総論』日本評論社（1997年）256頁、泉健子「共犯と身分（2）」西田典之ほか編『刑法判例百選Ⅰ総論〔第5版〕』有斐閣（2003年）183頁、小野慶二・前掲（註16）495頁、香川・総論406頁、佐川友佳子「身分犯における正犯と共犯（4・完）」立命館法学2008年4号（320号）52頁、中山・総論314頁、松宮・総論298頁など。
[27] 大塚・総論333頁、団藤・総論420頁、福田・総論293頁以下など。

真正身分犯に共通する共犯の成立を定めた規定と解すべきである。同条1項が「共犯とする」と規定するのは、身分のない者でも身分のある者に関与すれば共犯が成立する旨を定めたものであり、2項が「刑を科する」と規定するのは、1項により共犯とされるもののうち、とくに身分のない者に対する科刑の基準を定めたものと解される。(2) 連帯的作用説に対しては、犯罪の成立と科刑を分離することが妥当でないとの批判があるが、なぜ妥当でないのかという理由が定かではなく[28]、これではあらゆる減軽を否定することにもつながりかねない。

判例は上述したように少なくとも業務上横領罪に非占有者が共同加功した場合について、業務上横領罪の成立を認めつつ、単純横領罪の刑を科している。(1) 形式的区別説 (通説) の立場からも、業務上横領罪に関しては、業務上占有者は「業務者」、「占有者」という二重の意味での真正身分犯として機能するので、非占有者は、刑法65条1項によって業務上横領罪の共同正犯となるが、非占有者には「通常の刑」はないから、業務上横領罪の刑を科すべきことになる。しかし、それは業務者ではない占有者が業務上横領に加功した場合に単純横領罪が成立してその刑で処断されることと均衡がとれないことになるので、非占有者にも刑法65条2項を類推適用して単純横領罪の刑を科すべきであるとして、判例の結論を支持する主張もなされている[29]。これらは結論において (2) 連帯的作用説と同じことになる。

なお、判例の理解をめぐっては、最高裁昭和32・11・19判決は、刑法38条2項に関する最高裁昭和61・6・9決定と矛盾しており、非身分者には65条2項により単純横領罪の共同正犯を認めるべきことになるという見解もある[30]。しかし、65条2項は「身分のない者には通常の刑を科する」と明示し

---

[28] 重い犯罪の共同正犯を認めながら軽い犯罪の刑で処断するのは罪刑法定主義に違反する (植田重正「『共犯と身分』について」団藤重光ほか編『佐伯千仭博士還暦祝賀・犯罪と刑罰 (上)』有斐閣 (1968年) 488頁、土本武司「共犯超過と共同正犯の成立範囲」判例タイムズ387号 (1979年) 45頁) との見解もあるが、処罰が軽くなる方向での解釈を禁止する内容が罪刑法定主義の原則に含まれているのか疑問である。
[29] 高橋則夫「共犯と身分」阿部純二ほか編『刑法基本講座第4巻』法学書院 (1992年) 167頁、高橋・前掲 (註11) 181頁、筑間正泰「身分犯の共犯について」渥美東洋ほか編『刑事法学の現実と展開・齊藤誠二先生古稀記念』信山社 (2003年) 397頁、なお、齋野・総論290頁脚注。

ており、「重い罪によって処断することができない」とする38条2項とは異なるともいえるとの理解[31]もあるほか、刑法38条2項に関する最高裁昭和61・6・9決定についても金科玉条の如くとなりうるか疑いの余地がないわけではない。なぜなら、この昭和61年の最高裁決定は、麻薬所持のつもりで覚せい剤を所持した事案で両罪の構成要件の実質的に重なり合う限度で軽い麻薬所持罪が成立するとしたが、なにゆえ「客観的には麻薬の所持という結果が発生していない」のに、麻薬所持罪の成立を認めうるのであろうかという疑問が残るからである。それでは、もし反対に、覚せい剤所持のつもりで麻薬を所持していた場合には、覚せい剤所持罪が成立するのであろうかというと、その場合には、おそらく麻薬所持罪の成立を認めるであろう。しかし、この場合に覚せい剤所持罪の成立が認められない理由は、「客観的には覚せい剤所持という結果が発生していない」ということ以外には考えられないのではないだろうか。これでは理論的な整合性を欠くことを免れないと思われる[32]。

　むしろ重要なのは、刑法65条1項がとくに真正身分犯の共同正犯にも適用されるか、そして適用されるとすれば、その理由は何かということ、また刑法65条2項が身分のない者に通常の刑を科するのはなぜか、それは不真正身分犯にかぎったことなのかを明らかにすることである。

　共同正犯では、共同意思に基づく実行の分担により、心理的に影響を及ぼしあい、物理的に利用補充しあうことで、みずからの求めた法益侵害またはその危険を惹起したと評価されるから、いわゆる一部実行全部責任が認められる。これは、いわばみずからの犯罪を実現するために他の共同者をお互いにみずからの手足として利用し、他の共同者の実行行為を通じても法益を侵害するからこそ、みずからの行為から発生した結果のみならず、他の共同者の行為から発生した結果についてもみずから責任を負わなければならないの

---

[30] たとえば、小林・前掲（註19）964頁。
[31] 前田教授は、旧版までの説明を改め、このような理解を示された（前田・総論527頁脚注 (8)）。
[32] こうした点については、すでに植松博士が指摘されてきたところである（植松正『再訂刑法概論Ⅰ総論』勁草書房（1974年）284頁）。

である。そうだとすれば、身分のない者でも身分のある者の共同実行行為を通じて法益を侵害することはできるし、その結果についての責任を負うべきではなかろうか。

これに対して、身分犯には、法益侵害ということばかりではなく、一定の身分に基づく義務の違反という要素が含まれており、この義務違反に基づく法益侵害ということが想定されているので、その一定の身分のある者だけが義務に違反することができるし、その義務違反に基づく法益侵害をすることもできるのであるから、刑法65条1項にいう共犯には、共同正犯は含まれないとの理解も有力である[33]。

もし刑法65条1項にいう身分犯を一定の身分のある者だけが犯すことのできる犯罪類型であるとすれば、共同正犯のみならず、教唆犯や幇助犯を認めることも困難となろう。身分のない者は義務に違反することができないから、法益を侵害することもできないとしつつ、身分のない者に教唆犯や幇助犯を認める場合、その教唆犯や幇助犯の違法性は正犯の違法性のみに基づいて認められることになってしまうであろうが、それは妥当ではない[34]。

刑法65条1項は、身分犯についても、共同者のなかに一人でも身分のある者がいれば、共同して法益を侵害することができることを定めたものと理解することができる。しかし、身分そのものは、本来的に一身的なものであり、身分のある者がいなければ身分犯が成立しなかったという意味では、身分のある者が決定的に重要な役割を担っていたのであるから、法の理念である公平の観点からいっても、身分のある者と身分のない者とは異なって取り扱われるべきである。刑法65条2項が減軽を認めたのもその趣旨であると解される。前述の刑法218条の保護責任者を考えても分かるように、ここで、真正身分か不真正身分かという区別が決定的に重要であるとも思われない。それゆえ、立法論としては、真正身分犯・不真正身分犯を問わず、それに加

---

[33] たとえば、野村・総論432頁以下は、身分犯の違法要素である義務違反性は連帯しないので、「身分者でなければ身分犯の共同正犯はもとより、教唆犯も実行できない」が、「従犯は危険犯であって、その実質は他人予備行為であるから、身分犯についても成立するものと考える」として、刑法65条1項は、幇助犯のみにその適用があるという。

[34] 西田・総論402頁など。

功した身分のない者には減軽を認めることが望ましく、真正身分犯についても、さしあたり刑法68条による酌量減軽で対応することが望ましいのではないかと考える。

　以上に述べてきたことから、わたしは、刑法65条の法意については（2）連帯的作用説を、刑法65条1項の適用範囲については共同正犯、教唆犯、幇助犯のすべてを含むとする（d）説を支持する。それゆえ、本問では、業務上の占有者であるAと非占有者であるBには、刑法65条1項により、業務上横領罪の共同正犯（刑法253条、刑法60条）が成立するが、身分のないBには刑法65条2項により単純横領罪（刑法252条）の法定刑の枠内で刑が科されることになる。

【参考文献】
植田重正「『共犯と身分』について」団藤重光ほか編『犯罪と刑罰 佐伯千仭先生還暦祝賀 上巻』有斐閣（1968年）478頁以下
佐伯千仭「共犯と身分―その問題史的概観―」『共犯理論の源流』成文堂（1987年）121頁以下
十河太朗『身分犯の共犯』成文堂（2009年）
西田典之『共犯と身分〔新版〕』成文堂（2003年）

　　　　　　　　　　　　　　　　　　　　　　　　　　（中村邦義）

第16講　偽装心中

【事例】

Aは、行きつけの飲食店員であるB女と馴染みになり、結婚の約束までしたが、遊興のため多額の借金を負い、さらに、両親からB女と交際を絶つように迫られて、B女のことを重荷に感じ始めた。その後、別れ話をB女に持ちかけたがB女はこれに応じず心中することを申し出た。Aは、B女の熱意に釣られて渋々心中の相談に乗ったものの、3日後には、気が変わり心中する気持ちがなくなっていたにもかかわらず、B女とともに山中に赴き、追死する気がないのに追死することを装い、予め買い求め携帯してきた青化ソーダを渡して飲ませ死亡させた。Aの罪責を述べよ。

【解説】

1 はじめに

本事例では、いわゆる偽装心中の場合に殺人罪（199条）が成立するのか、自殺関与・同意殺人（202条）が成立するのかが問題となる。

刑法202条は、前段で、自殺教唆・幇助を規定し、後段で、嘱託・承諾殺人を規定している。前者は、他人の自殺に教唆・幇助という形で関与する行為であり、後者は、嘱託または承諾によって殺す行為であり、——場合によっては両者の限界づけが困難なこともあるが——両者ともに本人の意思に反しない生命侵害であって、同一条項で同一の処罰が規定されている（刑は6月以上7年以下の懲役又は禁錮で普通殺人よりもかなり軽くなっている）。自殺教唆は、自殺の意思のない者に自殺を決意させることをいい、その方法は問わないとされ、自殺幇助は、既に自殺の決意を有する者に自殺方法を教えたり、器具を提供したりするなど、その遂行を容易にすることをいい、有形的または無形的方法のいずれでもよいとされる。そして、意思に反しない生命侵害を内容とするため、自殺・殺害の意味を理解する能力が自殺者・被殺者にあるこ

とが不可欠の前提となり、よって、この能力のないことが一般に認められるような幼児や重度の精神障害者には、通常、殺人罪（199条）が成立することになる。

だが、こうした能力がある者に対して欺罔や威迫、脅迫によって、錯誤や高度の精神的圧迫が生じた場合に、殺人罪の適用があるのか（意思に反した生命侵害行為となるのか）はなお問題となる。とくに、欺罔によって錯誤が生じた場合については、いわゆる偽装心中を中心として争いの激しいところである。

以下、関連する判例・学説を見ることにする。

2 判　例

(1) まず、欺罔による心理的な働きかけが問題となる偽装心中の事案であるが、仙台高判昭和27・9・15高刑集5巻11号1820頁があげられる。これは、妻が、夫の愛人に対し、夫との不倫関係を絶つことを申し入れたが拒絶され、嫉妬と憎悪から、自らは死ぬ意思がないのに「私も死ぬからあなたもこれをのんで死んでほしい」と偽り、予め準備しておいたオブラート包の硝酸ストリキニーネを被害者の口の中に差し入れ、水を与えて嚥下させて死亡させたという事案であるが、この事案に対して仙台高裁は、刑法202条後段の成立には「其の嘱託又は承諾が被殺者の任意にして且真意に出でたものであることを要すべく、其の嘱託又は承諾と殺害行為とは主要の点において相一致し自殺者又は被殺者において生を絶つことについて責任能力をもち重大なる瑕疵ある意思に基かないものであることを要する」とした上で、本件については「被告人が追死の意思がないのに拘らず被害者を欺罔し其の旨誤信せしめてオブラート包入の硝酸ストリキニーネを嚥下せしめ生を絶つに至らしめたものであるから重大な瑕疵ある意思に基き死を決せしめて死亡するに至らしめたもの」であるとして、承諾殺人を否定して殺人罪を認めている。

この数年後に最高裁でも偽装心中について判断が下されている（最判昭和33・11・21　刑集12巻15号3519頁（本事例類似のケース））。事実は次のようなもので

ある。料理屋の接客婦である被害者と馴染みになり夫婦約束までした被告人が、遊興のため多額の借財を負い、両親から被害者と交際を絶つように迫られて、被害者を重荷に感じ始め、別れ話を持ちかけたが、被害者はこれに応じず、心中することを申し出た。被告人は、渋々心中の相談に乗ったが、3日後、山中に赴いたときには心中の気持ちは消えていた。被告人は、追死する意思がないのに追死するもののように装い、予め買い求めて携帯してきた青化ソーダの致死量を被害者に与えて嚥下させ死亡させた。この事案につき、最高裁は、「被害者は被告人の欺罔の結果被告人の追死を予期して死を決意したものであり、その決意は真意に添わない重大な瑕疵ある意思であることが明らかである。そしてこのように被告人に追死の意思がないに拘らず被害者を欺罔し被告人の追死を誤信させて自殺させた被告人の所為は通常の殺人罪に該当する」とした。

さらに、名古屋高判昭和34・3・24下刑集1巻3号529頁では、三角関係にあった被害女性との関係を清算するとともに、借金の返済その他の用途に費消、利用するために同女が所持する金品を取得することを意図しながら、その意図を隠して自殺するとの虚偽の事実を告げて、被害者からの殺して欲しいとの申出を受けて、被害者を扼殺し金品を奪ったという事案で、被害者は「本来自殺の意思は全くなかったけれども、……被告人から方々引きまわされて、気も弱く被告人のいいなりになりかかっていたところへ、被告人から将来の見込みがないからこのまま自殺するといわれたため、その虚言を真実と信じて同死を決意し被告人の手で先に自分を殺してほしい旨申し出たもので、従ってその殺害の嘱託は自由な、真実の意思にもとづいたものでない」として強盗殺人罪の成立が認められている。

これらの判例については、被害者に死ぬ意思があっても、追死する者の意思が虚偽であれば被害者の死ぬ意思も重大な瑕疵があるので真意ではなく、したがって殺人罪が成立することを認める傾向がある[1]、とも指摘されるところである。

---

[1] 甲斐克則「自殺関与罪と殺人罪の限界」刑法判例百選II各論（第6版）（2008）7頁。

ただし、33年最高裁判例では、心中を持ちかけたのは被害者であり（死の決意を先に表明したのは被害者であり）、この点で他の下級審2判例の事案とは異なっており、また、死を直接惹起する場面での行為者の役割もこの2判例の場合よりも比較的弱いことから、とくに33年判例には批判も多いところである。

(2) 次に、心理的に働きかける手段である欺罔と対になる威迫、脅迫にかかる事案であるが、広島高判昭和29・6・30高刑集7巻6号944頁では、夫が妻の不倫関係を邪推し、妻が自殺するであろうことを予見しながら数ヶ月にわたって暴行・脅迫を繰り返した結果、妻が自殺した事案につき、「犯人が威迫によって他人を自殺するに至らしめた場合、自殺の決意が自殺者の自由意思によるときは自殺教唆罪を構成し進んで自殺者の意思決定の自由を阻却する程度の威迫を加えて自殺せしめたときは、もはや自殺関与罪でなく殺人罪を以って論ずべきである」と述べた上で、夫の暴行・脅迫が妻の自殺の決意をなすにつき意思の自由を失わしめる程度のものであったと認めるべき確証がないので自殺教唆に該当する、と判示されている。

また、福岡高宮崎支判平成元・3・24高刑集42巻2号103頁では、独り暮らしの女性（66歳）に対する債務の返済を免れるため、虚偽の事実を述べて脅迫するとともに諸所を連れまわして同女を身体的・精神的に追い詰めて、同女に死を決意させ、農薬を飲ませて死亡させたという事案につき、「自殺の教唆は自殺者をして自殺の決意を生ぜしめる一切の行為をいい、その方法は問わないと解されるものの、……それが自殺者の意思決定に重大な瑕疵を生ぜしめ、自殺者の自由な意思に基づくものと認められない場合には、もはや自殺教唆とはいえず、殺人に該当するものと解すべき」であるとした上で、被害女性の自殺の決意は真意に添わない重大な瑕疵のある意思であるため、それが同女の自由な意思に基づくものであるとは到底いえず、したがって、被害者を誤信させて自殺させた被告人の行為は単なる自殺教唆行為にすぎないとはいえず、殺人行為に該当する、と判示されている。

さらに最高裁においても、最決昭和59・3・27刑集38巻5号2064頁では、

真冬の深夜、かなり酩酊しかつ被告人らから暴行を受けて衰弱していた被害者を河川堤防上に連行して3名で取り囲み、「飛び込める根性あるか。」などと脅しながら護岸際まで追い詰め、さらに垂木で殴りかかる態度を示すなどして、逃げ場を失った被害者を護岸上から約3メートル下の川に転落させ、そのうえ長さ約3、4メートルの垂木で水面を突いたり叩いたりして溺死させたという事案につき、逃げ場を失った被害者を「川に転落するのやむなきに至らしめ」て溺死させた行為は殺人罪にあたるとされている。また、最決平成16・1・20刑集58巻1号1頁では、事故を装い自殺させて多額の保険金を騙取する目的で、被害者に命令して漁港の岸壁上から自動車ごと海中に転落させたという事案（ただし、被害者には死ぬ意思はなく、脱出して死亡を免れていた）につき、「犯行当時、被害者をして、被告人の命令に応じて車ごと海中に飛び込む以外の行為を選択することができない精神状態に陥らせていたものということができる。……被害者をして、自らを死亡させる現実的危険性の高い行為に及ばせたものであるから、被害者に命令して車ごと海に転落させた被告人の行為は、殺人罪の実行行為に当たる」（殺人未遂罪に当たる）と判示されている。

　これらの威迫、脅迫に関する判例は、自由な意思決定にもとづく自殺行為と評価できるか否かという視点から、自殺に関する意思決定の自由を失わせるような大きな心理的影響を行為者の行為が作り出している場合には殺人罪を肯定することができ、被害者に選択の余地がある場合（自分の意思で生命放棄を決定している場合）には自殺教唆にとどまりうる、との判断を下しているともいえよう。

3　学　説

　(1)　偽装心中に関する上記判例以前にも議論がなされており、この偽装心中をめぐっては、殺人罪（199条）説[2]と自殺関与罪（202条）説[3]に比較的明確

---

[2] 宮本英脩『刑法大綱』(1935) 164頁、小野清一郎『新訂刑法講義各論』(1949) 280頁。
[3] 牧野英一『刑法各論　下巻』(1951) 351頁、木村亀二『刑法各論』復刊版 (1957) 17頁以下。

に分かれていたといえる。だが、上記判例、とりわけ33年の最高裁判例以後、学説はかなり多様なものとなっている。詳細はおくとして、おおまかに主要な立場を示せば、次のようなものがあげられる。

　虚偽の追死の表明は被害者にとって重大な錯誤を招くのであって、意思決定の自由を奪うものであるとして、殺人罪を認める33年判例を支持する見解[4]、また、同様に意思決定の自由を問題としながら、33年判例については、その事実関係への着目や殺人の実行行為性の有無という視点から批判的な見解[5]、さらには、被害者は自殺すること自体については何ら誤認しておらず、ただその動機、縁由について錯誤があったにすぎないことを根拠に自殺関与罪の成立を認める見解[6]、202条で問題となる同意とは、自己の法益を処分する意思であって、法益に関係する錯誤のみが同意を無効にし、その他の事情に関する錯誤は同意の有効性に影響を及ぼさないため、自殺者が自己の生命という法益を処分することについて錯誤に陥っていなければ、自殺に対する同意は有効であり、欺罔して自殺させた場合でも殺人罪は成立せず、自殺関与罪となるとの見解[7]（法益関係的錯誤説にもとづく見解）がある。

　(2)　偽装心中の場合にいかなる犯罪が成立するのかは、殺人罪と自殺関与・同意殺人罪の限界の問題である。偽装心中は、虚偽の追死意思の表明を内容とするが、その他の内容の欺罔や、欺罔と対になるものとして論じられる威迫、脅迫といった心理的働きかけによる場合も、この限界を考えるにあたっては考慮しなければならない。

　高度の威迫、脅迫を加えて人を自殺に追い込む場合には、判例およびほぼすべての学説において、殺人罪が肯定されることになると思われるが、これ

---

[4] 団藤・各論400頁以下、大塚・各論（2005）19頁以下、井田良「自殺関与罪と同意殺人罪」刑事法ジャーナルNo. 4（2006）139頁以下など。
[5] 林・各論29頁以下、中森喜彦「偽装心中と殺人罪」刑法判例百選II各論（第6版）（2008）5頁、大谷・各論17頁以下、伊東・各論21頁以下など。
[6] 曽根・各論14頁、中野次雄「殺人罪と自殺関与罪との限界」法律のひろば12巻2号（1959）15頁以下、金沢文雄「同意殺人と自殺関与罪」木村亀二編『現代法律学演習講座刑法（各論）』（1966）7頁以下など。
[7] 西田・各論17頁、山口・各論15頁、佐伯「被害者の錯誤について」神戸法学年報1号70頁など。

は、威迫、脅迫が意思形成過程に大きな影響を及ぼすことで、すなわち、行為者の行為によって、被害者の意思決定の自由が害された精神状態が作出されていることを重視するものと思われる。このような考え方を前提とすれば、意思形成過程に大きな影響を及ぼしうるという点では同様である欺罔による場合にも、さらには追死意思の表明を内容とする欺罔による場合にも、こうした、意思決定の自由が害された精神状態が行為者の行為によって作出されているか否かを、やはり問題としなければならないように思われる。この点で、欺罔による場合に、法益に関係しない錯誤である、あるいは、ただ動機、縁由についての錯誤にすぎないことを理由として、殺人罪にはならず自殺関与罪にとどまるとする見解（法益関係的錯誤説にもとづく見解および、ただ動機、縁由の錯誤に過ぎないとの見解）は理由づけとして十分でないということになるであろう[8]。また、「もし意思決定に強い影響を与える動機の錯誤を生じさせて死に至らせようとする場合でも同意は有効とするのであれば、そのような巧妙な方法による法益侵害をより推奨することになりかねない。被害者にとり、黙って殺害する行為からはより手厚く保護されるが、巧妙に偽装された行為からはより手薄な保護しかなされないというのは、おかしなこと」[9]であるとの指摘もなされるところである。

　よって、偽装心中にあって殺人罪と自殺関与・同意殺人罪の区別に関して、意思決定の自由を問題とする立場が妥当ということになろうかと思われる。だが、そうであるとしてもさらに問題となるのは、その内部での対立、すなわち33年判例の賛否をめぐる対立である。とりわけ、対立の源泉となっているのは、被害者の方から心中を申し出ていること、および、これに伴い、行為者の被害者に対する、心理的働きかけの強度や意思決定にあたって決定的要因を作り出した程度の減少が考えられること、であろう。確かに、心中を申し出た段階で自殺すること自体は決意が固まっており、相手方が追死すること（二人で死ぬこと）は、決定された自殺意思を強化し確たるものとするための条件にすぎないとすれば、行為者が自殺についての意思形成過程

---

[8] 中森・前掲注(5) 5頁参照。
[9] 井田・前掲注(4) 141頁。

に大きな影響を及ぼし、意思決定の自由が害された精神状態を作り出したとはいえず、この点で判例の立場に疑問を呈することは妥当といえよう。ただし、自殺すること自体の最終的な意思決定を留保しつつ、二人で死ぬことを不可欠の条件とする心中を強く望み申し出て、その際、追死の意思表明さえあればすぐさま、自分も含めて二人で死ぬという意味での自殺の意思決定がなされるという状態であったならば、追死意思の表明によって、意思形成過程に大きな影響を及ぼすため、実質的に、意思決定の自由が害された状態が作り出されており、この下で自殺の意思が決定されたと評価する余地はある。この限りでは判例の結論は支持されうるということになるであろう。また、第一審判決理由中にある「同女の熱意に釣られて渋々心中の相談に乗ったものの」や「同女が自己を熱愛し追死してくれるものと信じているのを奇貨とし」、といった認定や、さらには、二審判決理由中の、追死を装い「その結果同女をして被告人が追死してくれるものと誤信したことに因り心中を決意せしめ」や「同女の心中の決意実行は正常な自由意思によるものではなく、全く被告人の欺罔に基くもの」、「被害者が被告人の欺罔の如何にかかわらず自殺したものであることは、記録を精査してもこれを認められない」などといった表現を考慮すると、心中（二人で死ぬこと）を望んだ状態で追死意思が示されていること、その追死意思の表明が心中の決意に決定的であったこと、心中の決意実行が正常な精神状態で行われていないことなどが窺われ、上記のような理解も不可能ではないように思われる。

4 おわりに

冒頭でも示したように、本事例では殺人罪（意思に反する生命侵害）と自殺関与・同意殺人罪（意思に反しない生命侵害）の区別が問題となる。そして、両者の区別にとって重要なのは、自殺・同意は本人の意思決定の自由にもとづくものでなければならず、意思決定の自由を奪うようなものである場合（威迫・脅迫・欺罔を用いてそうする場合）、関与者が自殺者を死に追いやったものと評価され、殺人罪になりうるということである。なお、ここでは、追死を装

うことと併行して、青化ソーダを予め買い求めて携帯し、それを与えていることも、その評価にとって重要といえよう。本事例は33年判例をベースにしたものである。上述のような理解にもとづき、判例の結論と同様に殺人罪を肯定することは可能である。

【参考文献】
林幹人「自殺関与罪」法学セミナーNo. 402（1988）、108頁以下
松尾浩也「偽装心中と殺人罪」刑法百選II各論〔第4版〕（1997）4頁以下
曲田統「偽装心中と法益関係的錯誤の理論」白門59巻9号（2007）45頁以下
中森喜彦「偽装心中と殺人罪」刑法判例百選II各論〔第6版〕（2008）4頁以下
立石二六「偽装心中と殺人罪」『刑法解釈学の諸問題』（2012）191頁以下

（箭野章五郎）

第17講　同時傷害の特例

【事例】
　Aは普段から快く思っていなかったBと近所で偶然会ったが、ふとしたことから喧嘩となり、Bに暴行を加えた。その際、同じくBを憎んでいたCが偶然通りかかり、Bに暴行を加えた。Bは傷害を負ったが、AとCのいずれの暴行によるものであるかは判明しなかった。AとCの刑事責任はどうか。

【解　説】

1 はじめに

　刑法第207条は、「二人以上で暴行を加えて人を傷害した場合において、それぞれの暴行による傷害の軽重を知ることができず、又はその傷害を生じさせた者を知ることができないときは、共同して実行した者でなくても、共犯の例による」と規定している。これを「同時傷害の特例」という。この規定が適用されるためには、同一時間に同一場所で二つ以上の単独正犯行為が並行して行われることを要する。同時犯の場合ではあるが、この同時犯を共同正犯として取扱うものである。
　この規定は、複数の者が暴行に関与している場合、傷害の原因となった暴行を特定することが困難なことが多いため、立証上の困難を補うために設けられた政策的規定である。傷害を与えた者が証明できない場合には、両者に暴行罪の責めを負わせることしかできないが、それでは実際に傷害を与えた者の罪責を免れさせることになり、不当であるとして規定された。
　この同時傷害の特例は、暴行と傷害との間の因果関係が証明されない場合にも全員に対し傷害罪の罪責を問いうるという因果関係に関する特例と、傷害罪の同時犯としてではなく、共同正犯として罪責を問うという共犯に関する特例としての、2つの特例から成り立つものである。この規定の法的性格をめぐっては、学説上対立がある。①法律上の推定を認めたものとするが[1]、

その推定の内容に関しては、傷害の結果またはその軽重につき法律上の推定をなすとするものや、共同者でない者を共同者とする一種の推定規定とするもの、責任の推定を認めるものなど多様である。また、②推定ではなく「看做す」規定であるとするもの[2]、③挙証責任の転換を図ったものであるとするもの[3]、④挙証責任の転換と意思疎通の擬制であるとするもの[4]、⑤意思疎通の推定と意思の疎通がないことについて被告人に挙証責任を負わせたものとするもの[5]、⑥挙証責任の転換と共犯の擬制と解するもの[6]など多様である。検討については後述する。

また、この同時傷害の特例については、嫌疑刑を認めたもので不当であり、違憲であるとの批判がされる[7]。さらに、立法論としては廃止されるべきであるとの主張も見られる[8]。しかし、被告人が反証を挙げて罪責を逃れることも可能であり、被害者側の保護法益も考慮するならば、抽象的な憲法違反という理由だけでは十分ではないとの反論や[9]、傷害の原因となるべき暴行を現に行っているため、挙証責任の転換を図って暴行犯人に傷害の罪責を問うことがあっても、直ちに違憲であるとはいえないとの指摘もされている[10]。

この同時傷害の特例を認めるにあたっての立証の程度として、検察側は、被告人が傷害を生じさせる程度の暴行を行った事実を立証することが必要であるのに対して、被告人側は、証明の優越の程度にその負傷が被告人の暴行によるものでない旨を裁判官に心証形成させれば足りるとされている。

---

[1] 小野清一郎『新訂刑法講義各論』174頁、瀧川幸辰『増補刑法各論』46頁、香川達夫『刑法講義〔各論〕第3版』329頁、植松正『再訂刑法概論II各論』258頁。
[2] 江家義男『刑法各論〔増補版〕』206頁。
[3] 柏木千秋『刑法各論』340頁、藤木・各論201頁、西田・各論45頁、前田・各論48頁、山口・各論49頁。
[4] 西原・各論18頁。
[5] 齊藤誠二『特別講義刑法』262頁。
[6] 団藤・各論418頁、大谷・各論33頁、大塚・各論32頁、福田・各論154頁、中山研一『刑法各論』35頁、川端・各論56頁、山中・各論52頁等。
[7] 宮本英脩『刑法大綱』289頁、平野・概説170頁。
[8] 山口・各論50頁等。
[9] 佐久間・各論43頁。
[10] 大谷・各論33頁。

冒頭の事例においては、AとCとの間に意思連絡が存在しないため、共同正犯としての責任を負うものではない。第207条の規定により、同時傷害の特例が適用されるか問題となるが、要件やその射程について検討しよう。

2 判　例

(1) 要　件
　判例において同時傷害の特例の適用が問題となる場合、①意思連絡の不存在と②場所的・時間的近接性の要件が充足されるかが問題となる。
①意思連絡の不存在
　同時傷害の特例が適用されるためには、暴行行為を行った者の間に共謀や意思連絡が存在しないことが要求される。この要件に対しては、a）大判明治44・3・2刑録17輯249頁は、「刑法207条は、共同的行為ではなく各別の暴行によって他人を傷害した場合に適用があり、共同的行為により暴行を加えて他人を傷害した場合には、傷害の共同正犯が成立する。二人以上共同して暴行を加え人を傷害した場合には、刑法207条を適用する必要はない」旨判示している。また、b）最判昭和24・1・27裁判集〔刑事〕7号109頁は、「刑法第60条に『二人以上共同して犯罪を実行したる者』とある『共同』又は同法第207条にいわゆる『共同者』とあるは、すべて二人以上の者の間に意思連絡のある場合を指すものである。されば右判示に被告人がA外一名と共同して殴打成傷した旨の『共同』が右刑法の法条にいわゆる『共同』の趣旨であるとすれば右三名の間に意思連絡あることを証拠によりこれを認定判示し且つ刑法第60条をも適用すべきである。また、若し、その3名の間に意思連絡のない場合には、各自の暴行とその各自の暴行に因り加えたる傷害の部位又は程度とを証拠により明確に認定判示して、各自の現に加えた傷害の個数又は程度に対してのみそれぞれ刑法第204条の責を問うべきである。また、若し、右3名の者が暴行を為し人を傷害したこと明白であるが、その各自の間に意思連絡がなく且つ各自の加えた傷害若しくはその程度を知り得ないときは、その旨を明瞭に判示して同法第204条の外同第207条をも適用して各自

に対しそれぞれ全部の個数程度の傷害の責任を負担せしむべきものである」として、意思連絡がないことを同時傷害の特例の適用を肯定するための要件としている。

②場所的・時間的近接性

続いて、場所的・時間的近接性の要件について、その射程が問題となる。

　a）大判昭和11・6・25刑集15巻823頁は、「刑法207条は2人の者が共同的行為でなく、各別に暴行を加え他人を傷害し、しかも傷害の軽重または傷害を生ぜしめた者を知ることができない場合の規定であって、その暴行が、同時同所で行われたかどうかを問わない」旨判断している。また、b）大判昭和12・9・10刑集16巻1251頁においては、「刑法第207条は二人以上の者か共同行為に非すして同時に各別に暴行を加へて他人を傷害し而も傷害の軽重又は傷害を生せしめたる者を知ること能はさる場合に対する規定なるを以て二人以上の暴行か時間的及場所的に相競合する場合にのみ其の適用を見るへきものなること所論の如くなれとも二人以上の各暴行か夫々同一の一定期間に亘り同一場所に於て同一客体に対して相近接して数次に反覆累行せられ其の所為か連続一罪たる傷害罪を構成するか如き場合に於ては尚其の二人以上の暴行行為は日時及場所的に相競合すると解するを相当とす」としている。必ずしも同時に同所で行われることを必要とはしておらず、一定期間、近接した場所で行われた場合には、同時傷害の特例の適用があると解されている。なお、下級審のものではあるが、場所的・時間的近接性の要件を具体的に示した判決として、c）札幌高判昭和45・7・14高刑集23巻3号479頁がある。札幌高裁は、「刑法207条は、もともと数人によるけんか闘争などのように、外形的にはいわゆる共犯現象に類似しながら、実質的には共犯でなく、あるいは共犯の立証が困難な場合に、行為者を知ることができず又はその軽重を知ることができないというだけの理由で、生じた結果についての責任を行為者に負わせ得ないとすることの不合理等に着目し、刑事政策上の要請から刑法の個人責任の原則に譲歩を求め、一定の要件のもとに、共犯者でない者を共犯者と同一に扱うことにしたものである。したがつて、右立法の趣旨からすれば、同条の適用を認め得るのは、原則として、（イ）数人による暴行が、

同一場所で同時に行なわれたか、または、これと同一視し得るほど時間的、場所的に接着して行なわれた場合のように、行為の外形それ自体が、いわゆる共犯現象に強く類似する場合に限られ、かりに、(ロ) 右各暴行間の時間的、場所的間隔がさらに広く、行為の外形面だけでは、いわゆる共犯現象とさして強度の類似性を有しない場合につき同条の適用を認め得るとしても、それは、右時間的、場所的間隔の程度、各犯行の態様、さらに暴行者相互間の関係等諸般の事情を総合し、右各暴行が社会通念上同一の機会に行なわれた一連の行為と認められ、共犯者でない各行為者に対し生じた結果についての責任を負わせても著しい不合理を生じない特段の事情の認められる場合であることを要する」と判示した。この事案では、同時犯の成立を認めてはいない。
(2) 適用範囲
①傷害致死罪との関係
　判例は、傷害致死の事例においても同時傷害の特例の適用を認める。最判昭和26・9・20刑集5巻10号1937頁は、「原判決は本件傷害致死の事実について被告人外2名の共同正犯を認定せず却つて2人以上の者が暴行を加え人を傷害ししかもその傷害を生ぜしめた者を知ることできない旨判示していること原判文上明らかなところであるから、刑法207条を適用したからといつて、原判決には所論の擬律錯誤の違法は存しない」との判断を示した。東京高判昭和38・11・27東時14巻11号186頁、大阪高判昭和61・12・10判時1259号129頁も同旨である。
②承継的共同正犯との関係
　承継的共同正犯とは、先行者がある犯罪の実行行為の一部を終了した後、まだ既遂段階に至る前に、途中から後行者が実行行為に関与してくる場合をいうが、特に後行者が介入する以前の行為と後行者が介入した後の行為のいずれにより傷害が発生したか判明しなかった場合、同時傷害の特例が適用されるか問題となる。このような承継的共同正犯の事例において、下級審では、a) 大阪高判昭和62・7・10高刑集40巻3号720頁が、受傷の大部分が共謀加担行為前に生じていたことが明らかであるとして、暴行罪の共同正犯の

成立にとどまり、傷害罪の共同正犯の刑責を問うことはできないとの判断を示し、同時傷害の特例の適用を否定したのに対し、b) 大阪地判平成9・8・20判タ995号286頁は、「一般に、傷害の結果が、全く意思の連絡がない二名以上の者の同一機会における各暴行によって生じたことは明らかであるが、いずれの暴行によって生じたものであるかは確定することができないという場合には、同時犯の特例として刑法207条により傷害罪の共同正犯として処断されるが、このような事例との対比で考えると、本件のように共謀成立の前後にわたる一連の暴行により傷害の結果が発生したことは明らかであるが、共謀成立の前後いずれの暴行により生じたものであるか確定することができないという場合にも、右一連の暴行が同一機会において行われたものである限り、刑法207条が適用され、全体が傷害罪の共同正犯として処断されると解するのが相当である。けだし、右のような場合においても、単独犯の暴行によって傷害が生じたのか、共同正犯の暴行によって傷害が生じたのか不明であるという点で、やはり『その傷害を生じさせた者を知ることができないとき』に当たることにかわりはないと解されるからである」として、承継的共同正犯の事例への同時傷害の特例の適用を認めている。

③ 学　説

(1) 要　件
①二人以上の者による暴行
　二人以上の者が意思連絡なく同一人物に対して暴行を加えたことを要する。一方もしくは双方に過失があるときは本条の適用はない。意思連絡がある場合は同時犯ではなく、刑法第60条の共同正犯となる。
②二人以上の者による暴行の場所的・時間的近接性
　外形的に共同実行と変わりのないものと評価できる必要があり[11]、場所的・時間的近接性を要求する見解が多数である[12]。意思連絡に基づく共同実

---

[11] 大谷・各論34頁、西田・各論46頁。

行と見なされうるものでなければならないため、暴行が場所的・時間的に近接していること、もしくは少なくとも同一機会に二人以上の暴行が行われたことが必要である。
③傷害の原因をなした暴行を加えた者の不特定
　検察官が傷害を発生させた者を特定できなかったことを要する。
④被告人が、傷害結果と自己の暴行との間の因果関係の不存在を立証できなかったこと
　被告人が、傷害結果と自己の暴行との間の因果関係の不存在を証明できなかったことが必要であり、因果関係の不存在を立証できた場合には、同時傷害の特例の適用はない。
(2) 適用範囲
①傷害致死罪への適用
　第一説は、傷害致死罪への適用を認める立場である[13]。これに対して、第二説は、傷害罪に限るべきであるとの立場であり、多数説である[14]。
②承継的共同正犯への適用
　近年は、承継的共同正犯への適用について議論がされている。同時傷害の特例の適用を肯定する立場は、同時性を否定することが困難である点や、結論の均衡上の正当化を理由としている[15]。これに対して、適用を否定する立場からは、この同時傷害の特例は、共犯が認められない場合に共犯を擬制するものであるため、同時傷害の特例を適用するのではなく、傷害罪の承継的共同正犯を検討するべきであると主張する[16]。

---

[12] 団藤・各論417頁、江家義男・前掲書（注2）206頁、西田・各論46頁、山口・各論50頁、齊藤誠二・前掲書（注5）295頁。
[13] 団藤・各論419頁、藤木・各論202頁、下村・各論128頁、香川達夫・前掲書（注1）330頁、山口・各論51頁。
[14] 江家義男・前掲書（注2）206頁、中山研一・前掲書（注6）60頁、柏木千秋・前掲書（注3）340頁、植松正・前掲書（注1）258頁、西原・各論12頁、内田文昭『刑法各論〔第3版〕』35頁、齊藤誠二・前掲書（注5）299頁、大塚・各論33頁、福田・各論154頁、大谷・各論35頁、西田・各論47頁、佐久間・各論43頁。
[15] 伊東・各論42頁、林・各論57頁、前田・各論51頁、山口・各論52頁。
[16] 大谷・各論36頁、高橋・各論57頁、西田・各論47頁、松宮・各論43頁、山中・各論55頁。

4 検討・私見

(1) 法的性格

法的性格をめぐる見解の対立から検討しよう。まず、①法律上の推定とする立場については、共同正犯で処罰する点を法律上の推定とすることが可能であるか疑問である。②推定ではなく「看做す」規定であるとする立場については、共同正犯と「看做す」としても、傷害の責任を問う点について説明することが可能であるか疑念が残る。③挙証責任の転換を図るとする立場については、傷害の責任を問う点は説明することができるが、共同正犯について説明することは困難であろう。④挙証責任の転換と意思疎通の擬制であるとする立場については、傷害罪の因果関係の不存在が証明されなくても、被告人によって意思疎通の不存在が証明されれば、同時傷害の特例は適用されないことになるが、挙証責任の転換は因果関係の不存在に向けられるべきではないのか疑念が残る。⑤意思疎通の推定と意思の疎通がないことについて被告人に挙証責任を負わせたものとする立場については、挙証責任の転換が意思疎通に向けられている点で妥当ではない。それゆえ、⑥挙証責任の転換と共犯の擬制と解する立場が妥当と解する。

(2) 要件

要件については、上述したとおり、①二人以上の者による暴行、②二人以上の者による暴行の場所的・時間的近接性、③傷害の原因をなした暴行を加えた者の不特定、④被告人が、傷害結果と自己の暴行との間の因果関係の不存在を立証できなかったことが必要である。ここでは、冒頭の事例について、AとCの罪責を検討したい。まず、①二人以上の者による暴行、②二人以上の者による暴行の場所的・時間的近接性の要件については、充足するものと解される。それゆえ、③傷害の原因をなした暴行を加えた者が特定されず、④被告人、ここではAとCが傷害結果と自己の暴行との間の因果関係の不存在を立証できなかった場合、同時傷害の特例が適用される。

(3) 適用範囲
①傷害致死罪への適用
　まず、傷害致死罪への適用から考察しよう。第207条は、「傷害した場合」と規定しており、文言解釈上、その射程を傷害致死罪まで及ぼすことは妥当でないだろう。同時傷害の特例は、処罰範囲の拡張をもたらすものであり、適用範囲は厳格に解釈するべきであると考える。なお、強姦致傷罪や強盗致傷罪にまで適用することが許されないことはいうまでもない。
②承継的共同正犯への適用
　次に、承継的共同正犯については、同時性を否定することや結論の均衡の正当性を主張する肯定説にも理由があるが、傷害致死罪への適用についての検討に際しても述べたように、処罰範囲の拡張をもたらすものであるため、承継的共同正犯への同時傷害の特例の適用は認めるべきではないだろう。共犯論の問題として、承継的共同正犯が認められるか否かを問題とする第二説が妥当であると考える。

5 おわりに

　同時傷害の特例は、「疑わしきは被告人の利益に」という大原則の例外規定である。それゆえ、処罰範囲の拡張をもたらすものであり、その解釈は厳格に解する必要があるだろう。近年の傷害致死罪や承継的共同正犯への適用範囲の拡大は、改められるべきである。刑法の謙抑性の観点から厳格な適用が望まれる。

【参考文献】
齊藤誠二「同時傷害の特則」『特別講義刑法』（法学書院、1991）258頁以下
大塚仁ほか編『大コンメンタール刑法（10）〔第2版〕』（渡辺咲子）（青林書院、2006）481頁以下
立石二六「第5講　同時傷害の特例」立石二六編著『刑法各論30講』（成文堂、2006）45頁以下

(山本高子)

第18講　遺棄罪

【事例】
　A女は、冬のある休日の日中、4歳の自分の子供Bとともに郊外にある大きな公園に出かけ、その園内にある広場の一つでBを遊ばせていたが、以前に親しくしていた男性Xに偶然会い少し話をしているうちに、Bのことが煩わしくなった。A女は、Xに子供Bを伴って来ていることを告げず、Bが死んでもかまわないと思いながら、Bを置いたまま、Xと連れ立って酒を飲みに繁華街へ向かった。その後、夕方になって、Bは、閉園時に見回りをしていた公園の管理人にベンチに座っているのを発見され、無事保護された。Aの罪責を論ぜよ。

【解　説】

1 はじめに

　本事例では、遺棄の罪の成否（刑法217条、218条前段、218条後段のいずれの罪か）、さらには、不作為による殺人（未遂）罪にもなりうるのかといったことが問題となる。
　遺棄の罪は、扶助を要する者を保護のない状態に置いて、その生命・身体を危険にさらす行為を処罰するものであるとされる。刑法は、この遺棄の罪について、(単純) 遺棄罪 (217条) と保護責任者遺棄罪 (218条前段)、保護責任者不保護罪 (218条後段)、および217条、218条の罪の結果的加重犯としての遺棄等致死傷罪 (219条) を規定している。遺棄の罪については、保護法益、罪質（抽象的危険犯か具体的危険犯か）、遺棄の意義、殺人罪との関係などについて学説上は見解の対立が見られ、詳細にはかなり多様な様相を呈しているといえるが、以下では、本事例を考えるにあたって、まず上記諸点につきおおまかに学説・判例の状況について示すことにする。

2 保護法益

　保護法益については、通説は、219条において保護責任者遺棄致死傷罪が規定されていること、法定刑が傷害罪のそれよりも低いこと、体系上、遺棄の罪が殺人、傷害、過失傷害、堕胎の各罪の後に置かれていることなどを理由として、遺棄罪を生命・身体に対する危険犯と理解している。判例も同様の立場に立つと解される[1]。これに対して、218条が「生存に必要な保護をしなかったとき」と規定していること、身体に対する危険を含むとすると本罪の成立範囲が無限定になることを理由として、生命に対する危険犯と理解する見解も有力である[2]。また別に、保護責任者遺棄の罪には保護義務懈怠罪としての一面もあるとの見解も有力に主張されている[3]。これは、遺棄罪の沿革や218条において処罰対象を「生存に必要な保護をしなかった」行為にまで拡張していること、単純遺棄罪と比べ218条が著しく法定刑を加重していることを理由とするものである。この見解では、遺棄の罪は、社会的法益に対する罪としての性質を併せ持つことになり、被遺棄者の承諾（被害者の承諾）の問題において、違法性を阻却しないとの立場につながることにもなりうる。

　通説・判例の立場をもって妥当とし、かつ、（承諾の場合の違法性阻却の可否はここではおくとして）218条に保護義務懈怠罪としての一面もあることを肯定することは可能であろう[4]。

---

[1] 「判例及び裁判例でこの問題を正面から論じたものは見当たらないが、具体的事実関係のもとで、『生命・身体』に対する危険を生ぜしめたことを認定あるいは否定し、又は判文中で『生命・身体に対する危険』に言及したものは相当数にのぼっており、判例及び裁判例も遺棄罪を生命・身体に対する危険犯として理解しているものと考えられる。」（酒井邦彦＝小島吉晴『大コンメンタール刑法』大塚ほか編（第2版）第11巻（2002）146頁。）とされている。例えば、大判大正4・5・21刑録21輯670頁（後述の本文参照）など。

[2] 林・各論39頁以下、山口・各論31頁、大谷・各論67頁、西田・各論27頁など。

[3] 柏木千秋『刑法各論（下）』（1961）359頁、青柳文雄『刑法通論II各論』（1963）349頁、福田・各論164頁、大塚・各論57頁など。

③ 罪質（抽象的危険犯か具体的危険犯か）

　遺棄罪の成立にとって、被遺棄者の生命・身体に対する危険は、具体的危険でなければならないのか、それとも抽象的危険で足るのか、についても見解が分かれている。抽象的危険犯と理解するのが通説とされるが、具体的危険犯と理解する見解[5]も有力である。もっとも、犯罪成立要件としての危険に関して、抽象的危険犯説にあっても、例えば、産婦人科医院で子供を生んだ母親がその子を置いて逃走した場合、当の具体的な場合に別段危険が認められなければ本罪は成立しない[6]、あるいは、抽象的危険すら発生しなかったときは遺棄罪の成立を否定すべきである[7]、とされ、他方、具体的危険犯説にあっても、例えば、子供を警察署の門前に捨てる場合も遺棄罪になるとする[8]など、救助が確実であると認められない場合には遺棄に当たるとするようであり、両説の相違はそれほど大きくはないといえよう。とはいえ、いずれが支持されるべきかということになると、法文上危険発生は特に要求されておらず、「具体的危険の発生」まで本罪成立要件とはなっていないと解され、抽象的危険犯説をもって妥当とすべきかと思われる[9]。

　判例も、抽象的危険犯との立場をとると解される。例えば、大判大正4・5・21刑録21輯670頁では、「刑法第二百十七条ノ罪ハ扶助ヲ要スヘキ老者、幼者、不具者又ハ病者ヲ遺棄スルニ因リテ直チニ成立シ其行為ノ結果カ現実ニ生命身体ニ対スル危険ヲ発生セシメタルヤ否ヤハ問フ所ニ非ス蓋シ法律ハ

---

[4] なお、酒井＝小島・前掲注（1）146頁以下では、保護義務懈怠罪としての性質を肯定しながら、「……保護義務懈怠罪としての性格を独立した法益として過度に強調することなく、あくまで、生命・身体に対する危険罪としての性格を基本におき、『保護義務懈怠による危険の招来』という限度で保護義務懈怠罪としての性格を認めるにとどめるべきである。」とされ、承諾による違法阻却は、具体的事実に即して「社会的相当性」によって決すべきであるとされている。
[5] 滝川幸辰『刑法各論』（1951）59頁以下、団藤・各論452頁など。
[6] 斎藤・各論40頁。
[7] 曽根威彦「遺棄罪」芝原ほか編『刑法理論の現代的展開——各論』（1996）22頁。
[8] 滝川・前掲注（5）59頁。
[9] さらに、故意の内容として具体的危険の認識まで要求することへの疑問を示す立場もある。例えば、塩見淳「遺棄の概念」西田典之＝山口厚編『刑法の争点〔第3版〕』（2000）134頁など。

上叙ノ行為ヲ以テ当然老幼不具又ハ疾病ノ為メニ扶助ヲ要スル者ノ生命身体ニ対シテ危険ヲ発生セシムル虞アルコトヲ想定シ之ヲ処罰ノ理由ト為シタルモノ……」とされており、また下級審判例でも、「遺棄罪は生命、身体を保護法益とする抽象的危険犯であると解すべきところ、抽象的危険犯においては一般的に法益侵害の危険が存在すると認められれば足りるのであるから、遺棄罪における被遺棄者の生命、身体に対する危険も右の程度のもので足りるというべきである。」(大阪高判昭和53・3・14　判タ396号150頁)とされている。

4 遺棄の意義

①従来の通説は、217条の「遺棄」は、要扶助者を危険な場所に移転させる行為である「移置」することのみを指し、218条のそれは、要扶助者を危険な場所に「置き去り」にすることを含む、とする[10]。これは、218条では、主体が保護責任者であり、作為義務が認められるので置き去りという不作為も不真正不作為犯として「遺棄」にあたりうるが、217条では、作為義務のない者が主体であるため、作為である「移置」のみが「遺棄」にあたりうるとの考えにもとづくものである。だが、この見解を若干修正する見解も提示されている。すなわち、②移置が常に作為だとはいえず、要扶助者が危険な場所に行くのを放置する不作為も移置であり、また、要扶助者が危険な場所から立ち去れないようにして去る行為（谷川に架けられた吊り橋を切り落とすなど）は、作為による置き去りであるから、「移置」と「置き去り」に分けるのではなく、「作為」と「不作為」に分け、217条の「遺棄」は作為に限られ、218条の「遺棄」は不作為の場合も含む、とするものである[11]。この見解の方がより正確であり[12]、今日、こちらが通説であるともされている[13]（したがって、この立場（通説＝不作為における作為義務と保護責任とを同視することを特徴と

---

[10] 藤木・各論216頁、団藤・前掲注(5) 452頁以下など。
[11] 大塚・前掲注(3) 59頁、福田平・前掲注(3) 165頁、中森・各論36頁以下など。
[12] 斎藤・前掲注(6) 43頁。
[13] 酒井＝小島・前掲注(1) 153頁。

する見解)では、217条の「遺棄」は作為のみであり、218条の「遺棄」は作為、不作為の両方となり、さらに、218条には、場所的離隔によらずに要扶助者を危険な状態に導く「不保護」があることになる)。

　判例も、「刑法218条にいう遺棄には単なる置去りをも包含す」る（最判昭和34・7・24　刑集13巻8号1163頁）とする一方で、単純遺棄罪で不作為を処罰した例は見られないことから[14]、通説と同様と推測される。

　しかし、このような通説（・判例）に対しては、217条と218条で同じ「遺棄」という語が用いられているのに、その内容を二義に（両者で異なって）理解することは不合理であり、不真正不作為犯は一般に認められているのに、217条に限ってこれを否定するのは適切ではない、といった理由を中心としつつ、様々な視点から批判がなされている。

　そこで、③保護責任者とまでいえなくとも、作為義務を負い、作為と同等の不作為が考えられることから、217条の場合にも、不真正不作為犯が成立しうるとし、217条の「遺棄」も218条の「遺棄」も、同様に不作為の場合を含む、との見解も主張されている[15]。

　また、「遺棄」概念の統一的理解という視点をとりながらも、③説とは異なる見解も、別に主張されている。すなわち、④217条、218条を通じて「遺棄」は同一の意味であって、作為による移置のみを指し、それ以外の不作為による行為は218条の「不保護」に含まれる、とする見解である。

　だが、③説に対しては、単純遺棄罪にいう不作為形態の「遺棄」と保護責任者遺棄罪で罰せられる不作為形態の「遺棄」の区別が不明確であるという難点が残るなどとされ、④説に対しては、遺棄は日常用語例として「すてること、おきざりにすること」であり、移置のみを指し示すという限定は、本来の語義から離れるものになり根拠に乏しい[16]、あるいは、「不保護」とは、場所的離隔を伴うことなく要保護者が生存に必要な保護をしないことをいう

---

[14] 木村光江「不作為による遺棄」現代刑事法5巻9号（2003）99頁。
[15] 曽根威彦・前掲注（7）30頁、堀内捷三『刑法各論』（2003）28頁以下、山口・前掲注（2）35頁以下など。
[16] 只木誠「遺棄の概念」立石二六編著『刑法各論30講』（2006）68頁参照。

とする解釈は、ほぼ固まっており、あえて定着した解釈に変更を加える必要は少ない[17]、などとされる。

ここでは、通説・判例の立場を支持したい。つまりは、「保護法益・実行行為の重大さに比して、単純遺棄罪の法定刑は著しく低く、保証人的地位にある者を保護責任者として、その遺棄を作為・不作為共に加重するのが刑法の趣旨だとみる伝統的見解には合理的理由がある」[18]、あるいは、「218条にいう広義の遺棄には作為によるものと不作為によるもののいずれもが含まれるのであり、その根拠は、同条では、保護責任者という身分があるからであり、また、それゆえにこそ重く処罰しているのであるとするその主張には十分なものがある」[19]といった見解に行き着くことになろう。

5 殺人罪との関係

遺棄罪と殺人罪の関係がいかなるものかも問題とされている。これは、作為による遺棄においても問題となるが、とりわけ不作為形態の遺棄において問題となる。つまり、不真正不作為犯による殺人罪を認めるのが判例・通説の立場であるが、不真正不作為犯（不作為による殺人）の成立には作為義務が要件となるため、保護義務を要件としている保護責任者遺棄罪との違いが問題となる。

この区別については、大きく分ければ、①殺意の有無と具体的危険の発生（あるいは行為の危険性の程度）によって区別する見解[20]と、②両罪の作為義務は異なるとして、作為義務の内容・程度によって区別する見解[21]に分かれる。

もっとも、②説にあっても、「殺人罪の作為義務違反は、保護責任者遺棄罪における保護責任の懈怠より高度の人身に対する危険を含むものでなけれ

---

[17] 木村・前掲注（14）100頁以下参照。
[18] 齊藤彰子「遺棄罪」法学教室No.286（2004）53頁、中森・前掲注（11）37頁。
[19] 只木・前掲注（16）69頁。
[20] 半田靖史『大コンメンタール刑法』大塚ほか編（第2版）第11巻（2002）202頁以下、大塚・前掲注（3）66頁、西田・前掲注（2）35頁以下など。
[21] 大谷・前掲注（2）75頁、山口・前掲注（2）38頁、前田・各論110頁など。

ばならない」[22]、とされるなど、危険の程度は考慮されることになるようである。

　そこで、——①説を支持する立場からであるが——例えば、親が、日中、町のにぎやかな公園で幼児を遊ばせていた際に、ふと幼児を死亡させたいと考えて置き去りにしたところ、幼児が通行人にぶつかって転倒し死亡した場合、①説では、保護責任者遺棄致死罪にとどまることにつき、「冬の山中に置いた場合などと比べれば、当該置き去りの生命に対する危険性は類型的に見てごくわずかであるから、殺人罪の実行行為とはいえず、殺人（未遂）罪は成立しない」との説明になり、②説では、「親には保護義務として自宅に連れ帰る義務はあるが、公園に残しても生命に対する具体的危険は生じないから、不作為の殺人罪における作為義務としての連れ帰る義務はない」との構成になり、「いずれも実質的な判断の分かれ目は同じであり、それは幼児を公園に置き去りにすることの危険の大小」ということになる[23]、との指摘がなされることになる。そして、説明の仕方として①説が分かりやすい、とされるのである[24]。

　確かに、結局のところ、客観的な危険の程度が決め手となるのであれば、この指摘が示すように、基本的に①説がより明快ということになるであろう。

6 おわりに

　通説・判例の立場から、本事例を見るならば、冬の日中に大きな公園の広場に4歳の子供B（客体としての幼年ないし幼年者であることはとくに問題ないと思われる）を、置いたまま公園から立ち去る行為は、一般に不作為形態での遺棄にあたり、218条の遺棄が問題となる。また、子供Bの母親A女が、218条の主体たる保護責任者であることについては、A女が親であること（法令にもとづ

---

[22] 大谷・前掲注（2）75頁。
[23] 半田・前掲注（20）203頁以下参照。
[24] 半田・前掲注（20）204頁。さらに、齊藤・前掲注（18）54頁。

く地位）から、とくに問題なく認められると思われるが、加えて、休日の日中の公園であるため他の来園者もある程度いることが予想される場合であるが、Bのことをとくに知る者もいない、大きな公園の広場ではBの安全に配慮する者は事実上A女しかいないともいえ、Bの安全はA女に大きく依存していること（また、そのような状態を作出していること）も考慮すると、より容易に認められるように思われる。また、日中とはいえ冬に大きな公園の広場に4歳の子供を放置して立ち去るのであるから、生命・身体に対する抽象的危険すらない場合などとは到底いえないであろう。したがって、218条前段の遺棄になりうる場合と思われる。

では、さらに殺人（未遂）罪はどうであろうか。Bが死んでもかまわないと思っていることから、殺人の故意（少なくとも未必の故意）はある場合であると思われ、この点で殺人は、やはり問題とはなりうる。だが、上述のように、客観的な危険性の程度を重視するならば、生命に対する危険はそれほど大きいとまではいえず、殺人の実行行為とまではいえない場合と解される。結論として、保護責任者遺棄罪にとどまるということになる。

なお、殺人の故意まである場合であり、犯情は悪いといえるが、他方、数時間後に無事保護され致死傷の結果も生じておらず、この点で、量刑においては諸事情を考慮した上での適切な判断が求められるともいえよう（場合によっては、起訴裁量による処理も考えられるであろう[25]）。

---

[25] なお、保護責任者遺棄の起訴猶予率は、検察統計（年次）では、2011年が35％、2010年が47％、2009年が53％となっており、また、保護責任者遺棄致死傷では、2011年が33％、2010年が11％、2009年が38％となっている（起訴猶予率は、$\frac{起訴猶予人員}{起訴人員＋起訴猶予人員} \times 100$ による）。

【参考文献】

齊藤彰子「遺棄罪」法学教室No.286（2004）49頁以下

木村光江「不作為による遺棄」現代刑事法5巻9号（2003）98頁以下

只木誠「遺棄の概念」立石二六編著『刑法各論30講』（2006）62頁以下

曽根威彦「遺棄罪」芝原ほか編『刑法理論の現代的展開——各論』（1996）19頁以下

日高義博「遺棄罪の問題点」中山ほか編『現代刑法講座4巻』（1982）159頁以下。

塩見淳「遺棄の概念」西田典之＝山口厚編『刑法の争点〔第3版〕』（2000）134頁以下

大沼邦弘「ひき逃げと遺棄罪・殺人罪」阿部ほか編『刑法基本講座〈第6巻〉——各論の諸問題』（1993）95頁以下

（箭野章五郎）

第19講　名誉棄損罪における事実証明

【事例】

　ある日、甲新聞社に、世界的な宗教団体である乙教の教組Zは、裏で暴力団の丙組とつながっていて、信者から集めた寄付金の一部を丙組に寄付して、丙組の活動を資金面で支えているという内容の匿名の手紙が届いた。この手紙を見た甲新聞社の記者であるAは、この情報を新聞に掲載すれば、乙教の偽りの部分を世間に知らしめることができ、だまされている信者を救えるに違いないと考え、記事にするべく取材活動を行った。Aは、乙教団の本部があるT市で取材したところ、この情報を聞いたことがあると言う人が10名いた。しかし、そのうち7名は噂を聞いただけで、詳しいことを知っていたのが3名しかおらず、しかも、丙組の支援をしているという点では一致しているものの、支援の金額等細かい点では全く一致していなかった。しかし、Aは、詳しいことを知っていたのが3名もいたことから、安易に、匿名の情報は本当のことであろうと考え、翌日の新聞で匿名情報を記事にして新聞に掲載した。後日、Aは、Zから名誉毀損で訴えられ、真実であることを証明しようとしたが、結果的に証明することができなかった。Aの刑事責任はどうか。

【解　説】

1　はじめに

　本事例では、名誉毀損罪における事実証明（230条の2）が問題となる。230条は、名誉毀損罪について規定しており、その1項は、「公然と事実を摘示し、人の名誉を毀損した者は、その事実の有無にかかわらず、3年以下の懲役若しくは禁錮又は50万円以下の罰金に処する。」と規定する。これによれば、生きている者の名誉を害する行為が行われた場合、事実が真実であっても、名誉毀損罪が成立することになる。しかし、「真実を摘示しても一律に処罰されるのでは、民主主義社会における言論の自由、ひいては健全な意思の形成が阻害されかねない」[1]。そこで、刑法230条の2が、「人格権としての

個人の名誉の保護と、憲法二一条による正当な言論の保障との調和を」[2]図るべく規定された。

　名誉毀損罪と事実証明に関する条文上の構造は、まず、230条1項は、原則としてあらゆる名誉毀損行為について罰することになり、例外的に230条の2の要件を充足する場合に罰せられないことになる。230条の2は、1項から3項まであり、1項が原則であり、2項は犯罪行為に関する特例、3項は公務員等に関する特例であり、いずれも1項の例外規定である。1項は、生者に関する名誉毀損行為が、「公共の利害に関する事実に係り、かつ、その目的が専ら公益を図ることにあったと認める場合には、事実の真否を判断し、真実であることの証明があったときは、これを罰しない」と規定する。本事例では、宗教団体乙教の教祖Zという一私人の行状が公共の利害に関する事実といえるのか、Aは、そのような事実を真実であると証明することができなかったが、真実であると思っており、このようなAの錯誤が名誉毀損罪の成否にどのような影響を与えるのかということが問題となっている。以下では、これらの問題に関連する論点を検討していくことにするが、その前に230条の2第1項の各要件を確認しておく。

　まず、摘示された事実が、公共の利害に関する事実でなければならないということである。公共の利害に関する事実とは、多数人一般の利害に関する事実であるとされている[3]。この「『公共ノ利害ニ関スル事実』にあたるか否かは、摘示された事実自体の内容・性質に照らして客観的に判断されるべきものであり、これを摘示する際の表現方法や事実調査の程度などは、同条にいわゆる公益目的の有無の認定等に関して考慮されるべきことがらであって、摘示された事実が『公共ノ利害ニ関スル事実』にあたるか否かの判断を左右するものではない」とされ、「私人の私生活上の行状であっても、そのたずさわる社会的活動の性質及びこれを通じて社会に及ぼす影響力の程度などのいかんによっては、その社会的活動に対する批判ないし評価の一資料と

---

[1] 今井猛嘉『裁判例コンメンタール 第3巻』76頁。
[2] 最判昭和44・6・25刑集23・7・975頁。
[3] 川端・各論237頁。

して、刑法二三〇条ノ二第一項にいう『公共ノ利害ニ関スル事実』にあたる場合がある」[4]とされている。そして、最高裁は、この立場から宗教団体の会長に関する事実であっても、公共の利害に関する事実に当たるとの判断を示している。本事例についても、問題となっているのが世界的な宗教団体乙教の教祖Zの行状に関するものであり、暴力団丙組の活動を資金面から裏で支えているという社会的活動に関する事実であることから、Aにより摘示された事実が、公共の利害に関する事実に該当するものと考えることができるであろう。次に、摘示した目的が専ら公益を図ることにあったと認められる場合であることを要する。他の目的があっても、主たる動機が公益を図る目的であれば専ら公益を図る目的が認められるとされている[5]。Aは乙教の偽りの部分を世間に知らしめることができ、だまされている信者を救えるに違いないと考えていたことから、Aに公益を図る目的を認めることができるであろう。

　公共の利害に関する事実及び専ら公益を図る目的という要件が充足された場合、事実の真否が判断されることになる。本事例では、Aは真実であることを証明しようとしたが、結果的に証明に失敗している。しかし、Aは一応取材活動を行い、真実であると考えて事実を摘示している。そこでAのこの錯誤をどのように考えればよいかということが問題となっている。以下では、この真実性の誤信について検討していく。

2 判　例

(1)　刑事裁判例
①最判昭和34・5・7刑集13巻5号641頁
　何ら確証もないのに、放火犯人がNであることを家族や近所の者数名に話したという事案について以下のように判示した。「Nが本件火災の放火犯人

---

[4]　最判昭和56・4・16刑集35巻3号84頁。
[5]　東京地判昭和49・6・27判タ316号275頁、福岡高判昭和50・1・27刑裁月報7巻1号14頁、東京地判昭和58・6・10判時1084号37頁。

であると確認することはできないから、被告人についてはその陳述する事実につき真実であることの証明がなされなかったものというべく、被告人は本件につき刑責を免れることができない……」。

②最大判昭和44・6・25刑集23巻7号975頁（夕刊和歌山事件）

　新聞社を経営していた被告人が、新聞紙上に、『吸血鬼Aの罪業』と題し、AことB本人または同人の指示のもとに同人経営のW特だね新聞の記者が和歌山市役所土木部の某課長に向かって「出すものを出せば目をつむってやるんだが、チビリくさるのでやったるんや」と聞こえよがしの捨てぜりふを吐いたうえ、今度は上層の某主幹に向かって「しかし魚心あれば水心ということもある、どうだ、お前にも汚職の疑いがあるが、一つ席を変えて一杯やりながら話をつけるか」と凄んだ旨の記事を掲載したという事案について以下のように判示した。「刑法二三〇条ノ二の規定は、人格権としての個人の名誉の保護と、憲法二一条による正当な言論の保障との調和をはかったものというべきであり、これら両者間の調和と均衡を考慮するならば、たとい刑法二三〇条ノ二第一項にいう事実が真実であることの証明がない場合でも、行為者がその事実を真実であると誤信し、その誤信したことについて、確実な資料、根拠に照らし相当の理由があるときは、犯罪の故意がなく、名誉毀損の罪は成立しないものと解するのが相当である」。「本件においては、被告人が本件記事内容を真実であると誤信したことにつき、確実な資料、根拠に照らし相当な理由があったかどうかを慎重に審理検討したうえ刑法二三〇条ノ二第一項の免責があるかどうかを判断すべきであった……」。

(2) 判例の総括

　230条の2の法的性格について①判例においては、処罰阻却事由説に立っていたとされている[6]。すなわち、①判例では、最高裁は、被告人の主観については一切判断せず、事実につき真実であることの証明がなされなかったため、刑責を免れることができないとの判断を下している。それに対して、②判例では、最高裁は、「行為者がその事実を真実であると誤信し、その誤

---

[6] 今井猛嘉、前掲注1、84頁。

信したことについて、確実な資料、根拠に照らし相当の理由があるときは、犯罪の故意がなく、名誉毀損の罪は成立しないものと解するのが相当である」との判断を示した。230条の2が処罰阻却事由であるならば、名誉毀損罪は成立しているので、事実の真実性に関する行為者の誤信は、名誉毀損の故意の成否には影響しないことになる。しかし、②判例において、最高裁は、①判例を変更し、犯罪の故意がない場合があることを認めたことから、処罰阻却事由説からその立場を変えたことになる。最高裁の判文上からは必ずしも明らかであるとは言えないが、誤信したことについて、確実な資料、根拠に照らし相当の理由があるときという判断を要求していることにかんがみると、違法阻却説に立っていると考えられるであろう[7]。したがって、最高裁は、真実性に関する誤信を、違法性阻却事由の錯誤として処理していると考えることができる。

3 学　説

(1) 真実性の錯誤

　真実性の錯誤の処理は、230条の2の法的性格をどのように解するかにかかっている。法的性格及びそれによる真実性の錯誤に関する学説は、概ね以下の通りである。

①処罰阻却事由説

　230条1項が事実の有無にかかわらず名誉毀損罪が成立するということ、結果として真実であることの証明があった場合に不処罰となること、挙証責任は被告人側にあることから、230条の2は、名誉毀損罪は成立するが、刑罰を科さない事由を規定したものであるとする見解である[8]。この見解によれば、230条の2は、名誉毀損罪が成立した後の問題となるので、真実性の錯誤は名誉毀損罪の成否には影響せず、真実であることの証明をできなかった以上は、名誉毀損罪の責任を負うことになる。

---

[7] 団藤・各論523頁注37。
[8] 植松正『再訂刑法概論II各論』399頁以下。

②構成要件該当性阻却説（団藤旧説）

　言論の自由を保障する見地から、裁判官の主観的恣意が入り込む余地を認めるのは不当であるとして、事実の真実性を構成要件該当性阻却事由とする。そして、230条の2の「事実の真否を判断し、真実であることの証明があったとき」というのは、実体法的には事実が「証明が可能な程度に真実である」ということを意味するという見解である。この見解によれば、行為者が「健全な常識から真実性を認定するに足りるだけの客観的資料を認識」した場合には、構成要件該当性阻却事由を認識したものとして故意が阻却されることになる[9]。

③違法性阻却事由説

　事実が真実であるかどうかという判断は、実質的判断になることから、形式的定型的判断である構成要件該当性での判断にはなじまないとし、230条の2を違法性阻却事由とする見解である[10]。この見解によると、真実性の誤信は違法性阻却事由の錯誤ということになり、故意あるいは責任阻却の問題となる（違法性阻却事由の錯誤については第10講誤想防衛を参照）。また、この立場を採り、真実性の誤信は故意を阻却するとしつつ、軽率な言論まで不可罰とする理由はないとして、230条の2を38条1項の特別規定と考えて、過失名誉毀損も230条の2により処罰するという見解もある[11]。

④正当行為説

　確実な資料・根拠に基づいた表現活動の場合には、それ自体表現の自由の正当な行使であることから、刑法35条の正当行為になり、違法性が阻却されるとする。この立場には、Ⅰ、230条の2を違法性阻却事由と解する見解[12]と、Ⅱ、230条の2を処罰阻却事由と解する見解[13]がある。Ⅰ説によれば、真実性を証明することができなかった場合でも、確実な資料・根拠に基づいた場合には、その表現自体が正当行為となり、違法性が阻却されることにな

---

[9] 団藤重光『刑法と刑事訴訟法との交錯』84頁以下。
[10] 川端博、前掲注3、241頁以下。山中・各論199頁。
[11] 今井猛嘉『裁判例コンメンタール 第3巻』83頁以下。西田・各論119頁以下。
[12] 大谷・各論163頁以下。斎藤・各論75頁以下。団藤・各論522頁以下。藤木・各論245頁以下。
[13] 齊藤誠二「名誉毀損と事実の真実性の錯誤（2）」受験新報1992・8・20頁以下。

る。したがって、行為者が確実な資料・根拠に基づいて表現活動を行ったかどうかが問題となる。この場合、確実な資料・根拠によらずに真実性を誤信した場合には、違法性阻却事由の錯誤ということになる。Ⅱ説による場合、確実な資料・根拠に基づいた表現活動の場合には、それ自体が正当行為となり、違法性が阻却されることになる。この場合、証明に成功したかどうかは問題とはならない。それに対して、確実な資料・根拠に基づかない表現活動の場合に、230条の2にしたがって、真実性の証明が行われ、結果的に証明に成功した場合には名誉毀損罪は成立するが、処罰が阻却されることになる。したがって、この見解による場合、真実性の誤信は問題とならない。

(2) 学説の検討

　230条の2によれば、「真実であることの証明があったとき」と規定されている。この文言に最も忠実なのは①の処罰阻却事由説であると思われる。また、230条の2は、被告人に挙証責任を転換したものであるが、②の構成要件該当性阻却説や③の違法性阻却説によると、真実性の証明に失敗し、真実であるかどうか不明のときには、構成要件該当性や違法性が認められることになり、「疑わしきは被告人の利益に」という原則に反することになる。この考え方からも、④のⅡの処罰阻却事由説が妥当であろう[14]。また、過失名誉毀損罪を認める特別規定と解する立場についても、「過失致死ですら50万円の罰金に過ぎないのと均衡を失するし、過失行為を故意犯と同じ刑で罰するのは刑法典の流儀でもない」[15]との疑問が指摘されている。

　230条の2を処罰阻却事由と解し、どのような場合であっても、結果的に真実性を証明できなければ、常に名誉毀損罪で処罰されることになると解するのは、日本国憲法21条が表現の自由を保障していることにかんがみて、妥当ではないであろう。名誉を毀損する行為においては、ふつう、行為の時には、いつでも、その摘示する事実は、多かれ少なかれ不確実であり、事実を摘示する行為は、いつわりの事実を摘示する危険性のある行為である。「刑法は、一方にある真実の名誉を保護しようという要請と、他方にある表現の

---

[14] 齊藤誠二「名誉毀損と事実の真実性の錯誤 (1)」受験新報1992・6・14頁以下。
[15] 斎藤・各論77頁以下。

自由を保障していこうという要請という二つの要請を調和させるために、摘示する事実がいつわりである危険をできる限り少なくするという形で、すなわち、その事実を真実だと判断するのに相当な資料や根拠のある場合」には、「場合によれば、いつわった事実を摘示することもあるという危険を犯すことが許される、という一種の『許された危険』をみとめ」、刑法35条により違法性が阻却されると考えるべきであると思われる[16]。

以上より、真実性について相当な資料や根拠をもって事実を摘示した場合には、結果的に真実性を証明することができなかったとしても、それ自体行為無価値性がなくなり、刑法35条により違法性が阻却され、相当な資料や根拠もないのに事実を摘示した場合には、230条の2により、真実であることの証明があった場合に、名誉毀損罪は成立するが処罰はなされないというように解するのが妥当である。この見解にしたがい本事例を検討すると、Aは、3名からしか詳しい話を聞くことができず、しかもその3名の話の内容が一致していなかったにもかかわらず、簡単に真実であると思い込んで、事実を摘示しており、相当な資料や根拠があって事実を摘示したということは、決してできないであろう。また、Aは結果的に真実であることを証明することもできなかった。したがって、Aは名誉毀損罪の責任を負うことになる。

4 おわりに

230条の2は、真実であることの証明責任を被告人に課している関係で、一方では刑法の領域で230条の2の法的性格の問題が生じ、他方では刑事訴訟法の領域で挙証責任の転換の問題が生じる。このように、刑法207条とともに、230条の2の真実性の証明の問題は、刑法と刑事訴訟法にまたがる問題である。

---

[16] 齊藤誠二、前掲注13、20頁以下。

【参考文献】

斉藤誠二「名誉毀損と事実の真実性の錯誤 (1)」受験新報1992・6・12頁
同「名誉毀損と事実の真実性の錯誤 (2)」受験新報1992・8・20頁
末道康之「月刊ペン事件」刑法判例百選Ⅱ第6版40頁
曽根威彦「名誉毀損罪における事実の真実性に関する錯誤」刑法判例百選Ⅱ第6版42頁

(関根　徹)

第20講　業務と公務

【事例】

Aは、警察に恨みをもっていたことから、警察の業務を混乱させようと思い、甲警察署に電話をかけ、電話口に出た警察官乙に対して、近日中に丙駅に爆弾を仕掛けるという虚偽の通報をしたため、甲警察署の警察官数名が、その後約10日間にわたり丙駅構内の警備に当たり、徒労の業務を余儀なくされた。Aの刑事責任はどうか。

【解　説】

1 はじめに

「業務」とは、自然人・法人等の団体が社会生活上の地位に基づいて継続して従事する事務をいい、業務妨害罪（233条、234条）により「偽計」または「威力」を手段とする妨害から保護される。ここでいう「偽計を用い」るとは、人を欺き・誘惑し、または他人の無知・錯誤を利用することをいい、「威力を用い」るとは、人の意思を制圧するに足りる勢力を示すことをいう。これに対して、「公務」とは、国または地方公共団体の事務をいい、公務執行妨害罪（95条1項）により「暴行又は脅迫」を手段とする妨害から保護される。ここでいう「暴行」とは、人に対して直接・間接の有形力を行使することをいい（広義の暴行）、「脅迫」とは、恐怖心を起こさせる目的で人に害悪を告知することをいう（広義の脅迫）。そこで、公務が暴行・脅迫に至らない程度の威力ないし偽計によって妨害された場合に、公務執行妨害罪が成立しないことは明らかであるが、その公務を業務妨害罪により保護すべきか否か、すなわち公務が業務に含まれるか否かが問題になる。

この問題について、学説は多岐に分かれ、判例にも変遷がみられるが、今日では何らかの基準により一定の範囲で公務を業務に含ませる学説が有力であり、判例もそのような考え方を採用している。しかし、その区別の基準や

両罪の関係は必ずしも明確ではない。また近時、本問のように、強制力を備えた警察等の公務が偽計によって妨害される事例がみられることから、これについて偽計業務妨害罪の成立を認めることができるか否かについて議論がある。本講はこうした問題を検討する。

2 学 説

業務と公務の関係について、無限定積極説、消極説、身分振分け説、公務振分け説、限定積極説および修正積極説の6説を数えることができる。
①無限定積極説
　公務はすべて業務に含まれる。業務妨害罪は個人の社会的活動の自由を保護法益とし、公務も公務員としての個人の社会的活動であるから、公務の性質のいかんを問わず業務妨害罪によって保護されると主張する。公務の妨害が公務執行妨害罪にもあたる場合には、公務執行妨害罪のみが成立すると解する法条競合説と[1]、両罪の成立を認める観念的競合説がある[2]。
②消極説
　公務は業務に含まれない。両罪は異なる法益の侵害について異なる手段を規定しており、また、公務は暴行・脅迫に対して限定的に保護されるにすぎないので、公務を業務に含ませることはこうした刑法の趣旨に合致しないと主張する[3]。
③身分振分け説（身分区別説）
　公務員が行う公務は業務に含まれないが、非公務員が行う公務は業務に含まれる。公務執行妨害罪は公務員が執行する公務のみを保護するので、非公務員の行う公務を業務として保護する必要があると主張する[4]。

---

[1] 木村・各論76頁、西原・各論285頁、等
[2] 大谷・各論139頁、等
[3] 吉川経夫『刑法各論』(1982年) 116頁、松宮・各論172頁、等
[4] 団藤重光編『注釈刑法 (5)』(1965年) [内藤謙] 400頁、等

④公務振分け説（公務区別説）

　公務を一定の基準（現業性、民間類似性、非権力性等の有無）によって区別し、一方を公務執行妨害罪の保護の対象とし、他方を業務妨害罪の保護の対象とする。民間の業務と同様の実態を有する公務を業務妨害罪で保護しないのは均衡を失すると主張する。これによれば、業務妨害罪によって保護される公務を暴行・脅迫を用いて妨害しても、公務執行妨害罪は成立しない（両罪による二重の保護を認めない）[5]。

⑤限定積極説

　公務を一定の基準（権力性等の有無）によって区別し、一方を公務執行妨害罪の保護の対象とし、他方を公務執行妨害罪および業務妨害罪の保護の対象とする。権力的公務は自力で抵抗を排除しうるので、偽計・威力に対して保護する必要はないが、そうでない公務は自力で抵抗を排除しえないので、民間の業務と同様に偽計・威力に対しても保護する必要があり、したがって業務に含まれると主張する。これによれば、非権力的公務を暴行・脅迫を用いて妨害した場合には、業務妨害罪と公務執行妨害罪の両罪が成立して観念的競合となる（両罪による二重の保護を認める）[6]。

⑥修正積極説

　威力業務妨害罪については限定積極説によるべきであるが、偽計業務妨害罪については無限定積極説によるべきである。強制力があれば威力による妨害を排除することはできるが、強制力があっても偽計による妨害を排除することはできないので、偽計業務妨害罪においてはすべての公務を保護する必要があると主張する[7]。

---

[5] 団藤・各論535頁、中山・各論100頁、藤木・各論20頁、中森・各論64頁、平川・各論208頁、曽根・各論73頁、川端・各論257頁、伊東・各論98頁、等
[6] 福田・各論199頁、大塚・各論159頁、前田・各論210頁、佐久間・各論159頁、等　なお、斎藤・各論86頁、岡野・各論92頁、山中・各論215頁、林・各論131頁参照
[7] 西田・各論128頁、山口・各論161頁、等

③ 判 例

(1) 代表的判例

　戦前の判例の中には、裁判所の競売を偽計を用いて妨害した事案について、偽計業務妨害罪の成立を肯定したものもあったが[8]、大審院は、尋常高等小学校の教員が校長を失脚させようと図り、校長の保管する教育勅語謄本等を持ち出して自己の受持ち教室の天井裏に隠匿した事案について、校長が勅語謄本等を保管する職務は公務に属するので業務に該当しないとして、偽計業務妨害罪の成立を否定した[9]。これに対して、郵便集配人の郵便集配業務を暴行により妨害した事案について、現業雇人である郵便集配人は公務員でないとして公務執行妨害罪の成立を否定し、威力業務妨害罪を認めたものもあった[10]。

　戦後においても、争議中の労働者らによる業務妨害を鎮圧するために駆けつけた武装警察官らが検挙しようとしたのに対して、労働者らがスクラムを組むなどして気勢をあげたという事案について、「業務妨害罪にいわゆる業務の中には、公務員の職務は含まれない」として、威力業務妨害罪の成立を否定したものがあった[11]。しかしその後、最高裁は下記の①判決において、一定の範囲で公務も業務に含まれることを認め、この立場が②判決によって確認された。その後の③ないし⑤の各決定もこれに従っている。

　①最判昭和35・11・18刑集14巻13号1713頁（「古河鉱業目尾鉱業所事件」）は、旧国鉄の貨車運行業務を威力を用いて妨害した事案について、「法令上国鉄の事業ないし業務が公務とされその職員が…政府職員に準ずる取扱を受けるものとされているのは、主としてその経営上の沿革的理由と高度の公共性によるものであって、事業ないし業務が権力的な支配的作用を伴うことによる

---

[8] 大判明治42・2・19刑録15輯120頁
[9] 大判大正4・5・21刑録21輯663頁「教育勅語隠匿事件」
[10] 大判大正8・4・2刑録25輯375頁、ただし、この判断は郵便集配人を公務員とした最判昭和35・3・1刑集14巻3号209頁によって変更された。
[11] 最大判昭和26・7・18刑集5巻8号1491頁「理研小千谷事件」

ものであるからではなく、事業ないし業務遂行の実態は、まさに民営鉄道のそれと同様である」から、旧国鉄職員の現業業務がたまたま法令上公務とされているというだけの理由で業務妨害罪の対象とならないとする合理的理由はないとして、威力業務妨害罪の成立を肯定した。

②最大判昭和41・11・30刑集20巻9号1076頁（「摩周丸事件」）は、旧国鉄連絡船の運航業務を威力を用いて妨害した事案について、「その行う事業ないし業務の実態は、運輸を目的とする鉄道事業その他これに関連する事業ないし業務であって、国若しくは公共団体又はその職員の行う権力的作用を伴う職務ではなく、民営鉄道のそれと何ら異なるところはないのであるから、…国鉄職員の行う現業業務は、その職員が法令により公務に従事する者とみなされているというだけでの理由で業務妨害罪の対象とならないとする合理的理由はない」と判示し、国鉄の行う事業・業務は業務妨害罪にいう業務に含まれるとした。

③最決昭和62・3・12刑集41巻2号140頁（「新潟県議会事件」）は、県議会の委員会の条例案採択等の事務を威力を用いて妨害した事案について、「本件において妨害の対象となった職務は、新潟県議会総務文教委員会の条例案採択等の事務であり、なんら被告人らに対して強制力を行使する権力的公務ではないのであるから」、威力業務妨害罪にいう業務にあたるとして同罪の成立を認めた。

④最決平成12・2・17刑集54巻2号38頁は、公職選挙法上の選挙長の立候補届出受理事務を偽計および威力を用いて妨害した事案について、「右事務は、強制力を行使する権力的公務ではないから」、業務妨害罪にいう業務にあたるとした。

⑤最決平成14・9・30刑集56巻7号395頁は、新宿駅の「動く歩道」工事のため都職員らが行った段ボール小屋の撤去作業を威力を用いて妨害した事案について、「本件において妨害の対象となった職務は、動く歩道を設置するため、本件通路上に起居する路上生活者に対して自主的に退去するよう説得し、これらの者が自主的に退去した後、本件通路上に残された段ボール小屋等を撤去することを内容とする環境整備工事であって、強制力を行使する権

力的公務ではないから」、威力業務妨害罪にいう業務にあたるとした。

　ところで、近時、強制力を備えた公務をその内容として含む公務（業務）を、偽計を用いて妨害した事案について、偽計業務妨害罪の成立を認めた下級審判例がある。下記の⑥ないし⑧の各判決がこれである。

　⑥横浜地判平成14・9・5判タ1140号280頁は、A海上保安部に電話をかけ、警備救難当直中のBに対し、国籍不明の外国人が不法入国した旨の虚偽の犯罪事実を通報し、当直職員らをして不必要な巡視船艇または航空機等の出動を指示させたという事案について、「被告人の通報さえ存しなければ遂行されたはずの本来の行政事務、パトロール業務、出動待機業務等の業務の遂行を困難ならしめ、もって偽計を用いて人の業務を妨害した」として、偽計業務妨害罪の成立を認めた。

　⑦名古屋簡判平成16・4・28警察公論60巻1号81頁は、駐車中の普通乗用自動車が盗難の被害にあったとの虚偽の被害届を提出し、警察官らに徒労の業務を行わせた事案について、「虚偽の被害届さえ存しなければ遂行できたはずの本来の機動警ら業務、事案発生に備えた出動待機業務、相談受付業務等各業務の遂行を困難ならしめ」たとして、偽計業務妨害罪の成立を認めた。

　⑧東京高判平成21・3・12高刑集62巻1号21頁は、自宅のパソコンからインターネットの掲示板に、JRの甲駅において無差別殺人を実行する旨の虚構の事実を予告し、これを閲覧した者からの通報を介して、警察職員を甲駅構内その周辺への出動、警戒等の業務に従事させたという事案について、次のように判示した。「警察に対して犯罪予告の虚偽通報がなされた場合（…）、警察においては、…これに対応する徒労の出動・警戒を余儀なくさせられるのであり、その結果として、虚偽通報さえなければ遂行されたはずの本来の警察の公務（業務）が妨害される」ことになる。したがって、「妨害された本来の警察の公務の中に、仮に逮捕状による逮捕等の強制力を付与された権力的公務が含まれていたとしても、その強制力は、本件のような虚偽通報による妨害行為に対して行使し得る段階になく、このような妨害行為を排除する働きを有しない」ので、「妨害された警察の公務（業務）は、強制力を付与さ

れた権力的なものを含めて、その全体が、本罪による保護の対象になると解するのが相当である。」

(2) 判例の総括

以上のように、大審院と最高裁の当初の判例の中には消極説に立ったと思われるものがあるが、最高裁は①判決と②判決において、旧国鉄の業務の現業性、民間類似性、非権力性を指摘して、その妨害行為について業務妨害罪の成立を認めた。その後の下級審判例には、現業性あるいは民間類似性のない公務について業務妨害罪の成立を認めたものもあった[12]。こうした判例の変遷を経て、最高裁の③ないし⑤の各決定は、いずれも「強制力を行使する権力的公務」でないから業務に含まれるとする立場を採用した。他方で最高裁は、旧国鉄職員の業務を暴行により妨害した事案について公務執行妨害罪の成立を認めているので[13]、現在の判例は権力的公務か否かを基準とする限定積極説の立場に立っていると解される[14]。

また、強制力を備えた公務を含む公務に対する偽計業務妨害罪の成立を認めた⑥ないし⑧の各判決は、具体的に妨害された公務が必ずしも「強制力を行使する権力的公務」とはいえないこと、あるいは強制力を付与された権力的公務を含む当該公務の全体が同罪の保護の対象になることを理由としている。判例が修正積極説に向かうのか、今後の判例の動向が注目されるところである。

4 検討・私見

上記の諸説のうち、①無限定積極説に対しては、警察官の逮捕や執行官の強制執行のように自力で抵抗を排除しうる権能を有する場合まで威力等に対する保護を認める必要はないという批判があてはまる。また、公務執行妨害

---

[12] 京都地判昭和44・8・30刑月1巻8号841頁、名古屋高判昭和45・9・30刑月2巻9号951頁
[13] 最決昭和59・5・8刑集38巻7号2621頁
[14] 西田・各論127頁参照

罪と業務妨害罪の法条競合とする説については、罪質の異なる両罪について法条競合を認める点で疑問がある。他方で、②消極説については、民間の業務と同様の実態があるにもかかわらず、公務という理由だけで偽計・威力から保護されないとするのは、民間の業務との不均衡を生ずることになり妥当でない。③説以下の諸説はその中間的な立場を志向するものであるが、③身分振分け説については、業務妨害罪は広く人の社会活動の自由を保護法益とするので、活動の主体によって区別することには合理性がなく、また、公務員の行う私企業的・民間類似的な公務が偽計・威力から保護されないという問題がある。④公務振分け説については、「公務」の範囲を限定的に理解することは、公務執行妨害罪が旧法から現行法に改正された際の立法趣旨に反する疑いがあり、また、二重の保護を認めないのは公務の円滑な執行が危殆化されたことを適切に評価しておらず、公務の保護が十分でないという問題がある。

　思うに、強制力を行使する権力的公務は、一般に偽計・威力による妨害を自力で排除しうる法的根拠と実力を備えている。換言すれば、強制力の行使が許容される場面では、威力・偽計による妨害が当然に予想されるので、そうした妨害はいわば織り込み済みであるといえよう。たとえば、被疑者を逮捕しようとする警察官を威力や偽計を用いて妨害しても、業務妨害罪に問う必要はないと思われる。また、権力行使の相手方と緊張関係に立つ場合には、その行使は謙抑的でなければならないことからも、これを威力等による妨害に対してまで保護する必要性は乏しいと思われる。したがって、強制力を行使する権力的公務を業務妨害罪の保護の対象とすべきではない。これに対して、そうでない公務は民間の業務と同様に保護されるべきである。実際にも、公営鉄道の業務と私営鉄道の業務、あるいは公立大学の事務と私立大学の事務を異なった保護のもとに置くのは適切でない。また、業務の妨害が公務執行妨害罪にもあたる場合には、公務の円滑な遂行を危殆化させたものとして同罪の成立も認めるべきであるから、二重の保護を認める⑤限定積極説が妥当であると解する。たしかに、強制力は偽計に対して無力であるとする⑥修正積極説は傾聴に値するが、偽計と威力の区別は必ずしも明確でな

く、その両手段が併用される事例もあること、また、⑥判決や⑦判決のように、偽計によって妨害された公務の範囲を具体的に画すれば「業務」の妨害を認めうる事例が多いことから、限定積極説の立場からも妥当な結論が得られると考える。

5 おわりに

　本問では、Aが虚偽通報により警察官数名に徒労の業務を行わせたことについて、偽計業務妨害罪が成立するか否かが問題になる。無限定積極説および修正積極説からは同罪の成立が肯定され、消極説および身分振分け説からはその成立が否定され、公務振分け説および限定積極説からは、その区別の基準いかんにより結論が分かれると思われる。私見によれば、Aの虚偽通報によって具体的に妨害された公務は、甲警察署において通報を受けた乙の通報受理業務、および警察官数名によって遂行されたはずの本来の業務であり、それ自体が強制力を行使する権力的公務にあたるものではないので、偽計業務妨害罪の「業務」に含まれ、したがって同罪が成立すると解すべきである。

（鈴木彰雄）

第21講　窃盗罪における不法領得の意思

―――――【事例】―――――
甲市在住のAは、深夜零時ころ、自宅近くの駐車場に、以前から乗ってみたかったB所有の車（普通乗用自動車で時価約300万円相当）を見つけた。そこで、Aは、明け方までに元の場所に戻しておけばよいと考え、そのつもりで駐車場から勝手に同車を乗り出し、甲市内を乗り廻していたところ、午前四時ころ、無免許運転によって検挙された。Aの罪責を述べよ。（無免許運転については問題としない。）

【解　説】

1 はじめに

　(1)　本事例では、財物の無断一時使用の場合に窃盗罪が成立するのかが問題となる。
　伝統的な見解は、財物に対する財産犯を、財物の効用を害したり減少させたりする毀棄・隠匿罪（器物損壊罪、信書隠匿罪など）と財物の利用可能性を取得する領得罪（窃盗罪、強盗罪、詐欺罪、恐喝罪、横領罪など）に分け、後者の領得罪については、その成立につき「不法領得の意思」が必要だとしている。この「不法領得の意思」は、領得罪の成立を肯定するための主観的要件として、故意のほかに、すなわち、領得罪の客観的側面に対応する主観面である故意のほかに必要だとされる。そして、この「不法領得の意思」とは、「権利者を排除し、他人の物を自己の所有物として、その経済的用法に従い、利用し処分する意思」（大判大正4・5・21　刑録21輯663頁）とされる。かかる定義における前半部、つまりは、「権利者を排除して、他人の物を自己の所有物として扱う意思（あるいは、権利者を排除して、所有者として振る舞う意思）」の部分は、「権利者排除意思」と呼ばれ、領得罪の成立には、物の一時的な無断使用では足りず、被害者の支配・権利の完全な排除が必要であることを示す

ものであり、一時的な無断使用の可罰性を否定する機能を持つとされる（無断一時使用の「利益侵害の量的側面（その主観面への反映）」に着目した可罰性限定機能）。他方、後半部である「経済的用法に従って利用、処分する意思」は、「利用・処分意思」と呼ばれ、ただ物の利用を不可能にする毀棄罪とは異なり、領得罪は物の利用可能性を獲得しようとする場合にのみ成立しうることを示すものであり、領得罪と毀棄・隠匿罪を区別する機能を持つとされる（利益侵害の質的側面に着目した財産罪における犯罪個別化機能）。

　(2) このような理解を本事例で問題となる窃盗罪を例として述べると次のようになる。窃盗罪の行為は「窃取」であり、これは、他人の占有を侵害し財物を自己又は第三者の占有に移すこと（占有の侵害と取得）であり、このような事実の認識が窃盗罪の故意ということになる。すると、例えば、少しメモを取るために他人の鉛筆と消しゴムを無断で持ち去り短時間使用して返した場合などは、結論において窃盗罪は成立しないという点では異論のないところと思われるが、こうした結論を故意のほか「不法領得の意思」を要求し、それに「権利者排除意思」を含めることで無理なく導けるということになる。また他方で、例えば、他人の家の玄関に置いてある陶器の傘立を持ち去り、その家から離れたところで破壊したという場合に、器物損壊罪よりもはるかに法定刑の重い窃盗罪が成立するということにもなりうるが、その結論は、窃盗罪に「不法領得の意思」を要求し、そこに「利用・処分意思」を含めることで導けるということになるのである。

　(3) 本事例は無断一時使用の場合の窃盗罪の成否である。上述のようなごく軽微な無断一時使用が不可罰であることは異論のないところと思われるが、これとは異なり、高価な財物を無断で持ち去り、権利者の利用可能性（ないし利用価値）を著しく害する場合に、とりわけ返還意思があったというだけで不可罰とするのでは、確かに財産保護としては不十分といえる。そこで、上記の異論がないと思われる結論を維持しつつ、無断一時使用の場合の可罰性を適度に確保するような方策が探られなければならないということになる。その際、そもそも「不法領得の意思」が、とくに「権利者排除意思」が必要なのかも問われることになる。

2 不法領得の意思の内容に関する学説・判例

（1）まず、先にも示したように、判例は、不法領得の意思について、「権利者を排除し、他人の物を自己の所有物として、その経済的用法に従い、利用し処分する意思」と定義している（最高裁については最判昭和26・7・13 刑集5巻8号1437頁）。これには、二つの部分が内包されているとされる。すなわち、ⓐ権利者排除意思とⓑ利用・処分意思である。

不法領得の意思をめぐる学説については、大別すると次のような四つの立場に分けられる。

①判例の立場と基本的に同様に、ⓐ権利者排除意思とⓑ利用・処分意思の両者を不法領得の意思の内容として要求する見解[1]。

②不法領得の意思を「その財物につきみずから所有者としてふるまう意思」とする見解で、ⓐの権利者排除意思のみを不法領得の意思の内容とし、ⓑを要求しないもの[2]。

③不法領得の意思を「他人の物によって何らかの経済的利益を取得する意思」とする見解で、ⓑの利用・処分意思のみを不法領得の意思の内容とし、ⓐを要求しないもの[3]。

④ 領得罪の成立には故意があれば足り、これを超えた主観的事情の存在を要しないとするもので、不法領得の意思を不要とする見解[4]。

（2）無断一時使用の窃盗罪の成否については、不法領得の意思の内容に関する限りでは、上記見解中の①②説が窃盗罪不成立となり、③④説が窃盗罪成立ということにもなりそうである。

---

[1] 中森喜彦「不法領得の意思」芝原ほか編『刑法理論の現代的展開――各論』（1996）179頁以下、林・各論190頁、大谷・各論192頁、斎藤・各論115頁、山口・各論198頁、西田・各論156頁以下など。
[2] 団藤・各論562頁以下、福田・各論231頁など。
[3] 江家義男『刑法各論 増補版』（1963）270頁以下、岡野・各論107頁など。
[4] 牧野英一『刑法各論 下巻』（1951）583頁以下、内田文昭『刑法各論』第3版（1996）255頁、大塚・各論197頁、川端・各論284頁以下、曽根・各論121頁以下など。

3 一時使用に関する学説・判例

(1) 学　説

　だが、いずれの見解においても、財物の無断一時使用についてすべて窃盗罪が成立する、あるいは、すべてが不成立となるといった極端な主張とはならないようである。少なくとも、鉛筆や消しゴムなどの軽微な一時使用については窃盗罪は成立しないという点では見解の一致するところといえよう。つまり、「不法領得の意思」の内容として「権利者排除意思」を要求しない見解や「不法領得の意思」を不要とする見解からは、このような軽微な一時使用の不可罰を肯定すべく、可罰的違法性の欠如[5]、推定的承諾が存在する[6]、構成要件に該当する侵害に当たらない[7]、行為自体が可罰的な財物の窃取行為とは認められない[8]、故意の欠如[9]、といった理由があげられているのである。

　これに対して、「権利者排除意思」を「不法領得の意思」の内容として要求する立場からは、もっぱら無断一時使用の場合の可罰性を適切に確保するとの視点から、微少とはいえない程度の価値の消費を伴うような形態の場合[10]、一般に権利者が許容しないであろう程度・態様の利用をする意思の場合[11]、奪った物の所有権を著しく侵害する（その所有者にとって迷惑千万な扱いをする）意思の場合[12]、当該財物を利用する場合に社会通念上使用貸借又は賃貸借によらなければ使用できないような形態によって財物を利用する意思の場合[13]には、「不法領得の意思」が肯定できるとの立場がとられているの

---

[5] 植松正『刑法概論Ⅱ各論』（1975）370頁、内田・前掲注（4）255頁、川端・前掲注（4）284頁など。
[6] 川端・前掲注（4）284頁。
[7] 前田・各論243頁。
[8] 大塚・前掲注（4）201頁。
[9] 斉藤豊治「近年の不法領得の意思論」渥美ほか編『刑事法学の現実と展開――斉藤誠二先生古希記念――』（2003）18頁以下、曽根・前掲注（4）122頁、伊東・各論145頁。
[10] 団藤・前掲注（2）563頁。
[11] 西田・前掲注（1）161頁。
[12] 斎藤・前掲注（1）115頁。

ある。

　よって、結論においては大きな違いはないように思われるが、説明の仕方はかなり異なるということになり、この点で活発な議論が継続しているということになる。

　判例同様に、「権利者排除意思」と「利用・処分意思」を不法領得の意思の内容とする立場からは、例えば、上記③④説は客観的な利用妨害の程度を問題とすることで窃盗罪の成立を限定しようとするが、「窃盗罪は占有の取得により既遂となるから、既遂後の利用妨害の程度を窃盗罪の成否において考慮することは不可能である」、「可罰的な程度の利用妨害がない限り窃盗罪が既遂とならないとする考えは、既遂時期を極めて不明確とするものであり、採りえない。この意味で、可罰的な程度の利用妨害を『可罰的違法性』の見地から要求しつつも、それを行為時に繰り上げ、それに向けられた意思という形で犯罪成立要件とするほかはない」[14]とされたり、あるいは、（「可罰的違法性」の有無によって処理する立場に対して）「確かに、可罰的違法性なしとして不可罰とする他ないような場合もあるが、可能な限り、もっと具体的な基準を見出し、かつ、それを構成要件段階で考慮することが、罪刑法定主義の見地から、必要と思われる」[15]とされたり、批判が向けられるところである。

　思うに、軽微な無断一時使用を不可罰としうること、および、領得罪と毀棄・隠匿罪の区別を無理のない形で導けるという点で、「権利者排除意思」と「利用・処分意思」の両者を不法領得の意思の内容として要求する見解が妥当と思われる。その上で、ここで問題となる「権利者排除意思」については、利用可能性を継続的に侵害する意思を示す、「放置する意思」（返還意思の不存在）だけでなく、所持者の利用の可能性・必要性の程度、予定された利用妨害の時間、客体の価値、価値の減少の程度などを勘案し、具体的な事案に沿って判定するということになるであろう。

---

[13] 大谷・前掲注（1）193頁。
[14] 山口・前掲注（1）199頁以下。
[15] 斎藤信治「不法領得の意思の必要性」『刑事法学の現代的展開（上巻）刑法編・刑事訴訟編――八木國之先生古希祝賀論文集――』（1992）391頁以下。

(2) 判　例

　乗り物の一時使用について、大審院判例では、自転車の無断一時使用につき、一時使用して返還意思がある場合には窃盗罪は成立しないが、使用後に破壊しまたは乗り捨てる意思がある場合には不法領得の意思があり窃盗罪が成立するとした判例（大判大正9・2・4　刑録26輯26頁）があり、また、最高裁判例でも、小舟の無断使用につき、対岸に船を乗り捨てる意思で船に対する所有者の所持を奪った以上、不法領得の意思がなかったとはいえないとした判例（最判昭和26・7・13　刑集5巻8号1437頁）がある。これらはいずれも乗り捨てる意思の有無（返還意思の有無）を重視した判断であったといえる。

　だが、判例は、その後、自動車の一時使用について、返還意思があっても窃盗罪を認めるに至っている。最高裁判例としては、夜間無断で使用して翌朝までに元の場所に戻しておくということを繰り返していた事案につき、「被告人らは、所論各自動車を、窃盗品の運搬に使用したり、あるいは、その目的をもって、相当長時間にわたって乗り廻しているのであるから、例え、無断使用した後に、これを元の位置に戻しておいたにしても、被告人らに不正領得の意思を肯認することができる」とし、窃盗罪の成立を認めた判例（最決昭和43・9・17　判時534号85頁）や、深夜無断で乗り回した事案（本事例類似のケース）につき、「他人所有の普通乗用自動車（時価約250万円相当）を、数時間にわたって完全に自己の支配下に置く意図のもとに、所有者に無断で乗り出し、その後4時間余りの間、同市内を乗り廻していたというのであるから、例え、使用後に、これを元の場所に戻しておくつもりであったとしても、被告人には右自動車に対する不正領得の意思があったというべきである」とし、窃盗罪の成立を認めた判例（最決昭和55・10・30　刑集34巻5号357頁）がある。

　乗り物以外の一時使用としては、例えば、秘密資料のコピー目的での持ち出しがあげられる。会社の機密資料である会員名簿を持ち出し、コピー後約2時間で元の場所に戻しておいたという事案につき、会員名簿の経済的価値はそれに記載された内容自体にあるため、その内容をコピーし、それを競争関係に立つ会社に譲り渡す手段として、名簿を利用する意思は不法領得の意

思に当たるとした判例（東京地判昭和55・2・14　刑月12巻1＝2号47頁）や、新薬製造承認申請用資料等が編綴されたファイルを無断で持ち出し、コピーし約7時間後ないし約16時間後に返却したという事案につき、資料の経済的価値がその具現された情報の有用性、価値性に依存するものである以上、資料の内容をコピーしその情報を獲得しようとする意思は不法領得の意思にあたるとした判例（東京地判昭和59・6・15　刑月16巻5＝6号459頁）などがある。これらの判断においては、資料に化体された価値が大きく減耗することが重視されているといえよう。

4 おわりに

「権利者排除意思」と「利用・処分意思」の両者を不法領得の意思の内容として要求する見解に立って本事例を見るならば、まず、他人の財物（自動車）の占有を侵害し、取得するという客観面は問題なく認められる。さらに、主観面の「利用・処分意思」についても一晩中乗り廻すことを意図しているのであるから問題なく認められるであろう。そして、問題になるのは「権利者排除意思」ということになるが、客体である財物が高価であること、予定された利用妨害の時間も深夜から明け方までと短い時間とは言えず、その間確実に所有者の利用可能性が阻害されることなどを考慮すると、「権利者排除意思」も認められるということになるであろう。よって、Aには窃盗罪が成立すると解される。なお、「一般に権利者が許容しないであろう程度・態様の利用をする意思」や「奪った物の所有権を著しく侵害する（その所有者にとって迷惑千万な扱いをする）意思」を「権利者排除意思」の実質的内容とする見解により、ダイレクトにこれにあたるか否かを検討しても結論は同じものになるであろう。

【参考文献】

斎藤信治「不法領得の意思の必要性」『刑事法学の現代的展開（上巻）刑法編・刑事訴訟編——八木國之先生古希祝賀論文集——』（1992）380頁以下

斉藤豊治「近年の不法領得の意思論」渥美ほか編『刑事法学の現実と展開——斉藤誠二先生古希記念——』（2003）18頁以下

中森喜彦「不法領得の意思」芝原ほか編『刑法理論の現代的展開——各論』（1996）175頁以下

日高義博「自動車の一時使用と不法領得の意思」刑法判例百選II各論［第6版］（2008）62頁以下

林陽一「自動車の一時使用と不法領得の意思」刑法判例百選II各論［第4版］（1997）60頁以下

内田幸隆「窃盗罪における不法領得の意思」刑法の争点（2007）168頁以下

（箭野章五郎）

第22講　強盗強姦致死罪

【事例】
　Aは、強盗強姦の目的で、帽子を目深にかぶり宅配の配達員を装って、乙女宅に侵入し、いきなり乙女の腹部を殴打し、金品を要求しつつ、首を締めつけるなどの暴行を加え、乙女を失神させた上で姦淫し、金品を物色していたところ、帽子が取れたため、被害者に素顔を見られたのではないかと不安になり、被害者を殺害するしかないと考え、乙女の首を絞め窒息死させた。その後に現金などを持ち去った。Aの罪責はどうなるか。

【解　説】

1 はじめに

　強盗強姦犯人が過失によって被害者を死に致した場合には、刑法241条後段の強盗強姦致死罪が成立することについて争いはない。しかし、強盗強姦犯人が故意に（殺意をもって）被害者を殺害した場合に、これをどのように取り扱うべきなのかということについては争いがある。つまり、刑法241条後段は、故意（殺意）のある場合を含む規定なのか、それとも故意（殺意）のある場合を含まない結果的加重犯の規定なのかということが問題となる。

2 強盗殺人罪について

　ちなみに、強盗殺人には、刑法240条のみが適用されるとする立場が、判例・通説である[1]。刑法240条に殺意のある場合が含まれないとすると、強盗殺人は、強盗罪と殺人罪の観念的競合ないしは牽連犯とするか[2]、強盗致死罪と殺人罪の観念的競合ないしは牽連犯とする[3]ことになるであろう[4]。しかし、一般に、前者に対しては、法定刑の上限が死刑で下限が5年の懲役となってしまい、殺意のない強盗致死罪が刑法240条で法定刑の上限が死刑で下

限が無期懲役であることと比較してアンバランスになるという批判があり、又、後者に対しても、被害者の死という同一の結果につき、故意による惹起（殺人罪）と故意によらない惹起（強盗致死罪）という本来排他的な関係に立つ二重評価をしている点で論理的に矛盾しているとの批判がある。それゆえ、刑法240条に殺意ある場合が含まれないとする立場は支持することができない。

通説によれば、立法の沿革からみて、刑法240条には殺意のある場合が含まれると解されること[5]、刑法243条が刑法240条の未遂を定めていることからすると、強盗が殺意をもって被害者を殺害しようとしたが失敗したという

---

[1] 大判明治42・6・8刑録15輯728頁、大連判大正11・12・22刑集1巻815頁、最判昭和32・8・1刑集11巻8号2065頁。従前より、泉二新熊『日本刑法論下〔第31版〕』有斐閣（1921年）1514頁、勝本勘三郎『刑法の理論及び政策』有斐閣（1925年）494頁、牧野英一『重訂日本刑法下巻〔第62版〕』有斐閣（1939年）368頁、木村亀二『刑法各論』法文社（1957年）123頁、青柳文雄『刑法通論II各論』泉文堂（1963年）496頁、江家義男『刑法各論〔増補版〕』青林書院新社（1963年）302頁、佐伯千仭『刑法各論』有信堂（1964年）155頁、柏木千秋『刑法各論』有斐閣（1965年）454頁、植松正『再訂刑法概論II各論』勁草書房（1975年）401頁など。近時でも、井田・各論114頁、内田・各論291頁、大越・各論114頁、大塚・各論229頁、大谷・各論239頁、岡野・各論148頁、川端・各論347頁、斎藤・各論129頁、佐久間・各論208頁、須之内・各論146頁、曽根・各論139頁、髙橋・各論278頁、団藤・各論595頁、中山・各論153頁、中森・各論114頁、西田・各論185頁、西原・各論243頁、林・各論221頁、平川・各論360頁、福田・各論245頁、藤木・各論301頁、町野朔「法条競合論」内藤謙ほか編『平野龍一先生古稀祝賀論文集上巻』有斐閣（1990年）420頁、前田・各論314頁、松宮・各論223頁、山中・各論301頁、山口・各論237頁など。
[2] 観念的競合とするのは、小暮得雄「刑の権衡論について」北大法学論集14巻1号（1963年）63頁、竹内正「結果的加重犯概念についての一考察」松山大学論集4巻6号（1993年）17頁。牽連犯とするのは、大場茂馬『刑法各論上巻〔増訂第4版〕』中央大学（1912年）630頁。
[3] 観念的競合とするのは、大判明治43・10・27刑録16輯1764頁、大判大正4・2・26刑録21輯164頁、小野清一郎『新訂刑法講義各論』有斐閣（1949年）244頁、瀧川幸辰『刑法各論〔再版〕』世界思想社（1952年）133頁、香川・各論534頁、山本光英「結果的加重犯の犯罪競合―強盗殺人の適条について―」北九州市立大学法政論集38巻1＝2号（2010年）39頁など。牽連犯とするのは、大判明治43・5・1刑録16輯1012頁。
[4] なお、勝本・前掲（註1）490頁によれば、さらに窃盗罪ないし占有離脱物横領罪と殺人罪との観念的競合とする見解も挙げられているが、何人の主張であるか明らかではないし（草野豹一郎「強盗強姦殺人の擬律」『刑事判例研究第3巻』巌松堂書店（1937年）353頁）、いずれにせよ殺意のない強盗致死罪とのアンバランスという点では、この説もやはり採用のかぎりではない。
[5] 旧刑法の基礎となったボアソナード草案426条には、強盗致傷、強盗致死および強盗殺人の三形態が明確に規定されていたが、旧刑法380条および現行刑法240条はこの三形態を、強盗が人を傷害した者と死に致した者とにまとめたということから、強盗致死と強盗殺人が含まれていると解すべきである（これについて、神山敏雄「強盗致死傷罪」中山研一ほか編『現代刑法講座（4）』成文堂（1982年）280頁）。

場合を未遂とするのが素直であることや、強盗の機会には殺傷を伴うことが多く、これに重い刑罰をもって臨むというのが刑法240条の趣旨であるとすれば、人を殺害して物をとるなどの行為は典型的なものであり、これが立法において除外されたとは考えられないこと[6]、そして、同一条文に結果的加重犯と故意犯が規定されたものとして刑法204条の例が存在すること[7]などの理由から、刑法240条には故意のある場合を含むと解されている。債務を免脱するために債権者を殺害する場合も考えると、強盗犯人が殺意をもって被害者を殺害することは、強盗の一つの典型ともいえる。それゆえ、わたしもこの見解が妥当であると考える。

しかし、刑法241条後段については、刑法240条とは事情を異にするというのが、判例・通説の立場である。なにより条文の規定の仕方が異なるし、刑事政策的な事情も異なるといったことがその背景にあると考えられる。そこで、これらを踏まえつつ、以下では、強盗強姦犯人が殺意をもって被害者を殺害した場合の擬律について検討することにしたい。

③ 強盗強姦致死罪についての判例および学説

・刑法241条後段は殺意がある場合を含むとする立場
(1) 強盗強姦致死罪と同様に刑法241条後段を適用する説[8]

刑法241条後段は故意ある場合をも含むのであって未遂は殺人と強姦の両面において可能であるとする。そして、刑法241条後段の法定刑の重さを考えると、端的に殺人の故意ある場合を含むと解するのが妥当であるという[9]。

しかし、この説に対しては、刑法241条後段は、刑法205条と同じく「よっ

---

[6] 団藤・各論595頁など。
[7] 川端・各論347頁、前田・各論314頁など。
[8] 従前より、小泉英一「強盗強姦と強盗殺人」法学志林37巻9号(1935年)79頁以下、江家・前掲(註1)304頁、植松・前掲(註1)407頁など。近時でも、伊東・各論187頁、内田文昭『刑法各論[第3版]』青林書院(1996年)299頁、団藤・各論597頁、立石二六『刑法解釈学の諸問題』成文堂(2012年)39頁、中山・各論155頁、林・各論223頁、町野・前掲(註1)421頁、松宮・各論227頁、山中・各論307頁、山口・各論242頁など。
[9] 立石・前掲(註1)39頁。

て」と規定しており、殺意を含まない規定と解するべきではないかという疑問がある。また、強姦犯人が被害者を殺害することは刑事政策的にみて一般的といえるかどうかという点にも問題が残ると思われる[10]。そして、そもそも死体に対する姦淫は強姦ではないので、少なくとも殺害後の姦淫ということは問題となりえず、「殺人は強姦の手段とはいえない」のではないかという問題がある[11]。

・刑法241条後段は殺意がある場合を含まないとする立場

　刑法241条後段は、「よって女子を死亡させたときは」と規定しており、明らかに結果的加重犯であると解され、強姦致死傷罪と同様に、殺意がある場合を含まない規定である。それゆえ、殺意がある場合には、強盗強姦致死罪を認めれば足りるというわけにはいかないとする。その場合にどのように取り扱うかについて、さらに以下のような見解に分かれる。

(2)　強盗強姦罪と殺人罪の観念的競合とする説[12]

　刑法241条後段の強盗強姦致死罪は殺意のない場合の規定であり、強盗強姦犯人が殺意をもって被害者を殺害した場合には、強盗強姦罪と殺人罪の観念的競合を認めるとする。

　しかし、殺意のない強盗強姦致死罪は刑法241条後段で死刑または無期懲役となるのと比較して、強盗強姦犯人が殺人をした場合には、上限は死刑で下限が7年の懲役となるので[13]、殺意のない場合より刑の下限が低くなってしまい、アンバランスとなる[14]。

---

[10] 前田・各論318頁など。
[11] 大越・各論115頁、平野・概説181頁。
[12] 瀧川春雄=竹内正『刑法各論講義』有斐閣（1965年）185頁。
[13] 1個の行為が数個の罪名に触れた場合である観念的競合（刑法54条1項）という罪数処理をすると、競合する条文の法定刑を比較して上限も下限も重いものを選ぶことになる。強盗強姦罪は刑法241条前段で法定刑の上限が無期懲役で下限が7年の懲役であり、殺人罪は刑法199条で法定刑の上限が死刑で下限が5年の懲役であるから、この場合、法定刑の上限は死刑で下限は7年の懲役ということになる。
[14] 立石・前掲（註1）39頁。

(3) 強盗強姦致死罪と殺人罪の観念的競合とする説[15]

　刑法241条後段の強盗強姦致死罪は殺意のない場合の規定であり、強盗強姦犯人が殺意をもって被害者を殺害した場合には、殺意のない場合との法定刑のバランスを考慮し、かつ殺意のあったことを明確化するためにも、強盗強姦致死罪と殺人罪の観念的競合とする。

　しかし、被害者の死という同一の結果につき、故意による惹起（殺人罪）と故意によらない惹起（強盗強姦致死罪）として評価しており、論理的に矛盾した二重評価をしているし[16]、殺意があったことの明確化は、強盗強姦殺人罪という罪名でも示すことが可能である。

(4) 強盗強姦罪と強盗殺人罪の観念的競合とする説[17]

　刑法241条後段の強盗強姦致死罪は殺意のない場合の規定であり、強盗強姦犯人が殺意をもって被害者を殺害した場合には、強盗犯人に殺意があるときは強盗殺人罪を認めるべきであるから、これとの均衡上は、強盗強姦罪と強盗殺人罪の観念的競合を認めるのが妥当であるという。判例はこの説をとる。

　しかし、この説に対しては、強盗犯人が強姦をし、殺人をするという二面的構成によって筋が通っているようにみえるが、241条後段が故意ある場合を含まないとする論証が十分でなく、未遂が否定されてしまう点に疑問があるとの批判[18]、強盗についての二重評価になるとの批判[19]、さらに機会説に

---

[15] 瀧川・前掲（註3）133頁、香川・各論536頁、山本光英「強盗強姦殺人の犯罪競合」北九州市立大学法政論集38巻3号（2010年）22頁以下。なお、さらに、草野・前掲（註4）369頁は、強盗強姦致死罪と強盗殺人罪の観念的競合とされるが、「死」の結果についても、「強盗」についても二重評価しており、妥当でない。

[16] 立石・前掲（註1）39頁。

[17] 大判大正13・4・7刑集3巻329頁、大判昭和10・5・13刑集14巻514頁、最判昭和33・6・24刑集12巻10号2301頁、大阪高判昭和42・5・29高刑集20巻3号330頁、横浜地判平成8・5・9判時1578号150頁。古くは、柏木・前掲（註1）459頁、木村・前掲（註1）124頁、青柳・前掲（註1）501頁など。近時でも、井田・各論112頁、大塚・各論236頁、大谷・各論245頁、川端・各論353頁、佐久間・各論211頁、須之内・各論148頁、曽根・各論141頁、高橋・各論286頁以下、中森・各論140頁、西田・各論183頁、西原・各論243頁、平川・各論362頁、平野・概説211頁、福田・各論247頁、前田・各論318頁以下。なお、泉二・前掲（註1）1515頁以下は、強盗強姦犯人が殺意をもって殺害した場合を強盗強姦罪と強盗殺人罪の併合罪とし、藤木・各論304頁も、その場合には両罪を併合罪とされ、強盗犯人が殺意をもって強姦し死亡させた場合には、両罪の観念的競合であるとして区別される。

立たないかぎり、強盗殺人罪の成立を肯定しえない点に疑問がある[20]、とされている。

(5) 強盗殺人罪と強姦罪の観念的競合とする説[21]

刑法241条後段の強盗強姦致死罪は殺意のない場合の規定であり、強盗犯人に殺意があるときは強盗殺人罪を認めるべきであるから、強盗殺人犯人が強姦をしたときには、強盗殺人罪と強姦罪の観念的競合を認めるのが妥当であるとする。

この説にも、過小評価の難点があり[22]、殺意のない場合には刑法241条後段の強盗強姦致死罪が成立して親告罪にはならないのに、殺意がある場合には強姦罪の部分については親告罪となるという問題[23]が含まれることになる。

4 おわりに

それでは、わたしたちはこの問題をどのように考えていけば良いのであろうか。わたしは、強盗強姦致死罪には殺意のある場合が含まれないとする立場が妥当であると考える。なぜなら、刑法241条後段は、「よって女子を死亡させたときは」という規定の仕方をしているので、これを素直にみると、重い結果についての故意がない結果的加重犯の規定として理解すべきであると思われるからである。

ここで注目されるのは、刑法241条後段の強盗強姦致死罪も、刑法181条の強制わいせつ等致死傷罪も、刑法205条の傷害致死罪と同じく「よって」と

---

[18] 中山研一『概説刑法Ⅱ〔第4版〕』成文堂(2005年)146頁。
[19] 伊東・各論186頁以下、内田・前掲(註8)299頁、林・各論223頁、斎藤・各論133、山中・各論307頁など。なお、本説のなかにも、この問題を指摘するものとして、須之内・各論148頁、高橋・各論287頁脚注(75)。
[20] 山口・各論242頁。
[21] 斎藤・各論133頁。
[22] 斎藤・各論133頁。
[23] 強姦犯人が殺意をもって被害者を殺害した場合に、強姦罪と殺人罪の観念的競合になるとする説に対して、強姦罪の部分が親告罪になることを批判するものとして、筑間正泰「結果的加重犯と罪数(2・完)」広島法学22巻2号(1998年)11頁などがある。

いう規定の仕方になっているのに対して、刑法240条の強盗致死傷罪がそのような規定の仕方をしていないという点である。

　思うに、それは、刑事政策的にみて、強盗犯人は、財物奪取という犯罪目的を遂行するために暴行を加えて相手方の反抗を抑圧するが、その反抗を抑圧する最たるものが殺人であることからも分かるように、殺人を手段とすることも多く、しばしば殺意をもつことが多いのに対して、強姦犯人は、被害者を殺害してしまっては強姦目的を達成することはできないので、殺人が手段とはならず、殺意をもつことが、類型的に少ないためであると考えられる[24]。その他にも、犯人が被害者を殺害する理由にはいくつかの理由が考えられるが、捜査の端緒となるのは一般に被害者による通報であることからも分かるように、犯跡を隠蔽するために被害者を口封じに殺害するということも挙げられよう[25]。この点を比較した場合に、強盗罪の被害者は通報することにほとんどためらいはないであろうが、強姦罪の被害者はそうではない。その点からみると、強盗犯人の方が口封じに被害者を殺害する動機づけが強いということがいえる。もちろん、いずれも怨恨による場合には殺害ということがありうるし、強姦犯人がつねに上記のような計算に基づいて行動しているわけでもないから、被害者を殺害することもないとはいえないが、以上述べたところから、強姦犯人は強盗犯人よりも殺意をもって被害者を殺害する可能性が類型的にみて低いといえるであろう。それでは、強盗強姦犯人の場合はどうであろうか。一般的には、口封じのために被害者を殺害する動機は少なく、強盗強姦の犯罪目的の達成という理由から被害者を殺害することも少ないであろうと考えられる。そうだとすれば、それにもかかわらず、強盗強姦犯人が殺意をもって被害者を殺害した場合には、殺意を含まない規定である刑法241条後段の強盗強姦致死罪の規定を適用すべきではないと考える。それゆえ、(1)説は支持できない。

　しかしながら、強盗強姦犯人が殺意をもって被害者を殺害した場合、強盗強姦罪と殺人罪の観念的競合とする(2)説は、殺意のない場合に成立する

---

[24] 前田・各論314頁脚注(56)など。
[25] 村木保久「強盗殺人罪の擬律」立石二六編『刑法各論30講』成文堂(2006年)155頁など。

強盗強姦致死罪よりも法定刑が軽くなってしまい、法定刑のバランスがとれないし、強盗強姦致死罪と殺人罪の観念的競合とする（3）説には「死」の結果を、排他的な関係にあるはずの故意によらない惹起と故意による惹起という二重評価をする論理的な矛盾がある。（3）説は、とくに結果的加重犯について加重結果に過失を必要とする通説の立場からは、同じ「死」の結果を過失による惹起と故意による惹起という矛盾した二重評価をすることになるので、採用し得ない見解である。

　前述②のとおり、強盗犯人が殺意をもって被害者を殺害した場合については、刑法240条の強盗殺人罪が成立するというのが、判例・通説であり、わたしもこの説が妥当であると考える。そして、強盗強姦犯人が被害者を殺害した場合には、刑法240条の強盗殺人罪と強盗強姦罪の観念的競合とする（4）説が有力に主張されており、この立場が、判例・通説になっている。しかし、この（4）説にも強盗の点では二重評価の問題が残る。たしかに、この二重評価には、（3）説のような意味での矛盾した評価は存在しないものの、強盗殺人罪の法定刑のなかでも強盗強姦罪の法定刑のなかでも強盗としての評価が加えられていることにかんがみると、（4）説の二重評価にも疑問がないとはいえない[26]。ちなみに、山口教授は、強盗致死傷罪についての拡張された手段説を支持する立場から、（4）説に対して、機会説に立たないかぎり、強盗殺人罪の成立を肯定しえない点に疑問がある[27]と批判されている。しかし、刑法240条をもっぱら強盗罪の結果的加重犯として理解するのであれば別であるが、さもなければ、そのように考える必然性はないであろう[28]。

　（5）説は、二重評価を避けるあまり、過小評価の難点があるのではないかとも考えられるが、最悪の犯情は、量刑上支障なく考慮することが可能であ

---

[26] 「観念的競合じたいが二重評価を前提とし、これを科刑において解消するためのものなのである」から批判は当たらないという反論（井田・各論112頁）もなされているが、強盗の結果が1つしか発生していないにもかかわらず、2つの強盗の成立を認める点でやはり二重評価の疑いが残るのではないかと思われる。
[27] 山口・各論242頁。
[28] 井田・各論111頁以下を参照。

る[29]。また、強姦罪の部分については親告罪となるため、告訴がなければ公訴を提起することができず、強盗殺人罪のみによる起訴になるとの不都合も考えられるかもしれない。しかし、そもそも強盗殺人罪の法定刑（死刑または無期懲役）そのものが刑法241条後段の強盗強姦致死罪と同じ程度に非常に重いため[30]、強姦罪の部分が欠けたとしても不当に軽くなってしまうわけではないし、かりに（強姦の被害者が殺害された場合にまで告訴がためらわれることは実際には考えにくいと思うが）告訴権者が強姦罪での処罰を望んでいない場合には、強盗殺人罪のみで起訴がなされ、処断されることも一概に不合理とまではいえないであろう。

それゆえ、刑法241条後段は、条文の規定の仕方からみても、刑事政策的にみても、殺意のある場合を含む規定ではないと解され、殺意のある場合と殺意のない場合との法定刑のバランスがとれているうえに、死亡結果の二重評価を回避することができ、かつ強盗の二重評価も回避することができるという理由から、(5) 説を支持したい。

したがって、(5) 説によれば、本問のAには、刑法240条の強盗殺人罪と刑法177条の強姦罪が成立し、観念的競合（刑法54条1項）となる。

【参考文献】

立石二六「結果的加重犯」『刑法解釈学の諸問題』成文堂（2012年）31頁以下
山本光英「強盗強姦殺人の犯罪競合」北九州市立大学法政論集38巻3号（2010年）3頁以下

（中村邦義）

---

[29] 斎藤・各論133頁。
[30] 反対に、強盗致死罪で、重い死の結果について故意のない場合にまで、死刑または無期懲役とするほどに重い法定刑が果たして適切なのかどうかも問題である（山口厚・川端博「対談・結果的加重犯の現状と課題」現代刑事法5巻4号（2003年）37頁）。そして、実際すでに、強盗殺人罪と強盗致死罪を同等に扱うことは憲法14条違反になるとして強盗致死罪は刑法240条の強盗致傷罪の刑罰枠で処罰すべきとする主張（神山・前掲（註5）284頁）もなされていたことには留意すべきであろう。

第23講　無銭飲食と詐欺罪成否

【事例】
Aはイタリア料理店で食事をしたが、思っていたほどおいしくなかったので、代金を支払う気にならず、店員に「駅まで友達を迎えに行く」と告げ、逃走した。Aの刑事責任はどうか。

【解　説】

１ はじめに

　刑法第246条は、「人を欺いて財物を交付させた者は、十年以下の懲役に処する」（第１項）、「前項の方法により、財産上不法の利益を得、又は他人にこれを得させた者も、同項と同様とする」（第２項）と規定している。第１項は、財物をその客体とし、第２項は、財産上の利益をその客体とする。詐欺罪は、詐欺行為（欺罔行為）により、相手方を錯誤に陥れ、錯誤に陥った相手方が交付・処分行為を行い、その財物や財産上の利益が行為者に移転することにより成立する。図式的に表すと、「詐欺行為→相手方の錯誤→財産上の交付・処分行為→財産的利得」という流れをたどり、この一連の流れが相当因果関係にあることが必要であり、主観的には故意によって包摂されることを要する。
　各々の要件を個別にみると、「詐欺行為」は、財産上の処分行為を引き起こす性質を有する必要があり、交付・処分行為に向けられたものでなければならないとされる。「相手方の錯誤」は、欺罔された者が代金を支払ってくれると誤信することである。「財産上の交付・処分行為」は、記述されざる構成要件要素であり、詐欺行為の相手方と財産的利得との因果的連鎖を証明するものとして、詐欺罪の本質にかかわる最も重要な要件である。財産上の交付・処分行為については学説上見解が対立している。
　詐欺罪は、被害者側の財産上の交付・処分行為が要件とされている点で、

被害者の意思に反して財物の取得が行われる窃盗罪と区別される。財物が客体である場合には、相手方の交付・処分行為がない場合、欺罔による窃盗として窃盗罪に包摂される。これに対して、財産上の利益を客体にする場合、交付・処分行為が否定されれば、その行為は「利益窃盗」として不可罰となることに注意が必要である。

さて、本講で問題となる無銭飲食とは、所持金もなく、代金支払の意思もないのに、それがあるかのように装って飲食をし、代金を支払わないで逃走する犯罪類型のことである。それが宿泊した場合、無銭宿泊となる。この無銭飲食には、2つの行為類型がある。まず、犯意先行型の事例である。これは、もともと無銭飲食をするつもりで飲食店に入り、食事をする場合である。この犯意先行型に対しては、支払の意思がないことを店員に告げないという「不作為」を詐欺行為とみる立場がかつて主張されたが、現在は、支払意思がないことを秘して注文するという「作為」に詐欺行為を認めるのが一般的である[1]。支払意思がないことを秘して注文し（詐欺行為）、その注文を受けて飲食店の店員は退去時に代金を支払ってくれると誤信して（相手方の錯誤）、食事やサービスを提供し（交付行為）、その食事やサービスを行為者が享受した時点で財物の移転があったと考えられ、1項詐欺罪の成立が認められる。

第2の類型は、飲食先行型の類型である。これはさらに2つに下位区分される。単純逃走型と偽計逃走型である。単純逃走型は、食事を注文した後に財布がないことに気づき、店員の隙を見て逃げたような場合である。この場合は、飲食を注文する時点では、支払をせず逃走する意思を有していないので、注文する行為を詐欺行為とみることはできず、また、支払を免れる意思を有した後、逃走するにあたっても、店員に対して何らの働きかけをしていないのであるから、民事上の賠償責任はともかく、刑事上の責任は問われな

---

[1] 大塚・各論244頁、大谷・各論252、267頁、佐久間・各論216頁注9等。なお、大判大正9・5・8（刑録26輯348頁）は、「飲食店または旅人宿で、注文者または宿泊者が、支払の意思がないのにその事情を告げず、単純に注文または宿泊をする場合は、その注文または宿泊の行為自体欺罔行為である」として1項詐欺罪の成立を認めている。

い。問題は、偽計逃走型である。これは、冒頭に挙げた事例のような類型である。Aが店員に対し、「友達を駅まで迎えに行く」と嘘を述べることが詐欺行為と考えられ、その嘘によって店員は友達を迎えにいった後、代金を支払ってくれるであろうとの錯誤に陥っている。ただ、店員は友達を迎えに行くことを許可したのみであり、そのことにより飲食代の支払という債務を免除する意思を表示したと解することができるだろうか。財産上の交付・処分行為をどのように解するかにより、犯罪の成否に影響が及ぶことになる。以下で判例や学説を検討しよう。

2 判　例

①大判大正15・10・23新聞2637号9頁

　この事例は無銭宿泊の事案であるが、旅館に宿泊・飲食した後、旅館の者に「役場付近まで行き直ぐ帰ってくる」と詐言を述べ、外出しそのまま逃走した事案について、「刑法246条2項の不法利得罪は、欺罔行為の結果、債権者をして債務支払の免除あるいは支払延期の承諾の意思表示をさせる等、財産上の処分をさせることによって外見的に法律上の利益を得た場合はもちろん、事実上当然受けるべき支払請求を一時免れた場合も包含する」旨判示し、2項詐欺罪の成立を認めている。

②最決昭和30・7・7刑集9巻9号856頁

　所持金がなく、代金を支払う意思もないのにあるかのように装って、料亭において宿泊1回、飲食3回をなし、その後、自動車で帰宅する知人を見送ると嘘を言って、料亭の店先に出てそのまま逃走し、32,290円の代金の支払いを免れた事案につき、最高裁は、「詐欺罪で得た財産上不法の利益が、債務の支払を免れたことであるとするには、相手方たる債権者を欺罔して債務免除の意思表示をなさしめることを要するものであつて、単に逃走して事実上支払をしなかつただけで足りるものではないと解すべきである。されば、原判決が『原（第一審）判示のような飲食、宿泊をなした後、自動車で帰宅する知人を見送ると申欺いて被害者方の店先に立出でたまま逃走したこと』

をもつて代金支払を免れた詐欺罪の既遂と解したことは失当であるといわなければならない」と判断した。本決定によると、店員に債務免除の意思表示をなさしめる必要があるとされ、財産上の交付・処分行為においては、処分の意思と処分の事実を要するとの立場に立っているものと評価できよう。
③東京高判昭和31・12・5東高刑時報7巻12号460頁
　映画を観に行くと偽って外出したまま帰らなかった事例について、「刑法第246条第2項の不法利得罪を構成するに必要な被欺罔者の錯誤に基く財産的処分行為は、検察官が所論において言つているように、被欺罔者が錯誤に基いてただ単に代金の請求をしなかつたというだけで足りず、原判決も言つているように、被欺罔者が錯誤に基き債務を免除するとか、支払の猶予を与えるとか、その他なんらかの財産上の利益供与に関する積極的な処分行為を必要とするものと言わざるを得ない」と判示した。この判決においても、②の最高裁昭和30年決定が示した財産上の交付・処分行為が必要であるとの立場に立ち、その財産上の交付・処分行為には、処分の意思と処分の事実を要求する判例の立場を踏襲している。
④東京高判昭和33・7・7高刑特5巻8号313頁
　無銭宿泊の事案ではあるが、これまでの判例の流れと異なる判断が示されたものとして東京高裁昭和33年の判決がある。「被告人は右旅館を立ち去るに当り、『今晩必ず帰つてくるから』と申し詐り、その為に、判示旅館主をして当然被告人に対して請求し得べき宿泊料等の支払の請求をさせなかつたことが明らかであるので、この『支払の請求をさせなかつたこと』は、とりも直さず、被告人が同旅館を立ち去るに当り、支払を即時にしなくともいい旨、換言すれば同旅館主において被告人の支払を少くとも一時猶予する旨の意思を暗黙に表示させたわけであり、しかも、この暗黙裡の意思表示が被告人の欺罔行為の結果によつてなされたものである所からいつて、被告人は右判示事実につき前記法条による刑事上の責任を負うべき筋合である」旨判断した。この判決では、これまでの判例の流れとは異なり、暗黙の意思表示で足りるとの立場が示されている。
　他にも下級審のものとして、仙台高判昭和30・7・19高刑特2巻16＝17号

821頁は、無銭宿泊の事例について、「同旅館の女主人に対し外出して夕方帰ってくるからと欺罔手段を施し、それにより錯誤に陥った同女はその際当然即時なすべき宿泊料の支払請求をせず、すなわちその処分行為によって被告人は事実上一時宿泊料の支払を免れたものである」として、2項詐欺罪が成立するとした。近年においても、大阪高判平成2・4・9判時1392号159頁は、機械化された営業システムのホテルへの無銭宿泊の事例について、東京高判平成15・1・29判時1838号155頁は、利用客と従業員が顔を合わせない営業システムを採用したホテルへの同様の事例についても、詐欺罪が適用されることを認めている。

3 学　説

　偽計逃走型に関しては、財産上の交付・処分行為を如何に解するかが問題となる。
①処分意思必要説
　交付・処分行為に関しては、客観的要件としての交付・処分の事実と主観的要件としての交付・処分の意思が必要であると考えるのが、判例の流れであると評価される。この判例に従い、処分行為には処分の意思と処分の事実が必要であるとし、その処分の意思は処分結果（財物移転、権利喪失、義務負担など）を生ずる意思を要すると解するものである[2]。代金支払債務が問題となる場合には、処分意思としての債務免除の意思を必要とする。しかし、処分意思必要説に立脚すると、偽計逃走型の場合には、交付・処分の意思が存在しないのであるから、詐欺罪に問うことは難しくなる。
②処分意思不要説
　それゆえ、無意識の不作為による交付・処分行為があればよいとする立場が主張される[3]。ある財物の占有が被欺罔者の意思によって終局的に移転し

---

[2] 平場安治「詐欺罪における被欺罔者の処分行為」『刑法における行為概念の研究』173頁、中山研一『刑法各論』272頁、平川・各論371頁、曽根・各論144頁、山中・各論329頁、前田・各論339頁以下、林・各論236頁以下、中義勝『刑法各論』160頁、岡野・各論160頁。

たといえる場合には、被欺罔者の認識が個々の財物の移転についてまで及んでいる必要はないとするのである。平野龍一博士は、「処分行為とは、要するに被害者が自分の行為によって、直接に自己の財産上の利益を侵害すること」であると主張された[4]。ただ、無意識の不作為による交付・処分行為があればよいとする立場では、詐欺罪と欺罔による窃盗罪との区別が不明瞭になるとの批判がある。

③処分意思緩和説

このような学説の流れをうけて、交付・処分の意思を緩和する立場が主張されている。何らかの意味で移転意思がある限り、交付意思＝交付行為を肯定しうるとする立場がそれである[5]。山口厚教授は、決済する意思・意識があればよいとする立場に立っている[6]。また、井田良教授は、1項詐欺罪における交付・処分行為の要件と2項詐欺罪における交付・処分行為の要件との間の相違を認め、1項詐欺罪に関しては、当該財物の事実上の占有についての認識が被害者にあることまで必要であるが、2項詐欺罪に関しては、交付・処分の意思の要件を緩和し、事実上相手方に利益を与えることについての認識が被害者にあればよいとするのである[7]。ただ、この処分意思を緩和する立場に関しては、意思内容を緩和すると必要以上に詐欺罪の成立範囲を拡張することになるとの批判がある。

④検討・私見

まず、処分意思不要説から検討しよう。処分意思不要説に立つ場合、詐欺罪と窃盗罪は交付・処分行為の存在により区別されることになるという前提は、否定される。通常、詐欺行為により人の注意をそらせ、その際に財物を奪取する行為は、窃盗罪と解されることになるが、処分意思を無意識の不作為による処分意思で足りると解するならば、詐欺行為により人の注意をそら

---

[3] 平野「詐欺罪における交付行為」『犯罪論の諸問題〔上〕』215頁、大塚・各論262頁、大谷・各論268頁、中森・各論121頁、西田・各論193頁、佐久間・各論220頁、高橋・各論303頁。
[4] 平野龍一・前掲論文（注3）215頁。
[5] 芝原邦爾「詐欺罪における欺罔と騙取─無銭飲食、キセル乗車、訴訟詐欺」『判例刑法研究（6）』218頁。
[6] 山口厚「詐欺罪における処分行為」『平野龍一先生古稀祝賀論文集〔上〕』455頁。
[7] 井田良「処分行為（交付行為）の意義」『刑法の争点』182頁。

せて財物を奪取する行為であっても、被害者が無意識に財物奪取を甘受する (不作為) と解せられ、詐欺罪とせざるをえない。この結論は、妥当ではないだろう。財産上の利益を客体とする場合には、詐欺罪の成立のみが考慮されることになるため、処罰の必要性は否定できないが、詐欺罪と窃盗罪の成立範囲を曖昧にするという意味で妥当ではない。

次に処分意思緩和説を取り上げたい。この立場についても、処分意思の内容を緩和することにより、必要以上に処罰範囲を拡大することになる。そして、事実上処分意思不要説と同様の帰結がもたらされるのではないかとの懸念も生じる。また、1項詐欺罪と2項詐欺罪で処分意思を異なるものとする見解も存在するが、財物を客体とする場合と財産上の利益を客体とする場合でなぜ処分意思を変化させる必要があるのか疑問であり、無用の混乱を招くことになるだろう。

それゆえ、処分意思必要説が妥当である。処分の意思と処分の事実が認められてはじめて詐欺罪が成立すると解すべきであり、行為を主観と客観の統一体と解するならば、この結論が最も妥当であると解される。また、詐欺罪と窃盗罪の区別という観点からもこの結論は是認されよう。

4 おわりに

したがって、冒頭の事例では、Aは確かに店員に対し、「友達を駅まで迎えに行く」と嘘を述べ、その嘘によって店員は友達を迎えにいった後、代金を支払ってくれるであろうとの錯誤に陥っている。しかし、店員には代金の支払を免除する意思は存在していない。それゆえ、2項詐欺罪は成立しない。刑法は紛争解決の最終手段であると解する場合、この結論はやむを得ない。これを処罰するためには立法的解決が望まれよう。

【参考文献】

立石二六「無銭飲食と詐欺利得罪」『刑法解釈学の諸問題』(成文堂、2012) 233頁以下

山口厚「詐欺罪における処分行為」『平野龍一先生古稀祝賀論文集〔上〕』(有斐閣、1990) 441頁以下

井田良「処分行為(交付行為)の意義」西田典之ほか編『刑法の争点』(有斐閣、2007) 182頁以下

芝原邦爾「詐欺罪における欺罔と騙取―無銭飲食、キセル乗車、訴訟詐欺」西原春夫ほか編『判例刑法研究 (6)』(有斐閣、1983)

(山本高子)

第24講　クレジットカードの不正使用

【事例】

　Aは、ガソリンスタンド甲で給油した際、ガソリン代を払おうとしたところ、所持金が不足していることに気付いた。Aは、どうするか考えていたところ、クレジットカード使用可というガソリンスタンドの看板に気付き、以前、友人のBから、困ったときには使用してもよいと言って渡されたB名義のクレジットカードを財布に入れていたことを思い出した。Aは、Bの口座からカードの利用代金が決済されるだろうと考え、ガソリンスタンドの店員CにB名義のクレジットカードを提示し、Cから渡された伝票の署名欄にBと署名してCに伝票を渡した。CはAをBと誤信し、そのまま伝票を受領した。なお、甲では、名義人以外のカードの使用には応じないことになっていた。Aの刑事責任はどうか。

【解　説】

1 はじめに

　本事例では、Aが、友人であるBに許可を得て、B名義のクレジットカードを使用してガソリンを給油した場合に、詐欺罪が成立するかということが問題となっている。クレジットカードの不正使用の一事例である。クレジットカードの不正使用については、①架空人名義のクレジットカードの使用、②自己名義のクレジットカードの使用、③他人名義のクレジットカードの使用の三つの場合が考えられる。「クレジットカードによる物品の販売等には、カード所持人、カード会社、加盟店、決済銀行の4者が関与していることから、詐欺罪の成否」、成立する場合の構成について議論されている[1]。①の場合について、判例は、架空名義人を使用して相手を誤信させたこと自体を欺

---

[1] 渡辺咲子『裁判例コンメンタール第3巻』277頁。

岡行為あるいは詐欺行為とし、加盟店を被害者として詐欺罪の成立を認めている（大阪高判昭和60・5・9刑裁月報17・5＝6・519頁、福岡高那覇支判昭和61・2・27高検速報（昭61）253頁）[2]。また、②の場合について、判例は、詐欺罪を否定するものも存在するが（福岡地判昭和56・3・26刑月13・8＝9・527、名古屋地判昭和59・2・7判タ544号269頁）、詐欺罪を肯定するのが一般的である。詐欺罪を肯定する場合のその理論構成は、クレジットカード会社に対する代金支払の意思も能力もないのに、これがあるかのように装い商品等の購入を申し込んだこと自体を欺罔行為あるいは詐欺行為とし、加盟店を被害者として詐欺罪の成立を認めている（和歌山地判昭和49・9・27判時775号178頁、福岡高判昭和56・9・21刑裁月報13巻8＝9号527頁、名古屋高判昭和59・7・3高検速報（昭59）452頁、東京高判昭和59・10・31高検速報（昭59）312頁、東京高判昭和59・11・19東高刑時報35巻10～12号86頁）。③の場合については、名義人の許諾がない場合とこれがある場合に分けることができるが、許諾がない場合については、カード名義人を偽り自己がカード使用の正当な権限を有するかのように装ったこと自体を欺罔行為あるいは詐欺行為と認め、加盟店を被害者として詐欺罪を肯定している（東京高判平成3・12・26東高刑時報42巻1～12号50頁）。許諾がある場合については、本事例がこれに該当することから、以下で検討していくことにする。

2 判　例

(1) 刑事裁判例
①東京地裁八王子支判平成8・2・26カード犯罪・コンピュータ犯罪裁判例集130頁
　Aとともに内装工事の支払いを求めるためにBのところに行き、話し合いをしている際、被告人が、Bから渡されたC名義のクレジットカードを使用して給油した事案について以下のように判示した。「結局、クレジットカー

---

[2] なお、架空人名義を用いていることから、クレジットカード作成の申込書類について私文書偽造、同行使、クレジットカードの取得自体について信販会社等への詐欺罪も成立することになり、これら三罪は54条1項後段の牽連犯になる。

ドシステムは、商品等の私的取引の便法に過ぎないのであるから、最終的に経済的負担を負う者が、同意している以上、名義人以外の使用者を詐欺罪として処罰するのは困難である」、「名義人の同意が違法性阻却事由になるというのであれば、その錯誤がある場合すなわち名義人の承諾があると思った場合には、事実の錯誤として故意を阻却する」。

②大阪地判平成9・9・22判タ997号293頁

　Aから、B名義のクレジットカードを使用して現金を作るよう依頼され、同カードを呈示して、商品を購入したという事案について以下のように判示した。「被告人がカード名義人であるBになりすまして、本件クレジットカードを使用したことは明白であり、……クレジットカードによる使用権限は、使用の際、名義人の署名を求めて名義人と使用者との同一性を判断しているものであって、そのカードの名義人以外は使用できない制度であることは、検察官の主張のとおりである。しかも本件は、右の事実に加えて、……Aから、カードを使って現金を作って欲しい、カード名義人がどんな方法でもよいから金を作って欲しいと言っている旨告げられ、本件クレジットカードを手に入れたことが認められ、その際、カード名義人は、金に困っていることから、カード会社からの請求に対しても、サインの筆跡が違うとか、盗まれたとか、紛失したと言って、カード会社の請求を逃れるつもりであったことも認識している。以上の各事実によれば、被告人は、名義人の名前を詐称しただけでなく、本来のカード名義人も、カード会社からの請求に応じないことを充分認識していたのであり、右のような認識の下で本件クレジットカードを使用した行為は、被告人が主張するように、カード名義人の承諾があったと認識していても、詐欺罪に該当することは明らかである」。

③最決平成16・2・9刑集58巻2号89頁

　BからB名義のクレジットカードの使用を許可されていたAから同カードを入手した被告人が、ガソリンスタンドで同カードを呈示して給油した事案について、以下のように判示した。「被告人は、本件クレジットカードの名義人本人に成り済まし、同カードの正当な利用権限がないのにこれがあるように装い、その旨従業員を誤信させてガソリンの交付を受けたことが認めら

れるから、被告人の行為は詐欺罪を構成する。仮に、被告人が、本件クレジットカードの名義人から同カードの使用を許されており、かつ、自らの使用に係る同カードの利用代金が会員規約に従い名義人において決済されるものと誤信していたという事情があったとしても、本件詐欺罪の成立は左右されない」。

＊参考判例
④京都地判平成13・9・21刑集58巻2号93頁（③判例の1審）
　「クレジットカードは、信販会社との間でクレジット契約を結び、自己名義のクレジットカードの交付を受けた者が、当該信販会社の加盟店で商品を購入するに際し、同クレジットカードを提示して商品を受け取り、代金については、信販会社が加盟店に立替払いをした後、当該クレジットカードの名義人が信販会社に返済するという仕組みになっているところ、これは、一定限度額内での商品の購入につき、信販会社が、名義人に無担保で信用を与えるものであり、クレジット契約の際には信用調査がなされる一方、商品購入の際には、提示した者の署名及び信販会社の承認が要求されていることなどにかんがみると、加盟店は、名義人本人がクレジットカードを提示しているとの前提のもとに商品を交付するのであり、クレジットカードを提示した者が名義人以外の者であることが判明すれば、商品を交付しないのが通常であるから、クレジットカードの名義人であるように偽って、クレジットカードを提示し、商品を購入することは、それ自体、原則として詐欺罪に該当すると解すべきである。
　もっとも、別人のクレジットカードを提示して商品を購入しても、当該クレジットカードの名義人によって当該取引にかかる代金債務が弁済されることが明らかである場合は、クレジット取引の構造からみて、加盟店が商品を交付しても、特段の問題は生じないから、このような場合にまで、他人名義のクレジットカードを提示した者に詐欺罪が成立すると解するのは相当でない。すなわち、クレジットカードの名義人が、当該提示者によるクレジットカードの使用を承諾した上、この取引から生じる代金債務を負担することも了解しており、かつ、名義人と当該提示者との間に、このような承諾・了解

が客観的にも強く推認される関係がある場合（例えば、同居の親族間等）は、詐欺罪が成立しないと解すべきである」。

⑤大阪高判平成14・8・22刑集58巻2号116頁　（③判例の2審）

「他人名義のクレジットカードを加盟店に呈示し商品の購入やサービスの提供を申し込む行為は、たとえそのクレジットカードが不正に取得されたものでないとしても、クレジットカードの使用者とその名義人との人的関係、クレジットカードの使用についての承諾の具体的内容、クレジットカードの使用状況等の諸般の事情に照らし、当該クレジットカードの名義人による使用と同視しうる特段の事情がある場合を除き、クレジットカードの正当な使用権限を偽るものとして詐欺の欺罔行為にあたり、この行為により使用権限を誤信した加盟店から商品の交付やサービスの提供を受けた場合には、加盟店に対するこれらの財物や財産上の利益についての詐欺罪が成立すると解するのが相当である」。

(2) 判例の総括

　他人名義のクレジットカードの不正使用に関する判例は、カードの名義人の許諾があった場合には、理由づけや範囲は異なるが、詐欺罪不成立の余地を認めていた。特に①判例は、名義人の同意がある場合には詐欺罪として処罰するのは困難であるとした上、さらに、その名義人の同意は違法性阻却事由となり、その錯誤は事実の錯誤として故意を阻却すると判断している。③判例の下級審である④判例や⑤判例も、詐欺罪不成立の余地を認めている。それに対して、②判例は詐欺罪不成立の余地を認めていないかにも見える。しかし、②判例では、名義人がカード会社からの請求に応じないことも充分認識していたということも認定されていることから、①判例や④判例、⑤判例とは異なっている。また、③の最高裁判例は、「仮に、被告人が、本件クレジットカードの名義人から同カードの使用を許されており、かつ、自らの使用に係る同カードの利用代金が会員規約に従い名義人において決済されるものと誤信していたという事情があったとしても、本件詐欺罪の成立は左右されない」と判示しており、他人名義のカードを使用した場合には、すべて詐欺罪が成立するかのような判断をしているようにも考えられる[3]。しかし、

③判例においては、被告人とBとの間に面識はなく、BはA以外の第三者が本件クレジットカードを使用することを許諾したことはなかったということ、ガソリンスタンドでは、名義人以外の者によるクレジットカードの利用行為には応じないこととなっていたということ、クレジットカードの会員規約上、クレジットカードは、会員である名義人のみが利用でき、他人に同カードを譲渡、貸与、質入れ等することが禁じられていること、加盟店規約上、加盟店は、クレジットカードの利用者が会員本人であることを善良な管理者の注意義務をもって確認することなどが定められているということが認定されている。また、実務上、家族等については、家族会員カードを発行していることから考えても、名義人本人の同意だけでは不十分であるということになるであろう。少なくとも加盟店、さらにはカード会社の同意も必要であると考えるべきであろう。③判例においては、少なくとも、加盟店やカード会社の同意がなく、しかも被告人もそれらの同意の認識がなかった以上、名義人の同意があるとの錯誤をしていたとしても詐欺罪の成否には影響がないのは当然であろう。この事案からだけでは、具体的状況下で加盟店の同意があった場合にまで、最高裁が詐欺罪の成立を認めるかは、現段階では明らかではないと考えるべきである[4]。

3 学 説

クレジットカードの名義人になりすましたこと自体で詐欺罪が成立するかという点について、以下のような学説が主張されている[5]。

---

[3] 葛原力三、判批、判例セレクト2004・36頁は、「最高裁は本件において、名義人と使用者との同一性に関する欺罔のみで、つまり名義人の使用許諾があったとしても詐欺罪が成立するにつき、間接的ではあるが、明示的に断を下した」とする。
[4] 拙稿、判批、法学新報113・3＝4・673頁。木村光江、判批、判例評論573・221頁及び野村稔、判批、現代刑事法6・12・83頁は、③判例は、クレジットカードの利用の承諾・推定的承諾が違法性阻却事由であることを認めない趣旨であるとする。なお、木村光江、前掲、221頁は、「加盟店が『カード会員でなくとも利用を認める』ことはあり得」ないとするが、論者自身「少なくとも現在の我が国では、家族のカード利用を許容している現状が全くないとはいえ」ないということを認めている。後述のように、このような場合には被害者である加盟店による黙示の承諾があったものと考え、違法性が阻却されると考えられる。

(1) 肯定説

クレジットカード・システムでは名義人による利用行為のみが予定されているとして、名義の偽りのみで詐欺罪が成立するとする見解である[6]。

(2) 否定説

名義人の偽りそれ自体は欺罔行為には当たらず、クレジットカード・システムにより最終的に代金が決済される状況がないにも関わらずこれがあるかのように装ったことが欺罔行為となるとする見解である[7]。

(3) 限定積極説

名義人がごく近い近親者であって名義人本人と同視し得るものについては詐欺が成立しないが、それ以外の者が名義を偽った場合には詐欺が成立するという見解である[8]。

(4) 学説の検討

クレジットカードは、通常、所有権は信販会社にあり、信販会社から名義人に貸与するという形式になっている。名義人は、カードの使用等に当たっては、善良な管理者の注意義務が課されており、貸与、譲渡、質入れ等は規約上禁止されている。また、家族等については、家族用のカードも別に発行されている。これらの事情から考えると、カードの使用は、高度に名義人本人の個別的な信用を要求し、カードの名義人本人の使用を前提とすることが明らかである。したがって、名義人といえども、カードの使用を承諾し得る性質のものではない。このことは、家族についても妥当すると思われる[9]。だからこそ、実務上家族用のカードが発行されているのである。さらに、加盟店規約においても、信用販売の際に、カードの名義人と利用者の同一性を

---

[5] 多和田隆史、判批、法律時報76・11・100頁及び同、判批、『最判解 刑事篇 平成16年度』76頁以下。

[6] 石山宏樹、判批、研修675・25頁。片岡聡「クレジットカードと犯罪」捜査研究34・9・11頁。多和田隆史、判批、法律時報76・11・99頁以下、同『最高裁判所判例解説 刑事篇 平成16年度』76頁。和田正隆「クレジットカードシステムと犯罪 (4)」月刊消費者信用1983・12・86頁。

[7] 石井芳光「クレジット・カードの不正利用と法律問題 (その2)」手形研究160・54頁。山中敬一、判批、法学セミナー455・127頁。

[8] 木村光江、前掲注4、216。野村稔、前掲注4、79頁。平井義丸「消費者信用をめぐる犯罪の実態と法律上の問題点について」法務研究報告書74・1・56頁。

[9] 石山宏樹、前掲注6、35頁以下。

確認する善良なる管理者の注意義務が課されている場合が多い。このような義務からすれば、当然、名義人以外の者がカードを使用する場合には、加盟店は信用販売を拒否しなければならないと考えられる。したがって、カードの名義人を偽ることそれ自体が欺罔行為あるいは詐欺行為と考えるべきであろう。そして、詐欺罪が個別財産に対する罪であり、財物の喪失そのものが財産上の損害となることから、被害者は加盟店であるということになる。以上より、(1)の積極説が妥当であると思われる。また、被害者の承諾については、違法性阻却の問題として考えるべきであろう。被害者が加盟店であるとするならば、具体的状況下で加盟店の承諾があったような場合には、違法性阻却の余地も考えられる[10]。配偶者や家族等のカードの利用が黙認されているという実態は、加盟店の黙示の承諾による違法性阻却の場合と考えるべきであろう[11]。(1)説の立場によると、本事例のAは、Bの承諾があり、Bの口座からカードの利用代金が決済されるだろうと考えていたとしても、名義人を偽っており、加盟店の承諾がない以上、違法性阻却の余地も、錯誤による故意阻却の余地もなく、詐欺罪の責任を負うことになる。

4 おわりに

以上見てきたとおり、クレジットカードの不正使用に関しては、(1)架空

---

[10] (2)説は、クレジットカードそれ自体が有効に支払いを受け得る者である限りは、名義人と使用者の同一性は関心事となりにくい（石井芳光、前掲注7、54頁）とか、加盟店の「署名」の確認が実際にはかなりルーズに行われており、妻による夫名義のカードの使用を事実上容認しているような慣行すら窺えるところでは、加盟店の関心は、クレジット会社から現実に代金の決済を拒否されないかどうかにあるに過ぎない（山中敬一、前掲注7、127）と主張する。しかし、名義人と使用者の同一性の確認は、信販会社に対する契約上の責任であり、無関心であるとすることはできないし（多和田隆史、判批、『最高裁判所判例解説 刑事篇 平成16年度』81頁。橋爪隆、判批、ジュリスト1291・172頁。山口厚『新判例から見た刑法 第2版』217頁は、「クレジットカードの貸借の許容という、クレジットカード制度の仕組み・趣旨に真っ向から反する事態・結果を是認するかのような解釈」と批判する。)、署名の確認がルーズに行われてきたと言っても、それは本来信販会社との関係で、善管注意義務に反する可能性があり、このような不適切な慣行を前提にした議論は適切ではないであろう。
[11] その意味で、(3)説は、加盟店の承諾がなかった場合にまで詐欺罪の構成要件該当性を否定するという点で問題がある（多和田隆史、前掲注10、83頁。)。

人名義のカードの使用、(2) 自己名義のカードの使用、(3) 許諾のない他人名義のカードの使用、(4) 許諾のある他人名義のカードの使用が考えられ、判例は、いずれもカードの提示それ自体について欺罔行為あるいは詐欺行為を認め、加盟店を被害者として1項詐欺罪を認めている。その意味で、判例は一貫性を保っている。この判例の考え方は妥当であると思われる。

【参考文献】
荒川雅行「クレジットカードの不正使用」刑法判例百選Ⅱ［第6版］106頁
長井圓「クレジットカードの不正使用」刑法の争点186頁

(関根　徹)

第25講　不法原因給付にかかる物件の横領

【事例】

Aは、息子を甲大学医学部に裏口入学させるため、甲大学医学部に勤務している親友の事務職員Bに情を明かして教授への礼金500万円をあずけたところ、Bはこの500万円を遊興費として費消してしまった。Bの刑事責任はどうか。

【解　説】

1 はじめに

　本事例では、Bに横領罪が成立するか否かが問題となる。横領罪とは、「自己の占有する他人の物を横領した者は、5年以下の懲役に処する」犯罪である（刑法252条1項）。横領罪の前提には委託信任関係がある。すなわち、委託によって占有している他人の財物を領得した場合に横領罪が成立する。横領の意義については、越権行為説と領得行為説（通説）とが対立しているが、判例は、横領とは「自己ノ占有スル他人ノ物ヲ不正ニ領得スルノ意思ヲ實現セシムル一切ノ行為ヲ謂フ」とし（大判大正6・7・14刑録23輯886頁）、領得行為説を採用しており、不法領得の意思については、「他人の物の占有者が委託の任務に背いて、その物につき権限がないのに所有者でなければできないような処分をする意志をいう」と定義している（最判昭和24・3・8刑集3巻3号276頁）。領得行為説の見地より判例の立場は支持し得る。ところで、民法708条には、「不法な原因のために給付をした者は、その給付したものの返還を請求することができない」（民法708条本文）との規定が存在する。不正な裏口入学をしようとして500万円をBにあずけたAの行為は明らかに不法原因給付行為である。従って、Aは民法上Bに500万円の返還を求めることはできない。この点をめぐってBの刑事責任成否につき問題が生ずるのである。本事例では民法と刑法との交錯が看取される。

民法708条の理解の仕方が本問の結論を左右する。判例・学説の見解を通じて、以下でその点を明らかにしよう。

② 判　例

(1) 刑事裁判例
①大判明治43・9・22刑録16輯1531頁
　賄賂として第三者に交付する目的で他人から委託された金銭を費消した場合について以下の如く判示。「被告カ不法ノ原因ノ為ニ物ノ給付ヲ受ケタル場合ニ於テ其物ノ給付者カ民法ニヨリテ物ノ返還ヲ請求シ能ハサルトキト雖モ之カ為ニ給付者カ其物ノ所有権ヲ喪失シ被告カ之ヲ取得スヘキモノニ非サルヲ以テ被告カ占有セル物ハ依然他人ノ所有物トシテ存続シ被告ハ之ヲ自己ニ領得スル権利ヲ有セス従テ被告カ不法ニ領得スルニ於テハ当然刑法第二百五十二条第一項ノ犯罪ヲ構成スヘシ。」
②最判昭和23・6・5刑集2巻7号641頁
　被告人は、AおよびBから同人らの収賄行為を隠蔽する手段として、同人らの上司である警察署司法主任等を買収するため金2万2千円を受け取り、保管中に、2万円を費消したという事案につき、以下の如く判示した。「不法原因の為め給付をした者はその給付したものの返還を請求することができないことは民法第708条の規定するところであるが刑法第252条第1項の横領罪の目的物は単に犯人の占有する他人の物であることを要件としているのであって必ずしも物の給付者において民法上その返還を請求し得べきものであることを要件としていないのである。そして前示原判示によれば被告人は他に贈賄する目的をもって本件金員を原審相被告人AおよびBから受取り保管していたものであるから被告人の占有に帰した本件金員は被告人のものであるといふことはできない。又金銭の如き代替物であるからといって直ちにこれを被告人の財物であると断定することもできないのであるから本件金員は結局被告人の占有する他人の物であってその給付者が民法上その返還を請求し得べきものであると否とを問わず被告人においてこれを自己の用途に費消

した以上横領罪の成立を妨げないものといわなければならない。」
③最判昭和36・10・10刑集15巻9号1580頁
　盗品処分の斡旋による売却代金の着服の場合にも、以下のように判示している。「大審院及び当裁判所の判例とする所によれば、刑法252条1項の横領罪の目的物は、単に犯人の占有する他人の物であることを以って足るのであって、その物の給付者において、民法上犯人に対しその返還を請求し得べきものであることを要件としない。」
(2) 民事裁判例
　最大判昭和45・10・21民集24巻11号1560頁
　A男は本件建物を新築し、これをB女に贈与した。この贈与は、AがBとの間に愛人関係を継続する目的でBに建物を与えBが希望する理髪業を営ませるためのもので、BもAのこのような意図を察知しながら贈与を受けた。その後AB間が冷たくなったので、AはBに対し、贈与は民法90条により無効、それ故、本件建物はAの所有に属するとして建物明渡請求の訴を提起し、建物についてA名義の所有権保存登記を経由した。これに対してBは、所有権移転行為は無因であって原因たる贈与の無効により影響されないものであり、そうでないとしても不法原因給付であるから民法708条によりAは本件建物の返還請求はできないと抗弁し、さらにBは反訴を提起し、Aに対して自分が真正の所有者であるとして所有権移転手続を訴求した。この事実関係について本稿と直接関わる部分についてのみ判旨を記載する。「①『原審の認定した右事実関係のもとにおいては、右贈与は公序良俗に反し無効であり、また、右建物の引渡しは不法の原因に基づくものというを相当とするのみならず、本件贈与の目的である建物は未登記のものであって、その引渡しにより贈与者の債務は履行を完了したものと解されるから、右引渡しが民法708条本文にいわゆる給付に当たる旨の原審の前示判断も、正当として是認することができる。』　②『同条〔708条〕は、みずから反社会的な行為をした者に対しては、その行為の結果の復旧を訴求することを許さない趣旨を規定したものと認められるから、給付者は、不当利得に基づく返還請求をすることが許されないばかりでなく、目的物の所有権が自己にあることを理由

として、給付した物の返還を請求することも許されない筋合であるというべきである。かように、贈与者において給付した物の返還を請求できなくなったときは、その反射的効果として、目的物の所有権は贈与者の手を離れて受贈者に帰属するにいたったものと解するのが、最も事柄の実質に適合し、かつ、法律関係を明確ならしめる所以と考えられるからである。』」

(3) 判例の総括・私見

　ここで紹介された刑事裁判例と民事裁判例の結論は、不法原因給付にかかる物件の横領について、まったく対照的な結論となっている。刑事裁判例の方は、たとえ民法708条によって返還請求権はないとしても、所有権は失われていないのであり、そうであれば、不法原因給付物の費消は自己の占有する他人の財物の領得となって横領罪を構成することとなる。これに対して、民事裁判例の方は、民法708条によって給付者が返還請求できなくなったときは、その反射的効果として、目的物の所有権は受給者に帰属するのであるから、不法原因給付物を費消しても横領罪が成立することはない。この民事裁判例は本質的解釈に基づくものというよりは、民法的目的論的解釈に依拠するものであって、すぐれて政策的考量に裏打ちされたものであり、さらに、この解釈は便宜的なものであって、私見はとうていこれを支持することができない。

　ところで、この民事大法廷判決のあと刑事最高裁の判断は一件も出されていないのであり、刑事事件においては、今日、不法原因給付にかかる物件の横領は如何ように取り扱われるべきか最高裁の判断を是非とも知りたいところである。

3 学　説

(1) 横領罪成立説

　給付者は、民法708条によって給付物の返還請求はできないが、給付物の所有権まで失うわけではないから、その給付物は受給者にとってなお「自己の占有する他人の物」（252条）であり、前提として委託信任関係もある。そ

れ故、これをほしいままに処分する行為は横領罪になる[1]。
(2) 横領罪不成立説

①給付者は給付物の返還請求をなし得ず、受給者は給付者に対し何ら法的義務を負担していないから、給付者には法的に保護されるべき所有権がない[2]。

②民法上、返還義務のない者に対して、刑罰という制裁を加えることによって返還を強制するのは、法秩序全体の統一を破壊するものである[3]。
(3) 折衷説

不法原因給付物と不法原因寄託物を分けることを前提として、前者については所有権は受給者に移るから横領罪は問題となりえないが、不法原因寄託物を不法に領得した場合は、①信任関係の違背はないから占有離脱物横領罪が成立するとする説[4]と②横領罪が成立するとする説[5]に分かれる。
(4) 学説の検討・私見

①折衷説からとりあげたい。折衷説においては、民法708条にいう「給付」とは所有権の付与を意味し、上述刑事裁判例に現れたような委託は不法原因「給付」にはあたらないとの見解が採用されているが、この言葉の用い方は、民法の通説・判例とは異なっている。民法の通説・判例は、不法な目的で金員を委託した場合についても不法原因給付となることを認めているのであって（佐伯仁志「不法原因給付にかかる物件の横領」後掲参考文献122頁）、折衷説の「給付」の用語法には問題があるといわなければならない。以前の刑法学界においても、今日の民法の通説・判例と同様の用語法が用いられていたのであって、それを「給付」と「寄託」に分けて論ずる折衷説の理論に対しては基本的な疑義がある。

---

[1] 木村・各155頁、藤木・各論 340頁、川端・各論 299頁、前田・各論 377頁、佐久間・各論 240頁、等
[2] 西原・各論252頁、岡野・各論 186頁、高橋・各論364頁、山口・各論 186頁、等
[3] 団藤・各論 637頁、平野・概説224頁、中山・各論200頁、中森・各論131頁、山口・各論303頁、井田・各論142頁、須之内・各論197頁、なお、福田・各論275頁、松宮・各論267頁、等
[4] 江家義男『刑法各論 増補版』324-5頁
[5] 大谷・各論 297頁、林・各論 152頁、斎藤・各論 182頁、斉藤・各論292頁、曽根・各論173頁、平川・各論339頁、西田・各論242頁、山中・各論382頁、伊東・各論218頁、等

②次に、横領罪不成立説をとりあげる。不成立説の第1は、法的に保護される所有権がないということを論拠とするが、民法708条は「不法な原因のために給付をした者は、その給付したものの返還を請求することができない」と述べているだけで、法的に保護されている所有権の存在まで要求していると読まなければならない必然性はない。給付者には事実上の所有権は残っているのである。もし、原因が不法であるという点がここで強調されるのであれば、他人から信頼関係に基づいて委託された財物をほしいままに費消する受給者の行為の違法性はどのように評価されるのであろうか。法規範は自ら手をかして受給者の違法行為を助長するのであろうか。ここでは、所有権は誰に帰属しているかをありのままに判断することが肝要であると思う。

不成立説の第2は、法秩序全体の統一の破壊を強調するが、返還請求権の不存在は民事的な問題であり、不法原因給付物領得の処罰は刑事的な問題であって、各法領域の共生を図るならば、根源的には法秩序全体の統一を意図しながらも各法領域での対処の仕方が異なることも許されて然るべきことであろう。民事と刑事の違いは「出生」概念の相違ほか多々あることであり、それらは法秩序全体の統一を破壊するものでは決してない。

③かようにして、横領罪成立説が支持されるべきである。民法708条により、たとえ、返還請求権がないとしても、所有権は依然として給付者に帰属しているのであり、そうであるなら、不法原因給付物をほしいままに費消した者は横領罪の刑責を負わなければならない。それ故、本事例Bは横領罪で処罰されることとなる。

4 おわりに

上述のように、最高裁民事大法廷判決は、「贈与者において給付した物の返還を請求できなくなったときは、その反射的効果として、目的物の所有権は贈与者の手を離れて受贈者に帰属するにいたったものと解するのが、最も事柄の本質に適合し、かつ、法律関係を明確ならしめる所以と考えられるからである」と判示した。一見これは民法708条をめぐる巧妙な解釈であるが、

果たして結論の妥当性を保持し得る判決であったのか否かという観点から考えなおしてみると、納得し難いものがある。これでは、受贈者（受給者）のただ儲けではないか。不法原因給付にかかる物件の横領に関していえば、受給者はそもそも不法原因給付物を受給してはならなかったのであり、受給した場合にはほしいままにそれを費消してはならなかったのである。当該財物を受給者は給付者に返還すべきだったのである。それなのに、返還請求できなくなったら受給者が当該財物の所有権者になるというのは如何にも不合理である。最高裁民事大法廷判決を便宜的という所以である。民法708条の存在については率直にいって疑問がある。早急に然るべき法改正をなすべきであろう。例えば、不法原因給付物はこれを没収して国家に帰属せしめるという規定の追加であってもよいのではないか。

【参考文献】
佐伯仁志「不法原因給付にかかる物件の横領」刑法判例百選Ⅱ各論第6版122頁
野村　稔「不法原因給付にかかる物件の横領」刑法判例百選Ⅱ各論第四版106頁
町野　朔「不法原因給付と詐欺・横領」刑法の争点（第3版）184頁
藤木英雄「不法な委託関係に基づき占有する物件と横領」刑法の争点（新版）289頁

（立石二六）

第26講　横領と背任の区別

【事例】

甲銀行の支店長Aは、町工場を経営している友人の乙から、経営難に陥ったので融資してほしいと頼まれたので、貸付金の回収ができなくなるかもしれないと思いながら、乙のために、支店長に認められた貸付額の枠内の100万円を、甲銀行の名義で、十分な担保を徴求することなく貸し付けた。その後、乙の工場が倒産したので、甲銀行はその貸付金の大半を回収することができなくなった。Aの刑事責任はどうか。

【解　説】

1　はじめに

　刑法典第38章「横領の罪」は、占有侵害を伴わずに他人の財物を領得する罪である。このうち、単純横領罪（252条）と業務上横領罪（253条）は、他人から委託されて占有・保管する他人の財物を不法に領得する罪（委託物横領罪）である。これに対して、背任罪（247条）は、他人のためにその事務を処理する者が図利・加害目的をもって任務違背行為を行い、本人に財産上の損害を加える犯罪である。これらの犯罪は、委託者あるいは他人（＝本人）との信頼関係に違背する点で共通の性質をもつ。横領罪の客体は「物」（＝財物）であり、背任罪の客体は物以外の権利等も含むので、権利等が客体となっている場合には横領罪は成立せず、背任罪が成立しうるにすぎないが、他人のための事務処理者が自己の占有する他人の物を不法に処分する場合には、横領罪と背任罪の両方の構成要件に該当するようにみえるので、両罪をどのように区別するかが問題となる。本問のように、銀行の支店長が回収不能になるかもしれないと思いながら、十分な担保を徴求することなく、自己の保管する銀行の金員を貸し付けた場合に、業務上横領罪となるのか背任罪となるのかは必ずしも明白でない。そこで、以下において、両罪の基本的性

格を明らかにするため、まず横領行為の意義を明らかにし、次に背任行為の意義をめぐる議論を整理し、その後に横領と背任の区別を検討することにしたい。

2 学説

(1) 横領行為の意義

委託物横領罪における「横領した」の意義について、領得行為説と越権行為説の対立がある。

領得行為説は、横領罪の財産犯的側面を重視し、横領とは、委託に基づいて占有する他人の財物を不法に領得する行為、すなわち不法領得の意思の発現行為であると解する[1]。その理由は、横領罪も領得罪であるから、不法領得の意思を必須の要素として含まなければならないとする点にある。ここにいう「不法領得の意思」とは、「他人の物の占有者が委託の任務に背いて、その物につき権限がないのに所有者でなければできないような処分をする意志」[2]であるとされている。

これに対して、越権行為説は、横領による委託信任関係の破壊という側面を重視し、横領とは、行為者が委託に基づいて占有する他人の財物について権限を越えた処分行為をすることであると解する[3]。その理由は、近代社会における財産権の中核は、従来の「所有」から「利用」へと転化しているので、財物の不正な利用を横領罪として処罰する必要があるとする点にある。

従来の学説の状況は、旧派刑法学が不法領得の意思を必要として領得行為説を支持するのに対して、新派刑法学が不法領得の意思を不要として越権行為説を支持する傾向にあった。そして、領得行為説に対しては、領得行為が「不法領得の意思の発現行為」であるとすれば、横領罪の客観面と主観面が

---

[1] 団藤・各論629頁、西原・各論252頁、福田・各論278頁、西田・各論244頁、斎藤・各論173頁、岡野・各論188頁、山中・各論385頁、林・各論291頁、等　なお、曽根・各論168頁参照
[2] 最判昭和24年3月8日刑集3巻3号276頁、等
[3] 木村・各論159頁、川端・各論407頁、等

対応することになり、不法領得の意思は主観的超過要素でなくなってしまうという難点があると指摘され、越権行為説に対しては、信義誠実義務の違反を重視して不法領得の意思を不要とするならば、自己の占有する他人の財物を一時使用する行為や、これを毀棄・隠匿する行為も横領罪にあたり、処罰範囲が拡大することになるという批判が向けられてきた。しかし今日では、こうした対立状況を見直す必要があるとする見解が有力である。すなわち、領得行為説に立っても、受託者に与えられた物の利用権限の逸脱を問題にしなければならないし、越権行為説に立っても、処罰の必要性を考慮して、経済的見地からみて重要な権限に絞る必要がある[4]、というのである。

　思うに、領得行為説が指摘するように、横領罪は単なる背信罪ではなく、利欲犯としての性格を有する背信的領得罪であると解すべきである[5]。問題は、いかにして「不法領得の意思の発現行為」の限界を明確にするかにあるといえよう。この点で、客観的には権限を逸脱する不法な処分行為が存在すること、すなわち委託者たる本人から課せられた基本的な義務に違反することが必要であり、主観的には不法領得の意思、すなわち委託の趣旨に反して所有者でなければできないような処分をする意思が必要であるとする見解が[6]、妥当な方向を示しているように思われる。

(2)　背任行為の意義

　背任罪における「任務に背く行為」の意義について、基本的に権限濫用説と背信説の対立がある。

　権限濫用説によれば、背任行為とは、本人から与えられた法的代理権（法律上の処分権限）を有する者がその権限を濫用して本人に財産的損害を加えることをいう[7]。これによれば、背任罪の成立は法的代理権のある場合に限られるので、背任行為は、本人との関係における背信的な事実行為（たとえば帳簿への虚偽記入や保管物の損壊）については認められず、第三者との間での法

---

[4] 前田・各論380頁、等
[5] 西田・各論243頁、等
[6] 大谷・各論299頁、林・各論309頁、等
[7] 瀧川幸辰『刑法各論』（1951年）174頁

律行為についてのみ認められることになる。この説に対しては、本人との関係における背信的な事実行為によって本人に重大な損害を加えることもあるので、法的代理権のある場合に限定するのは狭きに失するという批判が向けられる。

　これに対して、背信説によれば、背任行為とは、信任関係に違背して本人に財産上の損害を加えることをいう[8]。これによれば、背任罪は法律行為のみならず事実行為についても、また本人からの有効な権限授与がなくとも成立しうることになる。しかし、この説に対しては、誠実義務の違反を偏重して処罰範囲を不当に拡大することになりかねないという批判が向けられる。

　そこで、近時の学説は、処罰範囲を適正に画するためにその内容をより厳密に規定する。たとえば、権限濫用説のいう「代理権の濫用」の範囲を拡大して、本人によって与えられた法律上・事実上の権限の濫用によって財産上の損害を加えることとする「背信的権限濫用説」や、背信説を限定して、高度の信頼関係を生じさせる事務に関する信頼関係に違背して財産上の損害を加えることとする「限定背信説」がこれである[9]。

(3)　横領と背任の区別

　以上の議論を背景にして、横領罪と背任罪の区別について学説を整理すると、法律行為・事実行為区別説、客体区別説、権限区別説および領得行為区別説に分けられる。

①法律行為・事実行為区別説

　その行為が法律行為か事実行為かによって区別する。すなわち、背任の意義に関する権限濫用説を前提にして、背任罪は法律上の処分権限を有する者による権限の濫用であり、横領罪は事実行為による特定物または特定利益の侵害であると主張する[10]。

---

[8]　団藤・各論648頁、福田・各論286頁、川端・各論425頁、等　なお、斎藤・各論190頁参照
[9]　こうした方向を指向するのは、藤木・各論343頁、大塚・各論317頁、大谷・各論315頁、中森・各論139頁、曽根・各論180頁、前田・各論391頁、山中・各論406頁、林・各論268頁、等
[10]　瀧川幸辰『刑法各論』(1951年) 173頁

②客体区別説

その行為の客体によって区別し、横領罪は自己の占有する他人の財物に対する背信行為であり、背任罪は財物以外の財産上の利益に対する背信行為であるとする[11]。

③権限区別説

横領罪は委託物に対する一般的（抽象的）権限を逸脱する処分行為を内容とし、背任罪は事務処理者が一般的権限の範囲内で権限を濫用したにすぎない場合に認められる。後者においては、一般的権限の範囲内で権限を濫用してもその効果は一応本人に及ぶので、不法領得の意思の発現とはいえず、委託の趣旨に反してその権限を濫用したものとして背任罪にあたると主張する[12]。

④領得行為区別説

横領の意義に関する領得行為説を前提として、自己の占有する他人の財物を不法に領得する行為が横領罪、その要件を具備しない場合が背任罪であるとする。すなわち、委託物横領罪が成立する限度で、同罪が背任罪に優先して適用されると解する[13]。

3 判　例

判例は、「横領」の意義について、不法領得の意思が必要であるとして領得行為説に立っている。これによれば、その処分が委託者本人のためにする意思で行われた場合には、不法領得の意思が欠けるので横領罪は成立しないことになる。たとえば、寺院の住職が寺院の建設費に充てる目的で自己の保管する寺院の什器を売却した事案[14]、農業協同組合の組合長が組合名義の貸

---

[11] 木村・各論150頁、西原・各論255頁、岡野・各論196頁、等
[12] 福田・各論286頁、大塚・各論320頁、藤木・各論354頁、川端・各論426頁、前田・各論408頁、佐久間・各論252頁、等
[13] 平野・概説231頁、中山・各論216頁、曽根・各論184頁、西田・各論266頁、斎藤・各論197頁、中森・各論143頁、山中・各論408頁、山口・各論334頁、松宮・各論295頁、等
[14] 大判大正15・4・20刑集5巻136頁

物自動車営業のために組合資金を支出した事案[15]、いわゆる納金ストとして会社のために集金した金銭を保管のために銀行に預金した事案[16]等がこれである。

また、背任の意義については、質物の保管を委託された者が質物を債務者に返還した行為[17]、帳簿への虚偽記入[18]、コンピュータ・プログラムへの不正入力[19]等の権限逸脱の事実行為について背任罪の成立を認めていることから、背信説に立っていると解される。

横領と背任の区別について、判例は、客体が所有権以外の権利・利益である場合には、権限を逸脱しても横領罪にはあたらないので背任罪を認める。債権者から質物の保管を委託された者が質物を債務者に返還したという上記の事案、電話加入権の名義書換の手続を委任された者がこれを第三者に売却せしめたという二重譲渡の事案[20]等がこれである。

次に、他人のための事務処理者が自己の占有する他人の財物を不法に処分した場合において、本人の利益を図って行ったときは、横領罪も背任罪も成立しないが、自己の利益を図って行ったときは、一般的権限の範囲内であっても横領罪が成立する[21]。これに対して、第三者の利益を図って行ったときは、判例の立場は必ずしも一貫していないが、以下の①ないし⑤の各判決が示すように、財物に対する処分行為が何びとの名義・計算で行われたかを標準としていると解される。

①大判大正3・6・13刑録20輯1174頁は、質商の主人の事務を処理する従業員が、第三者たる顧客の利益を図る目的で、主人の金銭の中から質物の価格を上回る金銭を不当に貸し出し、あるいは質物を取らずに貸し出したという事案について、「本人〇〇の計算に於て其事務担当者として為したるものにして自己の計算に於て之を為したるものにあらざるときは其間横領

---

[15] 最判昭和28・12・25刑集7巻13号2721頁
[16] 最判昭和33・9・19刑集12巻13号3047頁
[17] 大判明治44・10・13刑録17輯1698頁
[18] 大判大正3・6・20刑録20輯1313頁
[19] 東京地判昭和60・3・6判時1147号162頁「綜合コンピューター事件」
[20] 大判昭和7・10・31刑集11巻1541頁
[21] 大判大正6・12・20刑録23輯1541頁

行為あることなく任務に背き本人に財産上の損害を加へたるものに外ならざるを以て背任罪を構成すべく若し又之に反して名を貸借に籍り其差額又は金銭を領得するの目的を以て若くは単に自己の計算に於て前示の貸出を為したるものとすれば自己の占有せる他人所有の金員を横領したるものなること論を俟たざるを以て横領罪を以て論ぜざる可らず」と判示した。

②大判昭和9・7・19刑集13巻983頁は、村長が以前から親交のあった第三者から、村の基本財産から金を貸与してほしいと懇願されて承諾し、自己の保管する公金を村議会の議決を経ずに村の計算で貸し付けたという事案について、「他人の為其の事務を処理するに当り…第三者の利益を図る目的を以て其の任務に背きたる行為を為し本人に財産上の損害を加へたるときは背任罪を構成すへく之を横領罪に問擬すへきものに非」ずとした。

③大判昭和10・7・3刑集14巻745頁は、村の収入役が自己の保管する公金を村の名義でなく第三者に貸し付けたという事案について、「町村の収入役が自己若は第三者の利益を図り又は本人に損害を加ふる目的を以て町村長の命令なくして町村の名を以て其の金員を擅に支出し町村に損害を加へたるが如き場合に於ては背任罪を構成すべきも本件の如く被告人が…K村収入役Tと共謀して同村の名を以てせずして被告人の利益に其の保管する公金を貸与し該村に損害を加へたるが如き場合は背任罪を構成せずして横領罪を構成する」と判示した。

④最判昭和33・10・10刑集12巻14号3246頁は、信用組合の支店長等が支店の預金成績の向上を装うため、支店長が信用組合のため業務上保管する金員を預金謝礼金名下に一部預金者に支出交付し、さらにこれを補塡するため、正規の融資を受ける資格のない者に組合名義で正規利息よりも高い利息で金員を貸し付けたという事案について、組合名義でなされていても、「組合の計算においてなされた行為ではなく、被告人等の計算においてなされた行為である」から、業務上横領罪が成立するとした。

⑤最判昭和34・2・13刑集13巻2号101頁は、社団法人森林組合の組合長、常務理事であった被告人両名が共謀のうえ、組合員の造林資金として貸し付けるよう使途の特定された政府貸付金を業務上保管中、諸経費の支払いに

窮していた町から要請されて、その一部を組合の名義で第三者たる町役場に貸与したという事案について、たとえ貸付が組合名義をもって処理されているとしても、「何ら正当な権限に基づかず、ほしいままに被告人ら個人の計算において」行ったものであるから、不法領得の意思があるとして業務上横領罪が成立するとした。

(2) 判例の総括

横領罪と背任罪の区別について、上記の①ないし⑤の各判決から、他人の事務処理者が自己の占有する他人の財物を不法に処分した場合において、第三者の利益を図って行ったときは、その処分が自己の名義ないし計算で行われれば横領罪、本人の名義かつ計算で行われれば背任罪であるとする基本的な傾向がうかがわれる（名義・計算区別説）。もっとも、⑤判決は、委託の趣旨からみてその処分が絶対に許されない場合には、本人（組合）名義でも自己計算で行えば、その貸与行為は組合の所有権を侵害するものとして、不法領得の意思が認められるとしたものと解される。しかし、この判決については、本人の事務として行われ、その事務処理者に何らの経済的効果も帰属していないので、不法領得の意思を認めるのは不当であるとする意見がある[22]。

4 検討・私見

横領と背任の区別に関する学説のうち、まず、法律行為・事実行為区別説に対しては、上述のように、その前提とする権限濫用説に疑問があり、また、財産上の利益が事実行為によって侵害された場合には横領罪も背任罪も成立しないという不都合が生ずる。領得行為説の立場からみれば、不法領得の意思の発現が売買等の法律行為として行われることが多く、逆に保管物の毀損のような事実行為が行われても、不法領得の意思の発現とは認められず、本人との信頼関係を破る背任行為として評価されるべき場合もあるから

---

[22] 大谷・各論326頁、西田・各論268頁

である。次に、客体区別説は、背任罪を実質的に2項横領罪と解する見解であるが、両罪に1項犯罪と2項犯罪のような質的な共通性を認めることはできない。財物（たとえば金銭）の処分であっても背任罪の成立を認めるべき場合があることからも、この説には疑問があるといえよう。さらに、権限区別説は、横領罪に関する領得行為説からも越権行為説からも主張されているが、権限の「逸脱」は「濫用」の一種であるといえること、二重抵当や秘密の漏示のような権限逸脱行為でも、客体が利益であるために横領罪が認められず背任罪とすべき場合があることから、この説の基準を一般化することには疑問があると思われる。

　思うに、横領罪と背任罪は、いわば「2つの交錯した円のような関係」にあり[23]、その交錯する場面においては、法条競合（特別法と一般法の関係）として重い横領罪が成立すれば軽い背任罪は成立しないと解される。したがって、まず横領罪の成立要件を検討し、それが認められない場合に背任罪の成否を論ずるべきである（領得行為区別説）。これによれば、自己の占有する他人の財物を自己または第三者の利益のために処分した場合には横領罪が成立し、そうでない場合が背任罪にあたりうることになる。名義・計算区別説に立つとされる判例も、その経済的効果が誰に帰属するかを一応の基準として領得行為の有無を判断していると解されるので、両罪を区別する実質的な基準は領得行為区別説と同様になると思われる。すなわち、行為者の名義または計算で財物を処分した場合には、本人でなければ許されない処分をしたという意味で領得行為が認められるので横領罪になり、本人の名義かつ計算で処分した場合には、本人が反対債権の取得等により経済的効果を受けるので、行為者に領得行為が認められないことから背任罪になるといえよう。

5 おわりに

　本問では、Aは支店長として甲銀行の金員を業務上占有しているので、貸

---

[23] 平野龍一『犯罪論の諸問題（下）』（1981年）351頁

付行為に不法領得の意思の発現が認められれば業務上横領罪が成立することになる。Aが本人（甲銀行）からどのような権限を与えられていたか、融資について定められた手続を履践したか、あるいは徴収した担保の価値がどの程度のものであったか等の事情にもよるが[24]、その融資が支店長に与えられた権限内にとどまっていたことから、「権限がないのに所有者でなければできないような処分をする意思」があったとはいえず、同罪は成立しないと考えられる。Aは、甲銀行の事務処理者であり、第三者である乙の利益を図る目的で任務に背く行為を行い、甲銀行の財産状態を悪化させたことは明らかであるから、背任罪が成立すると解すべきである。

(鈴木彰雄)

---

[24] 本人名義でも、所定の手続をまったく履践せず、貸付限度額を著しく超過した貸付行為は業務上横領罪となる。これについて、大阪地判昭和55・10・13刑月12巻10号1129頁、東京地判昭和58・10・6判時1096号151頁参照

第27講　情報の不正入手と財産罪

【事例】

　Xは、A社の企画管理・商品開発部長の地位にあり、A社が誇るコンピュータ・プログラムの開発事業の責任者の任に就いていたが、A社の処遇に不満を抱いたことから、いっそ独立してコンピュータ・プログラムの開発と販売を業とする会社を設立しようと考えた。しかし、新会社を興して新たなコンピュータ・プログラムを開発するためにはかなりの資金が要されることから、A社の機密情報である顧客データを、A社とライバル関係にあったB社に売却して利益を得ようと企図するに至った。

　そしてある日、Xは勤務中に、あたかも普段の業務行為であるかのように装いつつ、業務上必要な時に使用の許されている鍵を密かに使用して自己が管理する機密資料保管庫を開け、そこから、機密情報たる顧客データの記録されたCD-ROM1枚を、データ取得後すぐに返却する意思で取り出した。そして、そのCD-ROMを自分のバックに入れ、すぐさまそれをもって社外に出るや、携行していた自己のノートパソコンを用いて、CD-ROM内の顧客データを自己のUSBメモリーにコピーした。Xはその後ただちに社に戻り、CD-ROMを保管庫に戻し鍵を閉めた。

　Xの罪責はどうか。

【解　説】

1　はじめに

　企業においては、極めて経済的価値の高い情報が機密情報として管理されている。そのような情報を社員が許可なく持ち出す・複写するといったことをした場合、刑法上、いかなる犯罪が成立しうるであろうか。刑法典上の財産罪との関係について、以下、述べていくこととしよう。

2 財物の概念

（1）A社社員のXが持ち出したのはCD-ROMである。そこで、Xの行為を、「他人のCD-ROMを不正に手に入れる行為」として理解することがまずできる。しかしながら、Xが欲していたのはCD-ROMそれ自体ではない。CD-ROMに記録されている機密情報を手に入れたかったのである。直截に言えば、XにとってCD-ROMという物体そのものはどうでもよく（CD-ROM自体が欲しかったのではない）、そこに記録されている情報こそが重要であったのである。その情報に高い経済的価値があり、それを手に入れることに意味があったのである。したがって、Xの行為を、単なる「CD-ROMを不正に入手する行為」として捉えるのは、事の実態を反映しない不正確な理解だと考えられることになる。そこで、判例は、同様の疑問が生じる事案において、行為者が不正に入手した客体を、有体物としての財物そのものとして把握することはせず、財産的価値のある情報の記録された財物として理解した（東京地判昭和40・6・26下刑集7巻6号1319頁）。事実の概要は、大日本印刷の社員X（被告人）が、人事異動によってかつての部下の下で勤務するようになったことに腹を立てて、機密資料であり上司の保管にかかる稟議決裁一覧表を借り出してこれを会社の備品の感光紙に複写し、これらを他社社員に売却した、というものである。この事実に関して、裁判所は、「被告人の行為は、全体的に見て、単なる感光紙の窃取ではなく、会社所有の複写した稟議決裁一覧表を窃取したものと認めるのが相当である」として、窃盗罪の成立を認めた。本件は、会社の備品であった感光紙が情報複写用に使用され、これが他人に売却されたという事案であったが、裁判所は、感光紙という紙片それ自体のみに財物性を見るのは妥当でなく、あくまで、「企業秘密を記録した紙」という見方をしてそれに財物性を見るのが適切であるとの判断を下した。財産的価値のある情報と紙とを分離するではなく、一体として「財産的価値のある情報の化体された財物」という見方をすべきだという方向性が示されたのである[1]。

この判例の見方からすれば、冒頭事例のXが不正に入手したのは、A社のCD-ROMそれ自体だとするのではなく、「A社の機密情報の化体されたCD-ROM」だと理解すべきこととなる[2]。

(2) ところで、このような理解をさらに推し進めると、次のような疑問に直面することにもなる。すなわち、Xにとって最も重要であったのはA社の機密情報であったのだから、むしろA社の機密情報を不正に入手したと構成した方が素直なのではないか、とも思えてくるのである。そこで、このような素直な理解にしたがうことが刑法の運用上問題ないか確認する必要がでる。

事例をいったん置いて、一般論として、不正に入手したのは情報そのものだと構成した場合、各財産罪の成否との兼ね合いはどうなるであろうか。たとえば、235条の窃盗罪は、その要件として、他人の「財物」を客体とする。「財物」については、これを「有体物」と解釈する立場と、「管理可能なもの」と解釈する立場とがあるが[3]、いずれにしても、情報を財物と見ることはできないというのが一般的な見方である[4]。そうすると、情報の不正入手は、財物の不正入手と構成することができず、窃盗罪の成立はあり得ないということになる（もちろん、窃盗罪のみならず、客体を財物とする財産罪はことごとく成立しえないこととなる）。このような事態は回避されなければならない。そこで、情報それ自体を客体とするのではなく、「情報の化体された財物」を客体とし、財物罪の成立を広く肯定できる解釈が展開されるのである[5]。

---

[1] 成瀬幸典他編『判例プラクティス刑法II各論』(2012年、信山社) 371頁〔飯島暢〕参照。
[2] なお、前記の昭和40年東京地裁の判例での事案は、会社の情報をいったん社内で備品の紙などにコピーした上で、そのコピーを持ち出すというものであり、そのコピーを持ち出す行為が窃取行為と見られたが、そうではなく会社の情報が化体された財物それ自体を社外に無断で持ち出した場合であっても、その行為は窃取行為にあたる。この種の事案が問題となった判例として、「東京地判昭和55・2・14刑月12巻1・2号47頁」がある（会社の機密資料を保管場所であった事務机の中から取り出し、社外に持ち出して、近くのコピーサービス店でコピーした、という社員の行為が問題となった）。成瀬幸典他編『判例プラクティス刑法II各論』(2012年、信山社) 373頁〔飯島暢〕参照。
[3] かつては後者が優勢であったが、245条が新設されて依頼、前者が優勢になりつつある。
[4] ただ、突き詰めて考えると、物理的管理可能性説に依拠した場合には、情報も物理的な媒体に記録されることで物理的に管理可能になると解されることとなり、財物性が肯定される余地が出てくるのではないか、との疑問は生じる。西田典之・現代刑事法2巻4号「鼎談」21頁以下の発言参照。

（3）事例に戻ろう。Xが手に入れようとしたのはA社の情報であったとしても、客体としては「A社の機密情報が記録されたCD-ROM」として理解すべきこととなる。そう理解することで、そのCD-ROMの価値は格段に高い経済的価値を有する財物として位置づけられることになる。

③ CD-ROMの占有の帰属

（1）では、このCD-ROMを占有していたのは誰か。A社の機密情報たる顧客データが記録されているCD-ROMはA社の所有にかかる物であるから、XはA社の所有物を盗んだとして窃盗罪に問われるのではないかと考えたくもなるが、そう単純にはいかない。窃盗罪が成立するには、「他人の占有する」他人の財物を奪わなければならないからである。つまり、Xにとって、CD-ROMが「他人の占有」の下にあったということが認められてはじめて、Xの行為に窃盗行為としての性質を認めることができるようになるのである。

そこで、本事例においても、CD-ROMの占有の帰属を確認しなければならない。占有がA社にあったとすれば、Xの行為は、他人の占有を侵したとして窃盗罪に当たることになる。しかし、占有がXにあったとすれば、占有侵害性はないので窃盗罪にはならず、むしろ「自己の占有する他人の物を横領した」として横領罪が成立しうることになる。

（2）ここにいう占有とは物に対する事実上の支配であるから、誰がCD-ROMを支配していたかを問うことになるが、CD-ROMはA社内の保管庫にあったことから、A社が支配していたと見ることもできそうであるし、そうではなく、その保管庫を管理していたのはXであったのだからXが支配してい

---

[5] ただ、情報の不正入手それ自体を直接的に規制できるようにすべきだとの主張は重要である（この点について、たとえば中野目義則「ネット社会と法」（教育×ChuoOnline@Yomiuri Online) http://www.yomiuri.co.jp/adv/chuo/opinion/20121009.htm参照）。近時は、データを記録媒体にコピーするなどの行為を経ずとも、たとえば会社のコンピュータ・サーバに蔵置されているデータをPCから不正に入手してそれをそのままメールで外部に送信するという手法に、いかに有効に規制できるかに関心が寄せられているからである。すでに不正競争防止法の改正等により対応が一部可能になっているが（成瀬幸典他編・前掲書注（2）370頁〔島田聡一郎〕参照）、より手厚い保護を可能にするための積極的な立法的解決が求められる。

たと見ることもできそうである。そこで、より立ち入って考える必要がでるが、その際に重要となるのは、XがA社からCD-ROMの管理についてどれだけの権限を委ねられていたかという観点である[6]。たとえば、上位者たる会社によって、下位者たる社員が、財物の管理の担当に当てられていたものの、その財物の出し入れ・利用の可否等について、その社員に何ら判断する余地が認められていないような場合（常に上司等に逐一判断を仰がなければ何もできない）には、事実上その下位者は上位者の完全な監視下にあり、財物の支配は上位者が独占的に行っていると考えるべきであるから、下位者たるその社員は単なる占有補助者として見られることとなり、よってその者に財物に対する支配性は認められない。これに対して、下位者である社員に対して、財物の管理方法等に関する判断裁量が認められていたり、管理方法についての裁量が認められているがゆえに管理に不備があった場合に責任を問われることになっていたりするような場合には、その社員に支配性が認められる[7]。このように、管理権限の有無・程度、責任の所在等に照らして、支配性の有無が決まることになる[8]。

　事例のXについて見ると、Xは、企画管理・営業開発部長として、業務に必要な場合に鍵を使用して保管庫を開け、内部の物を取り出し利用することについて許されていたわけであるから、CD-ROMの管理権限はほぼ全面的にXに与えられており、その支配はXにあったといえる。したがって、CD-ROMを占有していたのはXだということになる。

　こうして、横領罪の成否が問題となる[9]。

④ 横領の罪の成否——横領行為の意義——

（1）　Xは自己の占有する「A社の機密情報の記録されているCD-ROM」を、

---

[6] 大谷・各論204頁、大塚裕史『ロースクール演習刑法』（2010年、法学書院）308頁以下。
[7] 大谷・各論204頁、高橋・各論230頁参照。
[8] 高橋・各論230頁参照。
[9] 情報の不正入手と横領罪については、林美月子・百選Ⅱ（4版）144頁、立石二六・百選Ⅱ（5版）124頁、城下裕二・百選Ⅱ（6版）132頁等も参照。

情報入手の目的で社外に持ち出し、そのデータを自己のUSBメモリーにコピーしている。この行為は横領に当たるか。

横領行為については、これを越権行為と見る立場と、領得行為と見る立場とがある。

前者の越権行為説によれば、横領行為とは、委託を受けた者が、自己の占有する他人の物を、委託の趣旨に反し、権限を逸脱する態様で処分することである。要するに、権限濫用のレベルを超え、およそやってはならない無権限行為に出た場合に横領行為を認めるという見解である（権限濫用にとどまる場合は背任罪どまり）[10]。

この点、事例のXは企画管理部・商品開発部長としてそのCD-ROMを必要に応じて使用する権限を有していたという点からすると（現にXにはCD-ROMを取り出せる鍵が預けられていたことからも）、一見、自己の権限の範囲内の行為をしたにとどまり、権限逸脱性はないかのようにも映る。しかし、そのCD-ROMの使用は、そこに社外秘の情報が記録されていることからしても、あくまで業務上必要な範囲でしか許容されておらず、それ以外の使用は厳格に禁じられていたものと見るのが素直である。そうすると、Xの行為は権限逸脱行為として評価されることとなろう[11]。

こうして、越権行為説からすれば、Xの行為の横領行為性は肯定されることになる。

(2) しかし、この越権行為説は、一般論として、毀棄・隠匿行為をも権限逸脱行為として見ることとなり横領罪の成立を肯定せざるを得なくなる。そこに本説の問題性があるとされる。すなわち、横領罪は単なる背信罪ではなく、利欲犯としての性質を有する背信的領得罪として理解されるべきであるとの見地から[12]、領得行為説が支持されることになるのである。領得行為説は、判例[13]・通説が採用するもので、横領行為を、不法領得の意思を実現す

---

[10] 井田・各論144頁参照。
[11] 権限逸脱行為性について、大塚裕史・前掲書注（6）310頁参照。
[12] 西田・各論243頁以下。
[13] 大判大正6・7・14刑録23輯886頁、最判昭和27・10・17裁判集刑68号361頁。

る一切の行為と見る。ただ、ここにいう「一切の行為」は「権限逸脱行為」を意味するものとして解されることが多く[14]、実態としては一定の絞り込みがかかっていると見られる（権限濫用にとどまる行為は横領にならない）[15]。

不法領得意思を持って権限逸脱行為がなされた場合につき、横領行為性が認められると解される。

5 横領の罪の成否——不法領得の領得意思——

(1) さてそうすると、次に、横領罪における不法領得の意思の内容の確認が必要となる。横領罪における不法領得の意思について、判例はすでに、「他人の物の占有者が委託の任務に背いて、その物につき権限がないのに所有者でなければできないような処分をする意志をいう」[16]と定義している。これは、窃盗罪における不法領得の意思の定義（＝「権利者を排除して他人の物を自己の所有物としてその経済的用法に従いこれを利用若しくは処分する意思」[17]）とはかなり異なっている。第一に「権利者を排除する意思」が要求されていない。窃盗罪において「権利者を排除する意思」が求められているのは、どの程度に占有を侵害する意思であったかによって軽微な無断一時使用を窃盗罪から除外する機能を果たさせるためである[18]。横領罪はもともと占有を侵害する罪ではないから、この「権利者を排除する意思」は要求されないわけである。第二に、「経済的用法に従い」利用・処分する意思という意思内容も要求されていない。この点をそのまま受け止めると、横領の場合は（窃盗罪の場合と異なり）、毀棄・隠匿の意思しかなかった場合であっても本罪の成立が認められることになる。実際、自己の保管する公文書を隠匿した行為につ

---

[14] 例えば、井田・各論144頁。
[15] 会社の機密情報を社外に無断で持ち出す行為について、背任罪の成立が問題となった判例として、東京地判昭和60・3・6判時1147号162頁がある。被告人らの行為は権限逸脱行為とまではいえないものであったため背任罪が問題とされたものと見ることができる。成瀬幸典他編・前掲書注(2) 375頁〔飯島暢〕参照。
[16] 最判昭和24・3・8刑集3巻3号276頁。
[17] 大判大正4・5・21刑録21輯663頁。
[18] 西田・各論156頁。

いて、横領罪の成立を認めた判例がある[19]。しかしながら、既述のように横領行為もまた利欲犯の一種であり[20]、財物の効用を享受しようとする不当な意思にその本質があると解されるから[21]、横領罪においても、「経済的用法に従って利用・処分する意思」を主観的要件として要求し、毀棄・隠匿意思にとどまる場合を排除すべきである。こうして、横領罪における不法領得の意思は、「自己の占有する他人の物を、委託の趣旨に反して、その物の経済的用法に従って利用・処分する意思」であると解すべきこととなる[22]。

とはいえ、具体的に冒頭事例を見ると、Xは毀棄・隠匿の意思で行為したわけではないから、判例の定義に従ったままでも、Xに不法領得の意思があったと見ることに不都合は生じない。こうして、Xがおこなった、機密情報たる顧客データの記録されたCD-ROMを社外に持ち出し、機密データを自己のUSBメモリーにコピーしたという行為は、不法領得の意思を実現する行為として評価される方向に向かうこととなる。

(2) ただ、ここでもう一点、検討しなければならないことがある。Xは、CD-ROMをすぐに返却するつもりで持ち出したにすぎないが、それでも、領得行為性を肯定できるか、である。いわゆる使用横領（一時横領）の問題である。基本的に、使用横領は、権利者を排除する意思を伴わないでなされる行為であるから、そこに不法領得の意思は認められないが、本権を有する者でなければ使用できない態様において利用する意思を有する場合には、不法領得の意思を認めてよい[23]。判例も、短時間使用することの許諾を得て自動車を借受けた者が、その許諾の限度を超え8日間にわたり自動車を乗回した事案について[24]、また、会社の機密資料をコピーする目的で一時的にも社

---

[19] 大判大正2・12・16刑録19輯1440頁。
[20] 西田・各論243頁以下。
[21] 高橋・各論366頁参照。
[22] 山口・各論307頁、西田・各論244頁、大谷・各論302頁。なお、この点、東京地判昭和60・2・13は、情報の不正入手が横領罪を構成するかという争点において、「所有権者を排除し、自己の所有物と同様にその経済的用法に従ってこれを利用又は処分をする意図」があれば横領罪にいう不法領得の意思は認められると判示し、利用・処分意思を要求した。
[23] 大谷・各論302頁。なお、西田・各論245頁、高橋・各論367頁参照。
[24] 大阪高判昭和46・11・26高刑集24巻4号741頁。

外に持ち出した事案について[25]、横領罪の成立を認めている。事例のXの行為は、会社の機密情報の記録されたCD-ROMをすぐに返却するつもりで持ち出したのであるが、そうであっても、このようなイレギュラーな持ち出しは権利者やその点について完全な許諾を受けた者でしかできない行為であるから、Xについては不法領得の意思を肯定することができる。

6 おわりに

(1) こうして、Xには、横領罪にいう不法領得の意思があったことが認められることになり、かつ、先述のようにXの行為は権限逸脱行為＝越権行為でもあるわけであるから、主客両面より横領罪の構成要件が充足されることになる[26]。そして、Xは、A社の機密情報たる顧客データの記録されたCD-ROMを保管・管理する業務を遂行する任に就いていたことから、業務上横領罪（刑法253条）の罪責を問われることになる[27]。

(2) なお、Xの行為は、同時に背任罪（刑法247条）をも構成すると考えられるが、横領罪と背任罪の双方の成立するような場合には、横領罪の成立のみを認めれば足る（殺人罪が成立するとき、傷害罪や暴行罪の成立が問題とならないのと同じである＝法条競合）。背任罪は、横領罪が成立しない場合（不法領得の意思がない、権限逸脱行為性が認められない、客体が財物でないといった場合）に問題となると考えてよい[28]。その意味で、背任罪は横領罪の補充規定としての役割を担っている。

---

[25] 東京地判昭和60・2・13刑月17巻1・2号22頁。
[26] 大塚裕史・前掲書注(6) 310頁参照。
[27] 東京地判昭和60・2・13刑月17巻1・2号22頁、判時1146号23頁参照。
[28] 井田・各論144頁参照。

【参考文献】

佐久間修『刑法における無形的財産の保護——企業秘密・コンピュータ・データを中心として』7頁以下

松原芳博「情報の保護」法学教室298号54頁以下

山口厚「企業秘密の保護」ジュリスト852号46頁以下

(曲田統)

第28講　放火罪における公共危険の認識

【事例】

　Aは、深夜にほろ酔い状態で帰宅する際、B宅の駐車場の入り口付近に前部を道路側に向け、前のかごに紙袋が残された状態の自転車があるのを発見した。その際、何となくその紙袋に火をつけたい衝動に駆られ、住居から4メートルほど離れているし、奥には何もなさそうだから、家まで燃え移らないであろうと考えて、所持していたガスライターで紙袋に火を放ち、そのままそこを立ち去った。ところがその紙袋には、宴会用の固形燃料が多数入っていたことから、激しく燃え出し、自転車のサドルなどにも燃え移った。自転車の奥すぐのところに、カバーが掛けられていてガソリンが満タンの原動機付自転車が止められていて、原動機付自転車からは、住居は2メートルも離れていなかったのであるが、暗くてAは原動機付自転車には気付いていなかった。自転車のゴム製タイヤが燃えたときにタイヤが破裂し、大きな音がしたことから、Bが外を確認したところ、自転車のサドルやタイヤなども含め全体が燃えていた。それだけでは家に燃え移るほどの火力はなかったが、その奥の原動機付自転車のカバーに燃え移りそうになっていた。Bは直ちにその火を消し止めた。Aの刑事責任はどうか。

【解　説】

1　はじめに

　本事例では建造物等以外放火罪における公共の危険の発生の有無及び公共の危険の発生の認識の有無が問題となっている。刑法は、その108条から110条において、故意犯である放火罪を規定する。108条は現住建造物等放火罪であり、109条は非現住建造物等放火罪、110条が建造物等以外放火罪を規定している。109条及び110条は、1項で他人所有物を規定し、2項で自己所有物について規定している。そして、108条及び109条1項は、条文上公共の危

険の発生が要求されていないため、抽象的危険犯であり、109条2項及び110条は、条文上公共の危険の発生が要求されているため、具体的危険犯であるとされている。前者の抽象的危険犯の場合は、危険の発生が擬制されていると解されている。後者の具体的危険犯の場合は、実際に公共の危険の発生が必要であり、またその公共の危険の発生についての認識の要否が問題とされている。

　本事例でAが火を放ったのはB所有の自転車の前かごの紙袋であることから、これは刑法110条1項の建造物等以外放火罪の客体である。したがって、本事例でも、まず公共の危険が発生することが必要である。Aは自転車の前かごの紙袋に火を放って、自転車全体を焼損させ、さらに奥にあったガソリンが満タンの原動機付自転車のカバーに燃え移りそうになっていた。この場合に公共の危険の発生が認められるか問題となる。また、公共の危険の発生が肯定されたとしても、Aは自転車の奥にある原動機付自転車に気付いておらず、また自転車から家まで4メートルの距離があるから、家まで燃え移らないであろうと考えていたため、Aに公共の危険の認識が認められないと考えられ、この場合に放火罪の故意が認められるか問題となる。以下では、公共の危険及び公共の危険の認識について検討することにする。

2 判 例

(1) 公共の危険に関する刑事判例
①大判明治44・4・24刑録17輯655頁
　人が住む家から2間のところに堆積してあった多量のわらに放火してこれを焼燬した場合について以下のように判示した。「公共ノ危険トハ其放火行爲カ同條所定ノ物件ニ付キ發生セシメタル實害ヲ謂フニアラスシテ其放火行爲ニヨリテ一般不特定ノ多數人ヲシテ前掲第百八條及第百九條ノ物件ニ延燒スル結果ヲ發生スヘキ虞アリト思料セシムルニ相當スル狀態ヲ指稱スルモノニ外ナラス」。

②大判大正5・9・18刑録22輯1359頁（116条2項について）

　森林の中で炭焼に従事した際に、山林一段余りを焼失させた場合について以下のように判示した。「刑法第百十六條二項ニ所謂公共ノ危険ヲ生セシメタルトハ火ヲ失シテ自己ノ所有ニ係ル第百九條ノ物又ハ自己若クハ他人ノ所有ニ属スル第百十條ノ物ヲ焼燬シ因テ第百八條及ヒ第百九條ノ物ニ延焼セントシ其他一般不定ノ多数人ヲシテ生命身體及ヒ財産ニ對シテ危害ヲ感セシムルニ付キ相當ノ理由ヲ有スル狀態ヲ發生シタルコトヲ謂フモノトス」。

③最決平成15・4・14刑集57巻4号445頁

　小学校の駐車場にとめられていた自動車にガソリンをかけて放火した場合について以下のように判示した。「所論は、刑法110条1項にいう『公共の危険』は、同法108条、109条所定の建造物等への延焼のおそれに限られる旨主張する。しかし、同法110条1項にいう『公共の危険』は、必ずしも同法108条及び109条1項に規定する建造物等に対する延焼の危険のみに限られるものではなく、不特定又は多数の人の生命、身体又は前記建造物等以外の財産に対する危険も含まれると解するのが相当である」。

(2)　公共の危険の認識に関する刑事判例

①大判昭和6・7・2刑集10輯303頁

　新聞紙に点火し、これをこたつぶとんと畳の間に差入れて放火した場合について以下のように判示した。「刑法第百十條第一項ノ犯罪ハ火ヲ放テ同法第百八條第百九條ニ記載シタル以外ノ物ヲ焼燬シ因テ公共ノ危険ヲ生セシメタル場合ニ成立スルモノニシテ公共ノ危険ヲ生セシメタルコトヲ以テ該犯罪構成ノ要件トナセトモ火ヲ放チ同條所定ノ物ヲ焼燬スル認識アレハ足リ公共ノ危険ヲ生セシムル認識アルコトヲ要スルモノニ非サルコト同條ノ解釋上明白ナリ」。

②最判昭和40・1・22判時399号20頁

　被告人所有の物置小屋に放火した場合について、「刑法第一〇九条第一項第一一〇条第一項所定の他人の所有物を焼燬する罪の犯意については格別であるが、同法第一〇九条第二項本文第一一〇条第二項所定の自己の所有物を焼燬する各罪の犯意があるとするためには、所論のように、公共の危険発生

の認識をも必要とすると解するのが相当である。それが未必的認識で足りることは、いうまでもない。けだし、自己の所有物を焼燬する行為自体は、同法第一一五条の場合にあたらない限り、本来適法行為であり、したがって同法第一〇九条第二項本文第一一〇条第二項の各罪は、現実に公共の危険を発生せしめる行為（その行為は、違法行為である）を処罰するものであって、公共の危険発生の事実をも構成要件としているとみるべく、そしてその各罪の犯意としては、構成要件たる事実全部の認識を必要とし、したがって公共の危険発生の事実の認識をも必要とするといわなければならないからである。法律の解釈に関する点については、右の論旨は、正当である。……前記認定の事実関係のもとにおいては、物置小屋上部（垂木等）を燃焼させるにおいては、その火はたちまち右小屋のその他の部分およびその内部の諸物品に燃え移って、いわゆる火事となり、公共の危険を発生せしめるに至るべきことは、何人といえども、きわめて容易に予見し得るところである。この事情と後記引用のすべての証拠とを総合して考察すれば、被告人には、後記のように、少くとも未必的に公共の危険の発生をも認識していたと認定するに十分である」とした名古屋高判昭和39・4・27高刑集17巻3号262頁の判断に対する被告人側の上告を棄却した。

⑥最判昭和59・4・12刑集38巻6号2107頁

　道路上に自動車を置き、車内にガソリンをまいて、火炎びんを投げ込んで放火した場合について、「刑法一一〇条一項の放火罪については、公共の危険を生ぜしめる点について認識していなくても、火を放って同条所定の物を焼燬する認識があれば、故意があるとするに十分であると解される……」としながら、被告人らに公共の危険が発生する可能性があることを十分に認識し、かつこれを容認していたものと解するのが相当であるとした東京高判昭和57・5・20刑集38巻6号2144頁に対する被告人側の上告を棄却。

⑦最判昭和60・3・28刑集39巻2号75頁

　住宅の敷地内にあったオートバイのガソリンタンクからガソリンを流出させ、これに点火し、オートバイを焼燬させた場合について以下のように判示した。「刑法一一〇条一項の放火罪が成立するためには、火を放って同条所

定の物を焼燬する認識のあることが必要であるが、焼燬の結果公共の危険を発生させることまでを認識する必要はないものと解すべきである……」。
(3) 判例の総括

判例は、公共の危険を、従来、①判例の表現に見られるように、108条及び109条の物件への延焼の危険に限定する限定説的な発想を採用してきたとされている[1]。しかし、すでに116条2項についてであるが、②判例が、108条又は109条の物件の他「一般不定ノ多数人ヲシテ生命身體及ヒ財産ニ對シテ危害ヲ感セシムル」として、すでに非限定説的な見解を示していた。下級審の判例も限定説的なものと非限定説的なものに分かれていたが、③判例が明確に非限定説の立場を示している[2]。また、不特定又は多数の人の生命、身体又は建造物以外の財産に対する危険としている点も留意すべきであろう。

次に、公共の危険の認識についてである。判例は、110条1項に関して、大審院、最高裁いずれも④、⑦判例が示すように、公共の危険の認識を不要としていた。⑥判例に関しては、その原審が公共の危険の認識を不要としたのであるが、最高裁の法廷意見は往来危険についての判断のみを行っている。それに対して、109条2項、110条2項に関して、⑤判例が、公共の危険の認識を必要とした原審の名古屋高判昭和39・4・27高刑集17・3・26頁を、被告人側の上告を棄却することで維持した。このことから、「具体的危険犯中、自己所有物毀棄の場合に限って、その認識を要するものとしている[3]」という評価が示されるようになった。しかし、⑤判例は、刑訴法405条の適法な上告理由に当たらないと判断しているだけであり、しかも、上告趣意に公共の危険の認識が示されていないことから、公共の危険の認識の要否について判断していないと考えることもできる。したがって、⑤判例は、名古屋高判昭和39・4・27高刑集17巻3号26頁の「法律判断を是認したものとまではいえない[4]」であろう。また、特に110条1項と110条2項について客体が

---

[1] 小林憲太郎「公共の危険の認識」刑法判例百選II各論 第6版174頁。
[2] 詳細は、小林憲太郎、前掲注1、174頁。
[3] 立石二六「放火罪における公共危険の認識」『北九州大学法政論集』14巻3号165頁。

自己所有物なのか他人所有物なのかということにより公共の危険についての認識の要否が変わるという結論を、判例が採用していると考えることはできないように思われる。以上より、判例は大審院から公共の危険の認識を不要としてきたと考えるべきであろう。

3 学　説

公共の危険の認識に関する学説は、概ね以下の3説に分類されている[5]。
(1) 認識不要説
　抽象的危険犯（108条、109条1項）、具体的危険犯（109条2項、110条）を問わず公共の危険の認識を不要とし、公共の危険の発生を客観的処罰条件あるいは結果責任とみる見解である[6]。
(2) 具体的危険犯についての認識必要説
　抽象的危険犯については、公共の危険の発生が擬制されているため、公共の危険の発生の認識を不要とするが、具体的危険犯については、公共の危険の発生は構成要件要素であることからその認識を必要とする見解である[7]。
(3) 認識必要説
　抽象的危険犯についても、諸事情との関連においてある程度の危険が具体的に発生したことを必要とし、抽象的危険犯、具体的危険犯いずれについても、公共の危険の認識を必要とする見解である[8]。

---

[4] 村瀬均『大コンメンタール刑法 第2版』14頁以下。
[5] 立石二六・前掲注3、155頁以下。
[6] 香川達夫「放・失火罪と公共の危険」『刑法解釈学の諸問題』221頁以下。只木誠、判批、法学新報93・1＝2号194頁以下。藤木・各論92頁以下。前田・各論451頁以下（但し、危険発生の予見がおよそ不可能な場合には110条の成立を否定するべきであるとする（456頁注19））。村瀬均、前掲注4、15頁。
[7] 大谷・各論375頁。川端・各論488頁以下。団藤・各論199頁以下。なお、斎藤・各論227頁以下は、109条2項については公共の危険の認識を必要とし、110条については公共危険発生の予見可能性で足りるとする。
[8] 甲斐克則、判批、『昭和60年度 重要判例解説』158頁。立石二六、前掲注3、162頁。名和鉄郎「放火罪・溢水罪」中山＝宮沢＝大谷編『刑法各論』206頁以下。振津隆行「放火罪と危険概念」法学セミナー346号51頁。

(4) 学説の検討

　責任主義の観点から考えれば、特に明白な反対の根拠がないかぎり、結果的責任は否定されるべきであり、公共の危険の発生を構成要件要素と考えて、公共の危険の発生の認識を必要と考えるべきであろう[9]。そもそも自己の物を自ら焼く行為は、犯罪ではない。行為者が公共の危険の発生を認識していない場合、行為者には自己の物を焼く認識しかないことから、そもそも犯罪の認識がない。そこで、109条2項や110条2項の犯罪が成立するには公共の危険の発生の認識が必要であると考えるべきであろう。公共の危険の発生の認識を不要とした場合、自己の物に火を放って結果的に公共の危険が発生したのであれば、せいぜい過失犯しか認められない。また、自宅の庭で自己の物を焼いたが、その火の不始末のため、残り火が隣家に燃え移った場合に失火罪となり、それに対して、自宅の庭で自己の物を焼いたが、意外にもその火が勢いよく燃え上がり、近所の人に危険だと感じさせた場合、公共の危険の認識を不要とすると、110条2項が成立することになるが、この結論は妥当ではないであろう。さらに、自宅の庭で自己の物を焼き、その残り火がいったん燃え上がり、近所の人に危険だと感じさせ、その後隣家に燃え移った場合には延焼罪ということになり、これも、残り火がそのまま隣家に燃え移った場合に失火罪となる場合と比べると、妥当ではないであろう。110条1項についても同様であり、110条1項は110条2項と同じ形式で規定していることから、110条1項の評価の中心が公共の危険の発生という点にあり、110条1項は公共危険罪であるということになるが、公共の危険の発生の認識を不要とすると、火による器物損壊の故意しかなく、110条1項は器物損壊の故意で結果的に公共の危険を発生させた場合になり、器物損壊の結果的加重犯ということになる。これは110条1項が公共危険罪であるという前提に反すると考えられる。以上より、109条2項及び110条は公共の危険の認識が必要であると考えるべきであろう[10]。本事例でAが火を放ったのは、自転車の前かごの紙袋であり、客体は110条1項の建造物以外である。しかし、A

---

[9] 団藤・各論200頁以下。
[10] 齊藤誠二「放火罪と公共の危険」ロースクール30・88以下。

は紙袋を燃やす認識は認められるものの、紙袋に固形燃料が入っていることや奥にあったバイクについては認識しておらず、さらに、自転車から住居まで4メートルほど離れているから燃え移らないであろうと考えていたことから、公共の危険の発生を認識していなかったと考えられる。したがって、Aには110条1項の建造物以外放火罪の故意は認められず、器物損壊罪が成立するにとどまるであろう。

4 おわりに

　以上のように、109条2項、110条について公共の危険の発生の認識は必要であると考える。なお、抽象的危険犯については、原則として、公共の危険の認識は不要と解する。特に、108条の現住建造物については、公共の危険の発生が擬制されていると考えることができるであろう。ただ、109条1項については、公共の危険の認識を不要とするには若干疑問もある。ここでは一点だけ問題点を指摘するにとどめるが、自己所有の非現住建造物に火を放った場合、109条2項の客体であることから、具体的危険犯として公共の危険の発生及びその認識が必要であるとされるが、これに火災保険がかけられていた場合には、115条により他人所有の非現住建造物として扱われることになり、109条1項の客体になり、109条1項を抽象的危険犯と解すると、公共の危険の発生が擬制され、その認識が不要ということになる。同じ行為が、火災保険がかけられているかどうかにより、抽象的危険犯か具体的危険犯かということが決定され、公共の危険の発生の要否、その認識の要否が決まるというのは疑問であろう。109条1項と2項の規定からしても、他人所有か自己所有かで異なって解釈することには疑問がある[11]。109条2項について公共の危険の認識を要するとするのであれば、109条1項も公共の危険の認識を要求する方が、妥当のようにも思われる。

---

[11] 曲田統「放火罪における公共の危険」刑法の争点223頁は109条2項については公共の危険の認識を不要とする。

【参考文献】
小林憲太郎「公共の危険の意義」刑法判例百選Ⅱ各論［第6版］174頁
斉藤誠二「放火罪と公共の危険」ロースクール30号88頁
立石二六「公共危険の認識」刑法判例百選Ⅱ第2版148頁
島田聡一郎「放火罪の故意と公共危険の認識」現代刑事法5巻7号38頁
星周一郎「公共の危険の認識」刑法判例百選Ⅱ各論［第6版］176頁
曲田統「放火罪における公共の危険」刑法の争点222頁

(関根　徹)

第29講　代理・代表資格の冒用と文書偽造罪

【事例】
Aは、代理権がないにもかかわらず、甲の代理人として甲を借主とする金銭賃貸借契約を乙と締結し、「甲代理人A」という名義で契約書を作成し、署名押印して、その文書を乙に手渡した。Aは文書偽造罪で処罰されるか。

【解　説】

1 はじめに

　文書とは、文字またはこれに代わる符号を用いて、ある特定の人の一定の思想（観念ないしは意思）を多少なりとも継続的に示したものである。一般に、思想の表示があること（文書の永続的な機能）、作成名義人が誰であるかということが少なくとも（他の文書と一緒にファイルされているといった）付随的な状況から分かること（文書の保障的な機能）が、文書の要件とされている[1]。広い意味での文書の偽造とは、適法に文書を作成する権限をもたない者が、他人の作成名義を偽って文書を作成すること（有形偽造）と、文書の作成名義に偽りはないが内容に虚偽のある文書を作成すること（無形偽造）をいう[2]。
　そして、刑法は有形偽造を原則として処罰しているから、とくに、文書の作成者としてその文書（と付随物）に示されている名義人（作成名義人）と現実にその文書を作り出した者（作成者）とが一致しない場合がどういう場合なのかということが問題となる。
　文書の作成名義人は、通説によれば、その文書（と付随物）に示された「思想の表示の主体」をいい、文書の作成者は、実際にその文書を作成した

---

[1] 齊藤誠二『特別講義刑法』法学書院（1991年）290頁。
[2] なお、有形偽造と無形偽造というのはフランス法の概念で、ドイツ法でもわが刑法典でも前者のみを「偽造」と呼ぶ。それゆえ、狭い意味での偽造とは有形偽造のみを指す。安平政吉『文章偽造罪の研究』立花書房（1950年）127頁脚注（1）など参照。

者をいうとされ、ただ、文書の作成に他人が使われた場合に（たとえば弁護士が秘書を使ってパソコンで文書を作成した場合などに）、「作成者」は誰かが問題になるとされてきた。そして、作成者は、その思想ないし観念を、他人を使って表示した者（弁護士）が作成者であるとする見解[3]と、使われて物理的に作業をした者（秘書）であるとする見解[4]とがあるが、後者の見解によると、作成名義人が弁護士で作成者が秘書という別人格であるから、この場合、つねに有形偽造の問題になってしまうという不都合があることから、前者の見解が通説であるとされている。しかし、作成名義人を「思想の表示の主体」とする通説の理解によると、本問のように、Aが「甲代理人A」として文書を作成した場合でも、その文書には代理人Aの意思表示が示されたということになるのではないかという疑問が生じるように思われ、これらの点をめぐっては後述するように争いがある。

わが刑法において、文書偽造罪として処罰の対象となるのは、原則として、有形偽造であり、公文書や公務所に提出すべき医師の診断書のようなものは、その内容の真実性を保持させるために虚偽の記載を処罰する必要があるので、例外的に無形偽造を処罰することにしている（刑法156条、160条）。それゆえ、特に規定がなければ、無形偽造は処罰されない。

文書は文化の象徴ともいわれるように、わたしたちの社会生活では、自己の思想を文書に記載してその存在を証明し、文書に思想伝達の重要な役割をもたせている[5]。文書偽造罪は、文書が社会的な取引や権利義務関係の証明において果たす社会的役割の重要性にかんがみて規定されたものであり、その保護法益は、文書の真正に対する公共の信用である。しかし、文書のいかなる真正を保護するかについて、形式主義と実質主義の対立がある。形式主義は、「名義の真正」に対する公共の信用を保護するものと解する[6]。もっと

---

[3] これは観念説、意思説、精神性説などと呼ばれる。
[4] これは事実説、行為説、物体化説などと呼ばれる。この立場を支持するものとして、髙山佳奈子「代表名義の冒用と私文書偽造罪」西田典之ほか編『刑法判例百選II〔第6版〕』有斐閣（2008年）195頁など。
[5] たとえば、公訴の提起や上訴権の放棄は文書によらなければならないし、贈与では口頭によるものと文書によるものとで法律上の効力に差がある（江家義男『刑法各論〔増補版〕』青林書院新社（1963年）126頁）。

も、公文書または特殊の私文書については、内容の真実性を保持するため、虚偽の記載を処罰している。それで、このことを考え合わせて、実質主義は、文書の「内容の真実性」に対する公共の信用を保護するものと解している[7]。

たしかに、刑法が文書偽造を処罰する理由の一つとして、偽造文書により事実の真相を害するおそれがあることを考慮したことは否定できないが、それだけが処罰の理由ではないであろう。たとえその内容が事実に一致する文書であっても、文書の作成そのものが偽りである以上、その文書は無効の文書であるから、そのような文書が有効な真正文書として社会に流通することは、文書に対する社会一般の人々の信用を害するものといわなければならない[8]。それゆえ、形式主義が妥当である。

以上のことを踏まえつつ、本問の論点は、甲の代理人ではないAが「甲代理人A」という表示のある文書を作成するいわゆる代理・代表資格の冒用が、無形偽造なのか、それとも有形偽造にあたるのか、もし有形偽造にあたるとしたら、その文書の作成名義人は誰か、そして文書偽造罪として処罰することができるのかということが問題となる。

2 判　例

(1) 大判明治42・6・20刑録15輯738頁。

被告人が、電話の権利移転手続に関して、本人から買い戻し約款付きで電話の売却を委任され、本人が署名した契約書を受け取ったが、本人に無断で、本人の代理人として譲渡価格を上乗せした契約書を新たに作成し行使したという事案で、「其文書ハ代理者其人ノ文書ニアラスシテ本人ノ文書ニ属シ従テ該文書ハ代理者ニ対シ其効力ヲ生スルモノニアラスシテ本人対シ其効

---

[6] 大判明治45・2・1刑録18輯75頁。
[7] 勝本勘三郎『刑法析義各論上巻』講法会（1899年）471頁、牧野英一『重訂日本刑法下巻』有斐閣（1939年）112頁以下など。
[8] 江家・前掲（註5）146頁。

カヲ生スル」ので、その「効果ハ直接ニ他人ノ署名ヲ詐リ文書ヲ作成シタル場合ト」同じであるとした。それゆえ、代理文書の効果が本人に帰属するので、作成名義人は本人であると判断したものといえる。

(2) 最決昭和45・9・4刑集24巻10号1319頁。

　学校法人甲の理事であった被告人Aは、理事会がAを理事長に選任し、Aを議事録署名人とすることを可決したという虚偽の内容を記載し、末尾に「理事録署名人A」と記入してAの印を押した理事会決議録と題する書面を作成し、地方法務局の登記官吏に提出したという事案で、原審・原々審が「理事会議事録についての署名人の資格を冒用し、理事会議事録署名人作成名義」の文書を偽造したとして、刑法159条１項の成立を認めたのに対して、最高裁は、代理・代表資格を冒用した文書や普通人をして他人を代理・代表するものと誤信させるに足りる資格を表示して作成した文書は、「その文書によって表示された意識内容にもとづく効果が、代表もしくは代理された本人に帰属する形式のものであるから、その名義人は、代表もしくは代理された本人であると解するのが相当である」として大判明治42・6・10を引用し、本件では、学校法人甲「理事会名義の文書を偽造したものというべきであ」り、「これを理事会議事録署名人作成名義の文書を偽造したものとした第一審判決およびこれを是認した原判決は、法令の解釈適用を誤ったものといわなければならない。」として、刑法159条３項の成立を認めた。原審・原々審は、「甲代理人A」を作成名義人とする構成をとったのに対して[9]、最高裁は、本人「甲」を作成名義人とする構成をとって判断したものといえる。それゆえ、代理・代表文書の効果帰属を考慮して、本人を作成名義人とする立場が判例の立場であるといってよいであろう[10]。

---

[9] このような判断を示した裁判例として、大判明治36・2・13刑録9輯197頁、大判明治36・12・24刑録9輯1820頁など。
[10] 大判明治36・7・7刑録9輯1221頁、大判明治40・5・6刑録13輯381頁、最判昭和38・12・6刑集17巻12号2443頁など。

③ 学説の整理と検討

(1) 「A」を作成名義人とする説

「甲代理人A」という表示で作成された文書には、代理人Aの意思が示されているのであるから、文書の作成名義人は「A」であるという。この説によれば、代理・代表資格は一般の肩書と同様に、作成名義ではなく、文書の内容の一部となり、代理・代表資格の冒用は、文書の内容に偽りがある虚偽文書の作成（無形偽造）となる。

ところで、私文書の無形偽造は、刑法160条の場合を除いて処罰されないから、代理・代表資格の冒用を無形偽造と解すると、代理・代表資格の冒用が一般に犯罪不成立となる[11]。

しかし、文書に対する公共の信用を害するという観点からみれば、直接本人の名義を冒用して私文書を作成した場合と代理・代表資格を冒用して私文書を作成した場合とでは実質的にそれ程違いがないのに、前者は私文書偽造罪として処罰されるが、後者は犯罪不成立となるのはいかにも不合理である[12]。

そこで、代理・代表名義の冒用を無形偽造としつつ、実質主義の立場からその可罰性を認める立場がある。牧野博士は、無形偽造でも行使の目的で生活取引において不正な証拠となるようなものを文書として作成するかぎり、文書の偽造であり、刑法155条および159条1項から3項の適用を受けるとし[13]、木村博士は、代理・代表資格の冒用は有形偽造に準じて考えられるか

---

[11] 小疇傳『日本刑法論各論』日本大学（1905年）385頁、山岡萬之助『刑法原理〔訂正増補第15版〕』日本大学（1923年）554頁。なお、吉田常次郎『刑法各論』有信堂（1961年）80頁以下は、代理の冒用は無形偽造で犯罪不成立となるが、代理の場合と異なって、代表者がその権限に属する事項についてなした行為は法人自身の行為となるから、抽象的権限もなしに代表資格を冒用した場合には、法人名義の文書で、有形偽造になるとする。しかし、代表名義の文書の作成も、被代表者とは別個の自然人が代表資格を示し自らの名前を記して意思表示をおこないそれを文書にするという行為形態においては、代理名義の文書の作成と本質的な相違はないとの批判がなされうる（川端博『文書偽造罪の理論〔新版〕』立花書房（1999年）76頁）。

[12] 福田平「文書偽造罪（2）―代表名義の冒用」大塚仁ほか編『演習刑法各論』青林書院新社（1983年）108頁。

ら、この場合にかぎり例外的に刑法159条3項の適用があるとした[14]。

しかし、牧野説に対しては、刑法160条が私文書の無形偽造の処罰を医師が虚偽の診断書を作成してそれが公務所に提出される場合に限定している趣旨を没却することになるし、木村説に対しても、私文書に関する159条1項から3項と公文書に関する155条1項から3項とが同工異曲の法文であるのに、前者にだけ無形偽造のある場合を含むとするのは矛盾しており、代理・代表資格の冒用の場合にかぎって私文書の無形偽造が159条3項に含まれると解する合理的な根拠がないし[15]、有形偽造の処罰根拠が文書の成立の真正を偽ることにあり、無形偽造の処罰根拠が文書の内容の真実を偽ることにあるのに、なぜ代理・代表資格の冒用による無形偽造だけが、有形偽造に準じて考えられるのかが明らかではない[16]という批判があり、いずれも支持することができない。

(2) 「甲」を作成名義人とする説

「甲代理人A」という代理文書の私法上の効果は、代理人Aではなく、本人である「甲」に帰属するし (民法99条1項)、社会一般の人々が重要視するのも代理人が誰であるかではなく、本人として誰が表示されているかであるから、文書の作成名義人は「甲」であるという。この説によれば、文書の作成者であるAと作成名義人である甲との同一性が認められないので、文書の作成名義を偽った有形偽造ということになる[17]。

しかし、代筆や使者の場合とは異なり、代理の場合における意思表示は、代理人自身の意思表示であって (民法99条1項)、本人の意思表示ではない。代理人の作成する文書における思想の表示の主体は、代理人であって、本人

---

[13] 牧野英一『刑法各論上巻』有斐閣 (1950年) 164頁。
[14] 木村亀二『刑法各論』日本評論社 (1938年) 275頁。
[15] 植松正『再訂刑法概説Ⅱ各論』勁草書房 (1975年) 154頁。
[16] 江家・前掲 (註5) 141頁。
[17] 古くは、大場茂馬『刑法各論下巻〔改訂七版〕』中央大学 (1918年) 398頁、小野清一郎『新訂刑法講義各論』有斐閣 (1949年) 100頁、瀧川幸辰『刑法各論〔再版〕』世界思想社 (1952年) 241頁。近時でも、大塚・447頁以下、大谷・各論454頁、佐久間・各論356頁、斎藤・各論253頁、団藤・各論278頁、中森・各論196頁、西原・各論268頁、前田・各論531頁、松宮孝明「文書偽造の罪 (印章偽造の罪を含む) および有価証券偽造の罪」浅田和茂ほか『刑法各論』青林書院 (1995年) 286頁など。

ではない。有形偽造を作成名義のいつわりであるとし、一般の文書については文書の記載内容から理解される思想の表示の主体を作成名義人とするにもかかわらず、代理・代表資格の冒用の場合にかぎって文書の内容による法的な効果の帰属を論ずることは、矛盾であるとの批判がある[18]。また、法律効果の帰属という民事法上の問題と有形偽造としての処罰という刑法上の問題とを混同するのは妥当でないという批判もある[19]。そして、名義人が自己名義で公序良俗に違反する内容の文書を作成した場合にも、文書内容どおりの法律効果は名義人に帰属しないので有形偽造となるが、それは不当であるし、事実証明に関する文書は、名義人に内容どおりの法律効果を生じさせることができるか否かということは問題にできないので、内容が客観的真実か否かを問題とせざるを得ないが、それは文書の内容にかかわることであり、有形偽造と無形偽造の区別をあいまいにするものであるとの批判がある[20]。

　そこで、上記の矛盾を解消する試みとして、かつて宮本博士は、作成名義に代えて「裁可名義」という概念を提唱された。文書の「裁可」とは、思想を具体的に表現することではなく、思想の具体的表現を自己の意思に符合するものとして裁決して許可し、受け入れることをさす。作成者自身を本人とする文書では、作成者は同時に裁可者であるが、代理人が本人のために作成する代理文書では、本人が一般的包括的に裁可するというのである[21]。ここでは文書の効果を受ける主体を裁可者と呼んでいた[22]。また、近時、川端教授によって、代理・代表名義の冒用を他人名義の冒用の場合と同様に有形偽造に含めることができるかたちで、作成名義人の概念を「文書の作成について責任を負うべき者」として再構成する見解が主張され、現在ではかなり有力なものになっている[23]。

---

[18] 川崎一夫「偽造概念と文書の偽造」阿部純二ほか編『刑法基本講座第6巻』法学書院（1993年）233頁、江家・前掲（註5）138頁など。
[19] 平川・各論449頁。
[20] 林幹人「有形偽造の考察」『現代の経済犯罪』弘文堂（1989年）131頁以下。そして、「林論文の後にこのような見解を正面から主張する論者はほとんど見られなくなっている」（島田聡一郎「代理・代表名義の冒用、資格の冒用」現代刑事法35号（2002年）50頁）とさえいわれている。
[21] 宮本英脩『刑法学粹〔第5版〕』弘文堂書房（1935年）816頁。
[22] 佐伯千仭『刑法各論』有信堂（1964年）82頁。

274

(3) 「甲代理人A」を作成名義人とする説

　代理文書の場合には、甲代理人という代理資格の表示とAという代理人氏名の表示とが一体となったものが作成名義であるという。その理由として、代理人の作成する文書においては代理人の氏名よりも代理資格が取引上重要性をもつといえるし、代理人が代理権限以外の事項についての文書を作成するときは、つねに本人の作成名義を冒用した有形偽造であるから、まったく代理権を有しない者が他人の代理名義を冒用するときは、当然に本人名義の有形偽造になるという。そして、甲の代理人でないAが「甲代理人A」と表示して代理文書を作成した場合、文書の作成者であるAと作成名義人である「甲代理人A」との同一性が認められないので、文書の作成名義を偽った有形偽造ということになる[24]。

　たしかに、代理文書において代理人自身よりも代理資格の方が重要性をもつことは正しいとしても、しかし、そのことから直ちに表意者でない本人の名義が代理人の名義と一体の作成名義になるという結論は出てこないし、代理人が権限外の事項について文書を作成するのは、つねに本人名義の冒用による有形偽造であるという前提にはそれ自体に異論がありうる[25]。資格の冒用を強調していくと、弁護士でない者が弁護士の肩書を使用して弁護士業務と無関係の文書を作成した場合にもつねに文書の有形偽造となりかねない[26]。この説によれば、甲株式会社の代表取締役Bが、甲株式会社の代表取締役A名義の文書をAに無断で作成した場合でも、有形偽造となる。しかし、代理人への使用が通常想定されていない文書に関しては、受取手の誰にとっても不都合のない文書の作成を処罰することになってしまう[27]。

---

[23] 川端博『文書偽造罪の理論〔新版〕』立花書房（1999年）46頁、74頁以下、川端・各論536頁、曽根・各論240頁、平川・各論449頁。なお、伊藤渉ほか共著〔成瀬幸典〕『アクチュアル刑法各論』弘文堂（2005年）362頁以下は、「文書作成に関する責任」の内容がさらに問題になるとする。

[24] 今井猛嘉「文書偽造罪の一考察（5）」法学協会雑誌116巻7号（1999年）97頁以下、植松・前掲（註15）155頁、坂本武志「いわゆる代表名義の文章の名義人」最高裁判所判例解説刑事篇昭和45年度201頁、西田・各論373頁、日高義博「代理・代表資格の冒用と文書偽造罪に成否」植松正ほか『現代刑法論争II』勁草書房（1985年）301頁以下、福田・各論96頁、宮澤浩一「偽造罪の客体」『刑法講座第5巻』有斐閣（1964年）144頁、山中・各論563頁など。

[25] 江家・前掲（註5）140頁。

[26] 佐久間・各論356頁、前田・各論532頁、山口・各論461頁。

(4) 「甲代理人何某」を作成名義人とする説

　代理権を有する者が代理人として文書を作成する場合は、自己の意思表示を文書に記載するのであるから、文書の作成名義人は、代理人自身である。しかし、代理権をまったく有しない者が代理人として文書を作成した場合には、たとえ自己の氏名を文書に表示したとしても、それによって第三者の信ずる文書の作成者は、正当に代理権を有する他の人格者である。甲の代理人でないAが、甲代理人Aという名義の文書を作成した場合に、それによって第三者の信ずる作成名義人は、正当な「甲代理人何某」である。つまり、Aは甲の本当の代理人Zの「甲代理人Z」という名義を偽ったので、有形偽造になる[28]。

　たしかに、正当な甲代理人何某が実際に別に存在する場合には、そのようにいうことができるであろう。しかし、正当な代理人というのが実際に存在するわけではなく、単に観念的に考えられるに過ぎない場合、そのような観念的な名義を文書の作成名義人とすることができるかどうか疑問が残る[29]。これは結論的には通説と同じことになる[30]

(5) 本人甲と代理人Aの双方が独立して作成名義人とする説

　代理人Aも文書作成意思の主体であるから、本人甲と代理人Aの双方が独立に文書の作成人＝名義人であるが、作成意思のない甲に作成意思があるかのように装った点で有形偽造とする見解（二重名義説）もある[31]。

　しかし、つねに本人甲と代理人Aの双方を作成名義人とみることが妥当であるかどうかが問題である。結婚式の案内状への返信に見栄を張って甲株式会社の部長Aが「甲株式会社代表取締役社長A」と書く場合のように本人への使用が想定されていない場合もあるし、反対に、企業間の契約などでは代理人への使用が想定されていない場合もあるが、その場合に、甲株式会社の

---

[27] 平野龍一「刑法の基礎―刑法各論の諸問題15」法学セミナー222号（1974年）69頁、島田・前掲（註20）56頁。
[28] 江家・前掲（註5）142頁、川崎・前掲（註18）229頁以下など。
[29] 秋山哲治「有形偽造と無形偽造」『刑法講座第5巻』有斐閣（1964年）162頁。
[30] 今井・前掲（註24）101頁、島田・前掲（註20）56頁。
[31] 松原芳博「文書偽造罪」曽根威彦＝松原芳博編『重要課題 刑法各論』成文堂（2008年）209頁。

代表取締役AがBの了解をとらずに「甲株式会社代表取締役B」という文書を作成しても、これらのAを有形偽造として処罰しなければならないかは疑問であろう。その意味では、(3)説に対するのと同様の問題がある。

4 おわりに

それでは、わたしたちはこの問題をどのように考えていけばよいであろうか。これまでの通説によれば、作成名義人とは、思想の表示の主体であると理解されてきたが、そうだとすると、代理・代表名義の文書の思想の表示の主体は、代理人・代表者であるとせざるを得ず、代理・代表資格の冒用は無形偽造となり、犯罪不成立とせざるを得ないように思われる。民法99条は、明らかに代理人のした意思表示は、その効力が本人に生ずるとしている。それゆえ、代理文書には、代理人の意思ではなく、本人の意思が示されているのだという見解には説得力がないと思われる。しかし、そうだからといって、この場合だけ、文書の効果が本人に帰属するということを理由として例外的に本人を作成名義人とすることには矛盾が生じる。

それゆえ、通説・判例のように、代理・代表名義の冒用の場合に、本人を作成名義人として考えようというのであれば、それは、作成名義人の概念を再構成する以外に方法はないのではないかと思われる。川端教授は、偽造罪は文書の証拠機能を害する犯罪であるとされた[32]。このような考え方を踏まえつつ、島田教授は、有形偽造罪の保護法益は文書の証拠能力であるとされ、このような考え方からは、作成者は「当該文書を自己の意思表示の証拠として使用されることを甘受すべき立場にある者」であり、作成名義人は「文書から、当該文書が自己の意思表示の証拠として使用されることを甘受すべき立場にある者として認識される者」ということになるとされた[33]。

そして、代理・代表形式の文書の作成名義人は、文書の受取手の関心を考

---

[32] 川端・前掲（註11）6頁、井田・各論153頁、山口厚「第4章文書偽造罪の現代的展開」山口厚ほか『理論刑法学の最前線II』岩波書店（2006年）150頁など。
[33] 島田・前掲（註20）51頁。

慮し、受取手が通常その文書を誰に対する証拠として用いることを期待するかを考える必要がある[34]とされた。一般に流通する通貨と異なり、とりわけ私文書については名宛人の範囲が特定・限定されているのが通常で、一般に流通することを想定するのは困難であるから、それに対する公共的信用は問題とならず、文書に利害関係を有する関係者の信用が問題となるにすぎない[35]。その意味でも、文書の受取手の関心が重要となってくると思われ、このように構成する見解がおそらく妥当であろう。

　以上の見解によれば、取引関係における通常の代理・代表形式の文書では、受取手は有権代理であることを期待しており、文書を証拠として使用すべき相手は本人のみだから、本人甲が文書の作成名義人ということになる。これに対して、結婚式への出席通知に、見栄を張るために「代表取締役社長A」などと署名したとしても、この文書が企業等に対する証拠として用いることは想定されておらず、あくまで個人Aに対する証拠として用いられるべきものであるから、作成名義人はAとなる。また、「甲合名会社代表社員A」という文書のように、本人・代表者の双方に対する責任追及のための証拠としての使用が想定されている場合には、本人甲と代表者Aの双方が作成名義人となる[36]。

　本問の場合、「甲代理人A」という文書の受取手は、甲に対する証拠として使用しようと考えるであろう。それゆえ、甘受すべき立場にあると認識される者である甲が作成名義人であるが、実際には代理名義は冒用であるため、甲は自己の意思表示の証拠として使用されることを甘受すべき立場にはなく、作成者はAということになる。したがって、作成名義人甲と作成者Aが一致しないので、Aには刑法159条1項の私文書偽造罪が成立する。

---

[34] 島田・前掲（註20）51頁。
[35] 山口・前掲（註32）149頁などを参照。
[36] 島田・前掲（註20）51頁。

【参考文献】
今井猛嘉「文書偽造罪の一考察 (5)」法学協会雑誌116巻7号 (1999年) 90頁以下
川端博『文書偽造罪の理論〔新版〕』立花書房 (1999年)
島田聡一郎「代理・代表名義の冒用、資格の冒用」現代刑事法35号 (2002年) 47頁以下
安平政吉『文書偽造罪の研究』立花書房 (1950年)

(中村邦義)

第30講 公務執行妨害罪における職務行為の適法性

【事例】

Aは、深夜住宅街を徘徊していたところ、警察官Xに職務質問され、逃げ出した。XはAを追いかけ、腕に手をかけて引きとめたところ、AはXに暴行を加え、傷害を負わせた。Aの刑事責任はどうか。

【解　説】

1 はじめに

　公務執行妨害罪は、刑法第95条第1項に「公務員が職務を執行するに当たり、これに対して暴行又は脅迫を加えた者は、三年以下の懲役若しくは禁錮又は五十万円以下の罰金に処する」と規定され、暴行又は脅迫をもって公務の執行を妨害する犯罪である。公務執行妨害罪は、公務員の現在の職務行為を対象にする犯罪であり、公務員に向けられた行為を対象とする。しかし、その保護法益は、公務員によって行われる国または地方公共団体の作用、すなわち、公務の円滑・公正な遂行である。公務の円滑な遂行を確保するという国家的利益と、基本的人権の尊重という個人的利益の調和を図るという見地から、この公務執行妨害罪において保護される公務は適法なものであることが必要であると解されている。

　公務執行妨害罪の行為は、公務員が職務を執行するに当たり、暴行・脅迫を加えることである。「職務」とは、公務のすべてを含むとするのが通説・判例である[1]。この職務は、具体的・個別的に特定されている必要がある。「暴行」とは、有形力の不法な行使をいい、「脅迫」とは、恐怖心を起こさせる目的で他人に害悪を告知する行為をいう。この職務行為は、適法であるこ

---

[1] 大判明治44・4・17刑録17輯601頁等。

とを要するとする立場に一致が見られるが、適法性の要件やその判断基準、公務員の職務執行を違法と誤信した場合の取扱いをめぐる適法性の錯誤に関しては、判例や学説において議論がある。以下で検討しよう。

2 判　例

(1) 職務行為の適法性

　判例は、職務行為の適法性が必要であるとの見解に立っている。職務行為の適法性に関する判例は多数存在するが、代表的なものを見てみよう。

　①大判大正4・10・6刑録21輯1441頁は、「犯罪行為の終了後、犯罪によって生じた損害を補償させて秩序の回復を図るようなことは、警察官の職務上の行為ということはできない」とし、「これに対して暴行を加えても本罪は成立しない」と判示し、職務範囲の範疇に属するかが判断されている。

　②大判大正14・5・7刑集4巻276頁は、「国税徴収法11条は、訓示規定であって市吏員が県税市税の滞納処分として財産の差押をなすに際しその資格を証明すべき証票を示さなかったとしても、それによりその処分が無効となるものではなく、または、滞納者において該処分に服す義務をなくすものではない」と判断した。軽微な方式違背は影響しないものと解される。

　③大判昭和7・3・24刑集11巻296頁は、「按するに公務執行妨害罪の成立するには其の妨害か公務員の適法なる職務の執行に当り為されたることを要し而して特定の行為か職務の執行たる為には該行為か其の公務員の抽象的職務権限に属する事項に該ることを要する」として、「市会議長が議員の提案した適法な議事日程変更の動議を不適法であると誤解してこれを採用せず、既定の日程に基づき議事を進行するに当り、動議提出者が議長の措置を不法であると考えた場合でも、これを妨害するために議長に対して暴行をしたときは、公務執行妨害罪を構成する」と判示した。職務行為の適法性の要件を認めたものと評価されている。

　④最判昭和27・3・28刑集6巻3号546頁においては、②判決類似の事例において、「所得税法施行規則63条は収税官吏は所得税法63条の規定により帳

簿書類その他の物件を検査するときは、大蔵大臣の定める検査章を携帯しなければならないと規定しているが、この規定は、専ら、物件検査の性質上、相手方の自由及び権利に及ぼす影響の少なからざるを顧慮し、収税官吏が右の検査を為すにあたり、自らの判断により又は相手方の要求があるときは、右検査章を相手方に呈示してその権限あるものであることを証することによって、相手方の危惧の念を除去し、検査の円滑な施行を図るため、特に検査章の携帯を命じたものであって、同条は単なる訓示規定と解するべきではなく、殊に相手方が検査章の呈示を求めたのに対し、収税官吏が之を携帯せず又は携帯するも呈示しなかった場合には、相手方はその検査を拒む正当な理由があるものと読むべきである。しかし、さればといって、収税官吏の前記検査権は右検査章の携帯によって初めて賦与されるものでないことは前記のとおりであるから、相手方が何等検査章の呈示を求めていないのに収税官吏において偶々これを携帯していなかったからといって直ちに収税官吏の検査行為をその権限外の行為であると解すべきではない。即ち、所得税に関する調査等をする職務を有する収税官吏が所得調査のため所得税法63条により同条所定の物件を検査するにあたって、検査章を携帯していなかったとしても、その一事を以て、右収税官吏の検査行為を公務の執行でないということはできない」旨判示した。

⑤最大判昭和42・5・24刑集21巻4号505頁においては、地方議会の議長が議員から提出された「すべての質疑を打ち切り、討論省略の上全上程議案を一括採択すべき」との緊急動議に基づき、全上程議案の一括採択を諮ろうとした際に、議員である被告人が議長席に殺到し、議長に暴行を加えてこれを妨害した事案につき、「議長のとった本件措置が、本来、議長の抽象的権限の範囲内に属することは明らかであり、かりに当該措置が会議規則に違反するものである等法令上の適法要件を完全には満たしていなかったとしても、原審の認定した具体的な事実関係のもとにおいてとられた当該措置は、刑法上には少なくとも、本件暴行等による妨害から保護されるに値する職務行為にほかならず、刑法95条1項にいう公務員の職務の執行に当るとみるのが相当である」との判断が示されている。

このように判例は、職務行為の適法性の要件を認めているものと解され、職務行為が抽象的職務権限の範囲にあるかが問題とされる。方式違背については、軽微なものは影響しないとの判断を示している。

(2) 判断基準

職務行為の適法性を判断するにあたり誰を標準にして判断するかが問題となる。判例は、主観説、客観説、折衷説のいずれに立つ判決も存在する。

①当該公務員が適法と信じたか否かによって判断する主観説に立つものとして、大判昭和 7・3・24 刑集 11 巻 296 頁があるが、「該行為がその公務員の抽象的職務権限に属する事項に該り、該公務員として真実その職務の執行と信じて之を為したるにおいては、その行為は一応その公務員の適法なる職務行為と認められるべき」であると判断している。主観説に立ち職務行為の適法性を判断したものとして、福岡高判昭和 27・10・2 特報 19 号 119 頁、東京高判昭和 43・1・26 高集 21 巻 1 号 23 頁などがある。

②裁判所が法令を解釈して適法性を判断する客観説に立つと評価されているのは、最決昭和 41・4・14 判時 449 号 64 頁であるが、「職務行為の適否は事後的に純客観的な立場から判断されるべきでなく、行為当時の状況にもとづいて客観的、合理的に判断さるべき」とした原審の判断に対して申し立てられた上告について、「上告趣意は、事実誤認、単なる法令違反の主張であって、上告適法の理由に当らない（なお、所論の点に関する原判決の判断は、相当である）」と述べ、上告を棄却した。しかし、この決定に対しては、客観説に立つと断言できるものであるかに関して、学説上評価が分かれている。客観説に立つ下級審判決として、大阪高判昭和 32・7・22 高集 10 巻 6 号 521 頁や大阪高判昭和 34・9・30 下集 1 巻 9 号 1924 頁などがある。

③一般人の見解を標準として適法性を判断する折衷説に立つものとして、大判大正 7・5・14 刑録 24 輯 605 頁がある。これは、「公務員か其権限に属する事項に関し法令に於て定むる方式に遵拠し其職務を執行するに当り事実に付き錯誤を生したる為め方式上の要件を充ささる場合と雖も一応其行為か公務員の適法なる行為として認め得らるるときは之を刑法第 95 条第 1 項に所謂公務員の職務執行と為すに妨けあることなし」と判示した。下級審では、大

阪高判昭和28・10・1高集6巻11号1497頁や福岡高判昭和27・10・2刑集9巻2号150頁、福岡高判昭和42・4・28判時490号34頁、広島高判昭和55・5・20高検速報〔昭55〕5号が折衷説に立つと解されている。

(3) 錯　誤

　行為者が当該公務員の職務行為を違法であると誤認して、それに対して反撃行為を行った場合、行為者はどのように扱われるか。このような錯誤の問題について、判例は法律の錯誤とし、故意を阻却しないとする。例えば、大判昭和6・10・28評論21巻諸法69頁は、「適法な解散命令、検束処分が職権濫用に基づく不法の侵害であると誤認し、これに対し正当防衛の目的で反撃したとしても、罪となるべき事実の錯誤ではなく、」「法律上許されない自己の行為を許されたものと誤信したに外ならず、故意を阻却しない」旨判示した。また、大判昭和7・3・24刑集11巻296頁は、「当時被告人か右議長の措置を適法ならすと判断し従て議長の職務執行行為に妨害を為すものにあらすと思惟したりとするも右は被告人の該行為に対する法律上の判断に過きす其の如何は毫も被告人の犯意を左右するものにあらさる」との判断を示している。

3　学　説

(1) 適法性の要件

　学説においては、職務執行の適法性の要件を必要とする立場が多数となっている[2]。公務執行妨害罪は、円滑公正な公務の遂行を保護法益とするものであるため、当該職務執行が違法である場合にまでこれを保護する必要はない。違法な公務員の行為を保護するとすれば、公務員そのものの身分ないし地位を保護する結果となり、本罪の趣旨に反するためである。ただ、この適

---

[2] 団藤・各論51頁、藤木・各論22頁、西原・各論383頁、内田文昭『刑法各論〔第3版〕』611頁、中山研一『刑法各論』503頁、香川達夫『刑法講義（各論）〔第3版〕』38頁、大谷・各論546頁、大塚・各論563頁、松宮・各論429頁以下、山口・各論543頁、高橋・各論585頁、西田・各論424頁、佐久間・各論405頁等。

法性の問題はあくまで刑法上の適法性であり、当該職務執行の根拠法令上の適法性とは別の観念であると解されており、それゆえ刑法上の要保護性を示すものである。学説は、公務執行妨害罪における職務行為の適法性として3要件を呈示する。
①行為が当該公務員の抽象的職務権限に属すること
　公務員は、通常、自己の行いうる職務の範囲を法令上限定されているため、この抽象的な権限を逸脱して行為がなされている場合には、公務の執行ということはできない。必ずしも法令で具体的に規定されたものであることを要しないとされるが、客観的に存在することが必要である。
②公務員がその職務行為を行う具体的職務権限を有すること
　具体的職務権限は、公務員が属する組織の割り当てや指定・委任などにより定められることが通常である。しかし、この要件については、不要と解する立場も存在している[3]。
③公務員の職務行為の有効要件である法律上の条件・方式を履践していること
　具体的職務権限があっても、法律上重要な要件や方式を履んでいない限り、公務員の職務行為とはいえない。なお、如何なる性質の要件・方式違背が職務行為を違法なものとするかについて、a) 任意規定や訓示規定に違反した場合に限って違法とする説[4]、b) 執行行為そのものが無効とならない限り適法であるとする説[5]、c) 対象者の利益保護に影響を与えない要件・方式の違背は適法であるとする説[6]の対立がある。
(2) 判断基準
　この職務行為の適法性をめぐり、誰を基準に判断するかについて学説上対立がある。

---

[3] 江家義男『刑法各論』20頁、植松正『刑法概論Ⅱ（各論）』23頁等。
[4] 大塚・各論565頁、曽根・各論279頁。
[5] 団藤・各論51頁、大谷・各論548頁。
[6] 藤木・各論23頁、中森・各論245頁、平川・各論519頁、西田・各論425頁。

①主観説

　主観説は、その行為を行った公務員を基準とするものであり、公務員標準説とも呼ばれる。行為時における判断をその対象とする[7]。この立場は、抽象的職務権限に基づく行為である限り公務として保護すべきであるとする考え方に立脚するが、抽象的職務権限さえ認められれば適法となるということになり、実質的に職務行為の適法性の要件は不要であるとの結論に至ることになる。

②客観説

　客観説は、裁判官を基準として適法性を判断する立場で、裁判官標準説とも呼ばれる。この立場は、現在、やわらかな客観説と純客観説に分かれる。やわらかな客観説は、職務行為の時点における具体的状況に則して客観的に判断されるべきであるとする[8]。純客観説は、裁判所の判断の時点において事後的に純客観的に判断されるべきであるとする[9]。純客観説に対しては、行為当時においては適法な職務執行であっても、事後的に違法と判断される余地が存在するとの批判がある。

③折衷説

　折衷説は、行為時における一般人を基準とする[10]。この立場は、行為時における適法性を問題とするものである。判断時点を行為時におく点は、やわらかな客観説と同じであるが、判断の主体に一般人を持ち込む点で、基準が不明確になるとの批判がある。

(3) 錯　誤

①事実の錯誤説

　この立場は、職務行為の適法性を構成要件要素と解し、その認識を故意の成立要件とするものであり、その錯誤に関して故意を阻却すると解する立場

---

[7] 宮本英脩『刑法大綱』492頁、泉二新熊『日本刑法各論』67頁、柏木千秋『刑法各論』77頁。
[8] 団藤・各論53頁、内田文昭・前掲書（注2）617頁、前田・各論604頁、中森・各論245頁、山口・各論546頁、西田・各論426頁、佐久間・各論406頁。
[9] 中山研一・前掲書（注2）504頁、福田・各論14頁、大塚・各論567頁、吉川経夫『刑法各論』355頁、曽根・各論280頁、岡野・各論331頁、山中・各論696頁、高橋・各論589頁。
[10] 大谷・各論550頁、川端・各論658頁。

である[11]。職務行為の適法性を構成要件要素、とりわけ規範的構成要件要素として捉え、その職務行為の適法性は構成要件該当事実に関する錯誤として、構成要件的故意を阻却する。この見解に対しては、行為者が職務行為の遂行を違法なものと認識すれば、如何なる場合であっても構成要件的故意が阻却され、公務執行妨害罪が成立しないことになり、公務の適正かつ円滑な執行が保護されない結果になるとの批判がある。

②法律の錯誤説

　この立場によると、適法性の認識は法律の錯誤であり、故意の成立に関係する要素ではないとし、故意を阻却しないとする立場である[12]。職務行為の適法性が、行為者側の行為の違法性を決める要素であるとし、その錯誤は違法性の錯誤となって、必ずしも故意を阻却しないとする。違法性の錯誤に関する議論が反映される。

③二分説

　この立場は、違法性を基礎づける事実と違法性の評価自体とを区別し、前者についての誤認のみ事実の錯誤とする立場である[13]。職務行為の適法性に関する錯誤は違法性の錯誤であるが、職務行為の適法性を基礎づける行為事情に関する錯誤は事実の錯誤であるとする。この立場に対しては、違法要素としての職務行為の適法性と構成要件要素としての適法性を基礎づける事実を明確に区別することが可能であるか、問題となる。

④客観的処罰条件説

　この立場は、職務行為の適法性は客観的処罰条件であるから、故意の成否に影響しないとする[14]。しかし、客観的処罰条件であるといえるか問題となる。

---

[11] 植松正・前掲書（注３）25頁、吉川経夫・前掲書（注９）357頁、中山研一・前掲書（注２）509頁、平川・各論521頁、前田・各論605頁。
[12] 泉二新熊・前掲書（注７）70頁、青柳文雄『刑法通論〔各論〕』81頁、藤木・各論26頁。
[13] 大塚・各論572頁、福田・各論15頁、大谷・各論553頁、山口・各論546頁、曽根・各論280頁、西原・各論385頁、西田・各論427頁、林・各論434頁、松宮・各論433頁、髙橋・各論589頁、佐久間・各論408頁、山中・各論670頁。
[14] 香川達夫・前掲書（注２）43頁。

4 検討・私見

　まず、職務行為の適法性の要件から検討しよう。職務行為の適法性の要件を必要としない場合、違法な公務員の行為についてまで刑法的保護を与えることになり妥当ではない。職務行為の適法性の要件は必要である。要件については、①行為が当該公務員の抽象的職務権限に属すること、②公務員がその職務行為を行う具体的職務権限を有すること、③公務員の職務行為の有効要件である法律上の条件・方式を履践していることという3要件が要求される。

　次に、判断基準について検討する。判断基準をめぐっては、①主観説、②客観説、③折衷説の対立があるが、①主観説については、公務員が適法であると考えれば、適法と判断されることになり、事実上適法性の要件を無に帰せしめることになる。③折衷説についても、一般人という基準の妥当性に疑義なしとしない。それゆえ、②客観説を採ることになるが、やわらかな客観説と純客観説のいずれが妥当であろうか。純客観説は、行為当時においては適法な職務執行であっても、事後的に違法と判断される余地が存在するため、やわらかな客観説が妥当であるということになろう。

　最後に、職務行為の適法性に関する錯誤であるが、①事実の錯誤説に対しては、軽率に適法な職務行為を違法と誤信した場合にも不可罰とすることになり、妥当ではない。③二分説については、違法要素としての職務行為の適法性と構成要件要素としての適法性を基礎づける事実を明確に区別することが可能であるか疑問である。④客観的処罰条件説に対しては、犯罪の成否とは無関係な客観的処罰条件という範疇を承認することに対して、疑義なしとしない。それゆえ、②法律の錯誤説が妥当であると解する。職務行為の適法性は、規範的構成要件要素であるため、適法性に関する錯誤は法律の錯誤であると解されよう。私見は、準故意説の立場から解決することになる。

5 おわりに

　公務執行妨害罪の成立には、職務行為の適法性の要件が必要である。なお、冒頭の事例においては、警察官Xの職務質問行為は、①当該公務員の抽象的職務権限に属するといえ、②その職務行為を行う具体的職務権限を有すると評価できる。さらに、警察官Xの行為は、腕に手をかけて引きとめた程度であり、③公務員の職務行為の有効要件である法律上の条件・方式を履践していることという要件も充足しているものと解され、警察官Xに対して暴行を加えたAには公務執行妨害罪が成立することになる。

【参考文献】

村井敏邦『公務執行妨害罪の研究』(成文堂、1984)

大塚仁ほか編『大コンメンタール刑法 (6)〔第2版〕』(頃安健司)(青林書院、1999) 797頁以下

山本光英「第28講　公務執行妨害罪における職務行為の適法性」立石二六編著『刑法各論30講』(成文堂、2006) 296頁以下

吉川経夫「公務執行妨害罪の問題点」日本刑法学会編『刑法講座 (5)』(有斐閣、1962) 62頁以下

(山本高子)

事項索引

〈あ〉

遺棄等致死傷罪 …………… 170
委託信任関係 ……………… 231
委託物横領罪 ……………… 238
一故意犯説 ………………… 82
「一部実行の全部責任」の
　法理 ……………………… 116
違法身分 …………………… 144
医療観察法 ………………… 56
威力業務妨害罪 …………… 190
因果関係の錯誤 ……… 76, 77
陰謀 ………………………… 96
疑わしきは被告人の利益に
　……………………………… 169
越権行為説
　…………… 231, 239, 246, 253
横領行為の意義 …………… 239
横領罪 ……………… 251, 253
横領罪における不法領得の
　意思 ………………… 254, 255
大阪南港事件 ……………… 2

〈か〉

概括的故意 ………………… 67
蓋然性説 …………………… 69
覚せい剤輸入罪 …………… 101
確定的故意 ………………… 67
間接正犯類似説 …………… 60
観念的競合 ……… 80, 84, 205
毀棄・隠匿罪 ……………… 197
偽計業務妨害 ……………… 190
危険性説 …………………… 46
規範の障害説 ……………… 130
客体の錯誤 ………………… 76
客体の不能 ………………… 106
客観的帰責 ………………… 43

客観的帰属論 ……………… 8
客観的処罰条件 …………… 41
客観的未遂論 ……………… 96
「給付」と「寄託」………… 235
教育勅語隠匿事件 ………… 191
教唆犯 ……………………… 128
強制わいせつ等致死傷罪
　……………………………… 210
共同意思主体説 …………… 119
共同実行の事実 …………… 116
共同犯行の認識 …………… 116
共謀概念 …………… 119, 122
業務上横領罪 ……… 238, 256
業務妨害罪 ………………… 188
極端従属性説 ……… 128, 133
挙証責任 …………………… 183
偶然防衛 …………………… 21
具体的危険説と修正客観説
　……………………………… 110
具体的危険犯 … 103, 170, 259
具体的事実の錯誤 ………… 76
具体的職務権限 …………… 284
具体的符合説 ……………… 80
クレジットカードの不正使用
　……………………………… 222
刑事責任無能力者 ………… 128
結果的加重犯 ……………… 205
結果無価値論 ……………… 22
厳格責任説 ………………… 90
権限濫用説 ………………… 240
現住建造物等放火罪 ……… 105
拳銃不法所持事件（S事件）
　……………………………… 118
限定背信説 ………………… 241
権利者排除意思 …………… 197
牽連犯 ……………………… 205
故意犯 ……………………… 77

行為支配説 ………………… 131
行為・責任同時存在の原則
　……………………… 52, 59
　——実質把握説 ………… 61
　——不要説 ……………… 61
行為無価値論 ……………… 23
強姦罪 ……………… 101, 210
強姦致傷罪 ………………… 99
公共の危険 ………………… 262
構成的身分犯 ……………… 133
高速道路進入事件 ………… 4
高速道路停車事件 ………… 4
強盗強姦罪 ………………… 208
強盗強姦致死罪 …………… 209
強盗殺人罪 ………………… 209
合法則的条件関係説 ……… 6
公務執行妨害罪 …………… 188

〈さ〉

財産的価値のある情報 …… 249
詐欺罪 ……………………… 214
作為義務の根拠 …………… 12
作成名義人 ………………… 267
酒酔い運転の罪 …………… 58
殺人罪 ……………… 100, 208
殺人予備罪 ………………… 96
事後強盗致死傷罪 ………… 99
自殺関与・同意殺人罪 …… 152
自殺教唆・幇助 …………… 152
事実の錯誤 ………………… 76
（重）失火罪 ……………… 105
実行共同正犯 ……………… 116
実行行為 …………………… 96
実行の着手をめぐる学説
　……………………………… 97
実行の着手 ………… 96, 104
社会的相当性説 …………… 26

シャクティパット ………… 15
柔道整復師事件 …………… 2
収賄罪 ………………… 133
主観的帰責 ……………… 43
主観的未遂論 …………… 96
主体の不能 …………… 106
順次共謀 ……………… 117
使用横領 ……………… 255
傷害致死罪 …………… 210
消極的構成要件要素の理論
 ………………………… 88
承継の共同正犯 ………… 165
条件関係 ………………… 41
条件説 …………………… 5
条件つき故意 …………… 68
情報の不正入手 ………… 250
嘱託・承諾殺人 ………… 152
真実性の誤信 ………… 181
真実性の錯誤 ………… 183
心神耗弱 ……………… 58
心神耗弱者 …………… 50
心神喪失 ……………… 58
心神喪失者 …………… 50
心神喪失者等医療観察法
 ………………………… 56
真正（構成的）身分 …… 142
真正不作為犯 ………… 11
真正身分犯 …………… 133
数故意犯説 …………… 82
スワット事件 ………… 117
制限従属性説 …… 129, 133
精神鑑定 ……………… 54
精神保健福祉法 ……… 56
正犯概念 ……………… 125
責任主義 ……………… 59
責任能力 ……………… 58
責任身分 ……………… 144
窃盗罪 ………… 249, 251, 254
綜合コンピューター事件
 ……………………… 243
相当因果関係 ………… 42
相当因果関係説 ………… 6

〈た〉
択一的故意 …………… 68
他人の「財物」………… 250
単純横領罪 …………… 238
抽象的危険犯 …… 170, 259
抽象的事実の錯誤 ……… 76
抽象的職務権限 ……… 284
直接正犯 ………… 128, 130
治療妨害事件 …………… 4
動機説 ………………… 70
道具理論 ……………… 130
図利・加害目的 ……… 238

〈な〉
内乱予備及び陰謀罪 …… 96
新潟県議会事件 ……… 192
二元的行為無価値論 …… 24
認識のある過失 ……… 68
認識のない過失 ……… 68
任務違背行為 ………… 238
認容説 ………………… 69
練馬事件 ……………… 117

〈は〉
背信説 ………………… 240
背信的権限濫用説 …… 241
背信的領得罪 ………… 240
背任行為の意義 ……… 240
背任罪 ………… 238, 253, 256
早すぎた構成要件の実現
 ………………………… 97
不確定の故意 ………… 67
不真正不作為犯 …… 11, 173
不真正（加減的）身分 … 142
不法原因給付行為 …… 231
不法投棄事件 ………… 118
不法領得の意思
 ……… 197, 231, 239, 245, 253
古河鉱業目尾鉱業所事件
 ……………………… 191
併発事実 ……………… 80

米兵ひき逃げ事件 ……… 1
法益関係的錯誤説 …… 157
法確証の原理 …………… 26
放火予備罪 …………… 105
暴行・脅迫 …………… 279
法条競合 ………… 246, 256
法定的符合説 ………… 80
方法の錯誤 …………… 76
方法の不能 …………… 106
法律の錯誤 …………… 76
保護責任者遺棄罪 …… 170
保護責任者不保護罪 … 170

〈ま〉
摩周丸事件 …………… 192
未遂 …………………… 96
未遂犯の処罰根拠 …… 103
未必の故意 …………… 68
身分なき故意ある幇助道具
 ……………………… 134
身分の個別的作用、連帯的
 作用 ………………… 142
民法708条 …………… 231
無形偽造 ……………… 267
無銭飲食 ……………… 215

〈や〉
夜間潜水事件 …………… 3
役割の重要性説 ……… 132
優越的利益説 ………… 25
夕刊和歌山事件 ……… 182
有形偽造 ……………… 267
有体物 ………………… 250
予備 ………… 96, 103, 104, 105

〈ら〉
理研小千谷事件 ……… 191
利用・処分意思 ……… 198
領得行為 ……………… 253
領得行為説
 ……… 231, 239, 246, 253
領得罪 ………………… 197

判例索引

大判明治22・3・16刑録17輯405頁 ……… 141
大判明治36・2・13刑録9輯197頁 ……… 270
大判明治36・7・7刑録9輯1221頁 ……… 270
大判明治36・12・24刑録9輯1820頁 ……… 270
大判明治40・5・6刑録13輯381頁 ……… 270
大判明治42・6・8刑録15輯728頁 ……… 206
大判明治42・6・20刑録15輯738頁 ……… 269
大判明治43・9・22刑録16輯1531頁 ……… 232
大判明治44・3・2刑録17輯249頁 ……… 163
大判明治44・4・24刑録17輯655頁 ……… 259
大判明治45・2・1刑録18輯75頁 ……… 269
大判大正2・3・18刑録19輯353頁 ……… 142
大判大正2・12・16刑録19輯1440頁 ……… 255
大判大正3・6・13刑録20輯1174頁 ……… 243
大判大正3・7・24刑録20輯1546頁 ……… 112
大判大正4・5・21刑録21輯663頁 ……… 197, 254
大判大正4・5・21刑録21輯670頁 ……… 172
大判大正4・10・6刑録21輯1441頁 ……… 280
大判大正6・7・14刑録23輯886頁 ……… 231
大判大正6・9・10刑録23輯999頁 ……… 112
大判大正6・12・14刑録23・1362頁 ……… 78
大判大正7・5・14刑録24輯605頁 ……… 282
大判大正7・12・18刑録24輯1558頁 ……… 14
大判大正8・10・28法律新聞1641号21頁 ……… 112
大判大正9・2・4刑録26輯26頁 ……… 202
大判大正11・2・24刑集1巻76頁 ……… 112
大連判大正11・12・22刑集1巻815頁 ……… 206
大判大正13・3・14刑集3巻285頁 ……… 16
大判大正14・5・7刑集4巻276頁 ……… 280
大判大正15・10・23新聞2637号9頁 ……… 216
大判昭和6・9・14刑集10巻440頁 ……… 78
大判昭和6・10・28評論21巻諸法69頁 ……… 283
大判昭和6・12・3刑集10巻682頁 ……… 50
大判昭和7・3・24刑集11巻296頁
 ……… 280, 282, 283
大判昭和8・6・29刑集12巻1001頁 ……… 87
大判昭和9・7・19刑集13巻983頁 ……… 244

大判昭和9・10・19刑集13巻1473頁 ……… 98
大判昭和10・7・3刑集14巻745頁 ……… 244
大判昭和11・6・25刑集15巻823頁 ……… 164
大判昭和12・9・10刑集16巻1251頁 ……… 164
大判昭和13・3・11刑集17巻237頁 ……… 14
最判昭和23・3・16刑集2巻3号227頁 ……… 70
最判昭和23・4・17刑集2巻4号399頁 ……… 98
最判昭和23・6・5刑集2巻7号641頁 ……… 232
最判昭和24・1・20刑集3巻1号47頁 ……… 113
最判昭和24・1・27裁判集〔刑事〕7号109頁
 ……… 163
最判昭和24・3・8刑集3巻3号276頁
 ……… 231, 254
最判昭和24・6・16刑集3・7・1077頁 ……… 79
最判昭和25・9・19刑集4巻9号1664頁 ……… 142
名古屋高判昭和25・11・14高刑集3巻4号748
 頁 ……… 99
最判昭和25・11・16集刑36号45頁 ……… 34
最判昭和26・7・13刑集5巻8号1437頁
 ……… 199, 202
最判昭和26・9・20刑集5巻10号1937頁
 ……… 41, 165
最判昭和27・3・28刑集6巻3号546頁 ……… 280
仙台高判昭和27・9・15高刑集5巻11号1820頁
 ……… 153
最判昭和27・9・19刑集6巻8号1083頁 ……… 141
福岡高判昭和27・10・2特報19号119頁 ……… 282
福岡高判昭和27・10・2刑集9巻2号150頁
 ……… 283
大阪高判昭和28・10・1高刑集6巻11号1497頁
 ……… 282
福岡高判昭和28・11・10判特26号58頁 ……… 113
最決昭和29・5・6刑集8巻5号634頁 ……… 99
東京高判昭和29・6・16東高刑時報5巻6号
 236頁 ……… 112
広島高判昭和29・6・30高刑集7巻6号944頁
 ……… 155

最決昭和30・7・7刑集9巻9号856頁……216
名古屋高判昭和31・4・19高刑集9巻5号411頁
　………………………………………………64
最判昭和31・5・24刑集10巻5号734頁……142
東京高判昭和31・12・5東高刑時報7巻12号
　460頁…………………………………………217
最判昭和32・2・26刑集11巻2号906頁………41
大阪高判昭和32・7・22高刑集10巻6号521頁
　……………………………………………………282
最判昭和32・8・1刑集11巻8号2065頁……206
最判昭和32・11・19刑集11巻12号3073頁…141
最大決昭和33・5・28刑集12巻8号1718頁
　……………………………………………………117
最判昭和33・6・24刑集12巻10号2301頁……209
東京高判昭和33・7・7高刑特5巻8号313頁
　……………………………………………………217
最判昭和33・9・9刑集12巻13号2882頁……14
最判昭和33・10・10刑集12巻14号3246頁……244
最判昭和33・11・21刑集12巻15号3519頁……153
最判昭和34・2・13刑集13巻2号101頁……244
名古屋高判昭和34・3・24下刑集1巻3号529
　頁………………………………………………154
最判昭和34・5・7刑集13巻5号641頁………181
福島地判昭和34・5・13下刑集1巻5号1226頁
　……………………………………………………88
最判昭和34・7・24刑集13巻8号1163頁
　………………………………………………15, 174
大阪高判昭和34・9・30下集1巻9号1924頁
　……………………………………………………282
広島高判昭和35・6・9高刑集13巻5号399頁
　……………………………………………………88
最判昭和35・11・18刑集14巻13号1713頁…191
東京地判昭和35・12・22判タ117号111頁……88
盛岡地（一関支）判昭和36・3・15下刑集3巻
　3・4号252頁…………………………………88
浦和地判昭和36・6・30下刑集3巻5・6号601
　頁…………………………………………………88
広島高判昭和36・7・10高刑集14巻5号310頁
　……………………………………………………113
広島高判昭和36・8・25高刑集14巻5号333頁
　……………………………………………………70
最判昭和36・10・10刑集15巻9号1580頁…233

最判昭和37・3・23刑集16巻3号305頁……113
東京高判昭和37・4・24高刑集15巻4号210頁
　……………………………………………………112
東京高判昭和38・11・27東時14巻11号186頁
　……………………………………………………165
最判昭和38・12・6刑集17巻12号2443頁…270
静岡地判昭和39・9・1下刑集6巻9＝10号
　1005頁…………………………………………100
最判昭和40・1・22判時399号20頁……260
最決昭和40・3・9刑集19巻2号69頁………98
大阪高判昭和40・6・7下刑集7巻6号1166頁
　……………………………………………………34
東京地判昭和40・6・26下刑集7巻6号1319頁
　……………………………………………………249
最決昭和41・4・14判時449号64頁…………282
東京高判昭和41・4・18判タ193号181頁……71
最大判昭和41・11・30刑集20巻9号1076頁
　……………………………………………………192
福岡高判昭和42・4・28判時490号34頁……283
最大判昭和42・5・24刑集21巻4号505号…281
東京高判昭和42・8・29高刑集20巻4号521頁
　……………………………………………………144
最決昭和42・10・24刑集21巻8号1116頁……1
新潟地判昭和42・12・5判時509号77頁……144
東京高判昭和43・1・26高刑集21巻1号23号
　……………………………………………………282
最決昭和43・2・27刑集22巻2号67頁……63
最決昭和43・9・17判時534号85頁…………202
京都地判昭和43・11・26判時543号91頁……99
名古屋地判昭和44・6・25判時589号95頁…100
最判昭和44・6・25刑集23・7・975頁……180
最大判昭和44・6・25刑集23巻7号975頁……182
福岡高判昭和45・5・16判時621号106頁……71
札幌高判昭和45・7・14高刑集23巻3号479頁
　……………………………………………………164
最決昭和45・7・28刑集24巻7号585頁………99
最決昭和45・9・4刑集24巻10号1319頁……270
東京高決昭和45・10・2高刑集23巻4号640頁
　……………………………………………………88
最大判昭和45・10・21民集24巻11号1560頁
　……………………………………………………233
大阪高判昭和46・11・26高刑集24巻4号741頁

判例索引　*293*

.... 255
大阪地判昭和47・9・6 判タ306号298頁 88
東京高判昭和47・12・18判タ298号441頁 99
東京地判昭和49・6・27判タ316号275頁 181
福岡高判昭和50・1・27刑裁月報7巻1号14頁
.... 181
新潟地（長岡支）判昭和50・10・14刑月7巻
　9・10号855頁 88
京都地舞鶴支判昭和51・12・8判時958号135頁
.... 65
大阪高判昭和53・3・14判タ396号150頁 173
最判昭和53・7・28刑集32・5・1068頁 79
東京地判昭和55・2・14刑月12巻1＝2号47頁
.... 203
東京地判昭和55・2・14刑月1・2号47頁 ... 250
広島高判昭和55・5・20高検速報〔昭55〕5号
.... 283
最判昭和55・10・30刑集34巻5号357頁 202
福岡地判昭和56・3・26刑月13・8＝9・527
.... 223
最判昭和56・4・16刑集35巻84頁 181
福岡高判昭和56・9・21刑裁月報13巻8＝9号
527頁 223
東京高判昭和57・9・21判タ489号130頁 99
東京地判昭和58・6・10判時1084号37頁 181
最決昭和58・9・21刑集37巻7号1070頁 133
名古屋地判昭和59・2・7 判タ544号269頁
.... 223
最決昭和59・3・27刑集38巻5号2064頁 155
東京地判昭和59・6・15刑月16巻5＝6号459
頁 203
最決昭和59・7・3 刑集38巻8号2783頁 53
名古屋高判昭和59・7・3 高検速報〔昭59〕452
頁 223
東京高判昭和59・10・31高検速報〔昭59〕312
頁 223
東京高判昭和59・11・19東高刑時報35巻10〜
12号86頁 223
東京地判昭和60・2・13刑月17巻1・2号22頁
.... 256
東京地判昭和60・2・13刑月17巻1・2号22頁、
判時1146号23頁 256

東京地判昭和60・3・19判時1172号155頁 ... 144
大阪高判昭和60・5・9 刑裁月報17・5＝6・
519頁 223
東京高判昭和60・5・28判時1174号160頁 72
大阪高判昭和61・12・10判時1259号129頁
.... 165
最決昭和62・3・12刑集41巻2号140頁 192
大阪高判昭和62・7・10高刑集40巻3号720頁
.... 165
岐阜地判昭和62・10・15判タ654号261頁 ... 113
最決昭和63・5・11刑集42巻5号807頁 2
福岡高宮崎支判平成元・3・24高刑集42巻2号
103頁 155
最決平成2・11・20刑集44巻8号837頁 2
東京高判平成3・12・26東高刑時報42巻1〜12
号50頁 223
最決平成4・12・17刑集46巻9号683頁 3
東京高判平成8・2・26判時1575号131頁、判タ
904号216頁 142
東京地八王子支判平成8・2・26カード犯罪・
コンピュータ犯罪裁判例集130頁 223
大阪地判平成9・8・20判タ995号286頁 166
大阪高判平成9・9・22判タ997号293頁 224
最決平成12・2・17刑集54巻2号38頁 192
京都地判平成13・9・21刑集58巻2号93頁
.... 225
大阪高判平成14・8・22刑集58巻2号116頁
.... 226
大阪地判平成14・9・4 判タ1114号293頁 88
横浜地判平成14・9・5 判タ1140号280頁 ... 193
最決平成14・9・30刑集56巻7号395頁 192
東京地判平成14・11・21判時1823号156頁 ... 88
福岡高宮崎支判平成14・12・19判タ1185号338
頁 16
最決平成15・3・12刑集57巻3号322頁 16
最判平成15・5・1 刑集57巻5号507頁 117
最判平成15・7・16刑集57巻7号950頁 4
最決平成16・1・20刑集58巻1号1頁 156
最決平成16・2・9 刑集58巻2号89頁 224
最決平成16・2・17刑集58巻2号169頁 4
最決平成16・3・22刑集58巻3号187頁 100
名古屋簡判平成16・4・28警察公論60巻1号81

　　　　頁 …………………………………………… 193
千葉地判平成16・5・25判タ1188号347頁 … 101
最決平成16・10・19刑集58巻7号645頁 ……… 4
最決平成17・7・4刑集59巻6号403頁 ……… 15
最決平成17・11・29裁判集〔刑事〕288号543
　　　　頁 …………………………………………… 118
最決平成18・3・27刑集60巻3号382頁 ………… 5
名古屋高判平成19・2・16判タ1247号342頁

　………………………………………………… 100
最決平成19・11・14刑集61巻8号757頁 …… 118
最決平成20・3・4刑集62巻3号123頁 ……… 101
東京高判平成21・3・12高刑集62巻1号21頁
　…………………………………………………… 193
最決平成21・10・19判時1311号82頁 ……… 118
最決平成21・12・8刑集63巻11号2829頁 …… 54

◆編著者紹介

立石二六（たていし にろく）
中央大学大学院法学研究科刑事法専攻博士課程単位取得満期退学
現在、京都女子大学法学部教授

◆執筆者紹介（掲載順）

山本高子（やまもと たかこ）
中央大学大学院法学研究科刑事法専攻博士後期課程修了博士（法学）
現在、亜細亜大学法学部専任講師

鈴木彰雄（すずき あきお）
中央大学大学院法学研究科刑事法専攻博士課程単位取得満期退学
現在、中央大学法学部教授

曲田 統（まがた おさむ）
中央大学大学院法学研究科刑事法専攻博士課程単位取得満期退学
現在、中央大学法学部教授

関根 徹（せきね つよし）
中央大学大学院法学研究科刑事法専攻博士課程単位取得満期退学
現在、獨協大学大学院法務研究科准教授

中村邦義（なかむら くによし）
中央大学大学院法学研究科刑事法専攻博士課程単位取得満期退学
現在、京都産業大学法学部准教授

箭野章五郎（やの しょうごろう）
中央大学大学院法学研究科刑事法専攻博士後期課程修了博士（法学）
現在、中央大学法学部非常勤講師

刑法事例30講

2013年4月20日　初版第1刷発行

編著者	立 石 二 六
発行者	阿 部 耕 一

〒162-0041　東京都新宿区早稲田鶴巻町514番地

発行所　株式会社 成 文 堂
電話 03(3203)9201(代)　ＦＡＸ03(3203)9206
http://www.seibundoh.co.jp/

印刷・製本　㈱シナノ　　　　　　　　検印省略
☆乱丁・落丁本はおとりかえいたします☆
©2013 N. Tateishi　Printed in Japan

ISBN4-7923-1979-3 C3032

定価(本体2800円＋税)